SIGVARD WOHLWEND **DER DATENDIEB**

SIGVARD WOHLWEND

DER DATENDIEB

WIE HEINRICH KIEBER DEN GRÖSSTEN STEUERSKANDAL ALLER ZEITEN AUSLÖSTE

ROTBUCH VERLAG

ISBN 978-3-86789-145-5

2. Auflage

Lektorat: Rainer Wieland
Umschlaggestaltung: Buchgut, Berlin,
unter Verwendung eines Fotos von Heinrich Kieber
Druck und Bindung: CPI Moravia Books GmbH

Ein Verlagsverzeichnis schicken wir Ihnen gern:
Rotbuch Verlag GmbH
Alexanderstraße 1
10178 Berlin
Tel. 01805/30 99 99
(0,14 Euro/Min., Mobil max. 0,42 Euro/Min.)

www.rotbuch.de

JEDER HAT SO VIEL RECHT, WIE ER MACHT HAT.

BARUCH DE SPINOZA

VORWORT

Das Reporterteam des ZDF hat einen Tipp erhalten und ist bereits seit fünf Uhr früh im Kölner Nobelviertel Marienburg auf Position. Zwei lange Stunden müssen die Fernsehleute an diesem neblig-kalten 14. Februar 2008 ausharren.

Dann, wenige Minuten nach sieben Uhr, passiert das, worauf sie so lange gewartet haben: In der Mehlemer Straße marschiert eine zehnköpfige Gruppe Beamter zur Villa hinter dem grün-weiß gestrichenen Holzzaun und klingelt. Die Haustür öffnet sich, im Eingang erscheint Klaus Zumwinkel, ein Ermittler präsentiert ihm einen Durchsuchungsbeschluss.

Kurz darauf vermelden ZDF und *Der Spiegel* auf ihren Websites, weshalb die Ermittler zu einer Razzia beim Vorstandsvorsitzenden der Deutschen Post AG ausgerückt sind: Die Bochumer Wirtschaftsstaatsanwälte vermuten, dass Zumwinkel mit Hilfe der Stiftung Devotion Family Foundation im Steuerparadies Liechtenstein seit Jahrzehnten Steuern hinterzogen habe.

Im Laufe des Vormittags wächst die Hausdurchsuchung beim Post-Chef zum Medienhappening heran. Dutzende Radioreporter, Printjournalisten, Fernseh-Crews mit Licht- und Tonleuten, Techniker mit Ü-Wagen haben die Ecke Goethestraße/Mehlemer Straße zugeparkt und in Beschlag genommen. Die Polizei sperrt die Straße vor Zumwinkels Anwesen ab und zwängt die Medienmeute mit Absperrband auf den gegenüberliegenden Gehsteig.

Dass das Bild, das die Fotografen und Kameraleute zur Mittagszeit über den grün-weißen Zaun hinweg schießen, zur Ikone eines beispiellosen Steuerskandals wird, ahnen sie zu diesem Zeitpunkt noch nicht: Klaus Zumwinkel, flankiert von der Staatsanwältin Margrit Lichtinghagen, verlässt sein Haus und wird zum Verhör bei der Staatsanwaltschaft Bochum geführt. Am Nachmittag wird er gegen Stellung einer Sicherungsleistung in Millionenhöhe vorläufig wieder freigelassen. Im weiteren Verlauf der Ermittlungen gibt sich der Post-Chef geständig: Er gibt zu, über eine Stiftung in Liechtenstein Steuern in Höhe von knapp 970.000 Euro hinterzogen zu haben. Ein Jahr später wird Zumwinkel zu zwei Jahren auf Bewährung und zur Zahlung einer Bewährungsauflage von einer Million Euro verurteilt.

Klaus Zumwinkel ist nur der Auftakt. In den auf den spektakulären Einsatz in Köln folgenden Tagen und Wochen klingeln die Fahnder bei über 600 Steuersündern zwischen Flensburg und Oberstdorf, die kleinere oder größere Teile ihres Vermögens bei der Treuhandfirma des Fürsten von Liechtenstein vor den Finanzbehörden versteckt haben. Über 200 deutsche Kunden der fürstlichen Treuhandfirma melden sich bei den Behörden, um Selbstanzeige zu erstatten. Mit Hilfe des den Behörden zugespielten Materials kann der deutsche Staat »fast 200 Millionen Euro kassieren« *(Die Welt)*.

Ausgelöst wurde der »größte Steuerskandal aller Zeiten« *(Stern)* durch Heinrich Kieber, einen ehemaligen Angestellten der LGT Treuhand AG, des Treuhandunternehmens des Fürsten von Liechtenstein. Bevor Kieber aus der Firma ausschied, brachte er eine Kopie der gesamten Kundendatenbank der LGT Treuhand in seinen Besitz. Nachdem er zuerst den Fürsten von Liechtenstein damit erpresst hatte, verkaufte er sie dem Bundesnachrichtendienst für 4,6 Millionen Euro. Insgesamt befanden sich auf den Datenträgern des gebürtigen Liechtensteiners die kompletten Unterlagen – samt interner

Memos und Telefonnotizen – von Tausenden von Stiftungen und Briefkastenfirmen.

Der einstige LGT-Mitarbeiter verkaufte die Daten aber auch dem Australian Taxation Office, dem US-amerikanischen Internal Revenue Service und der britischen Revenue & Customs. Er erhielt dafür einen neuen Wohnsitz und eine neue Identität – und viele Millionen Dollar.

Denjenigen Staaten, die selbst keine Kopie der LGT-Daten von Heinrich Kieber erworben haben, stellt der deutsche Finanzminister Peer Steinbrück die Bankunterlagen bereitwillig kostenlos zur Verfügung. Daraufhin nehmen unter anderem auch die Behörden in Kanada, Schweden, Norwegen, Finnland, Italien, Spanien, Frankreich, Indien und den Niederlanden Ermittlungen gegen Kunden der LGT Treuhand auf.

Liechtenstein steht über Wochen und Monate im Fokus der Medien und wird von internationalen Organisationen als unkooperativer Finanzplatz gebrandmarkt. Ein US-Senatsausschuss beschäftigt sich mit den Machenschaften der fürstlichen LGT-Gruppe. Als Kronzeuge tritt auf: Heinrich Kieber.

Auf dem Finanzplatz Liechtenstein ziehen immer mehr Kunden ihre Vermögen ab. Die Zahl der liechtensteinischen Stiftungen nimmt dramatisch ab, die Steuereinnahmen brechen ein, und Liechtensteins Finanzminister muss sich daran gewöhnen, statt mit jährlichen Überschüssen mit happigen Defiziten zu rechnen. Von der Organisation für wirtschaftliche Zusammenarbeit und Entwicklung (OECD) wird Liechtenstein zusammen mit Andorra und Monaco als besonders renitenter Informationsverweigerer geführt – bis das Fürstentum schließlich im Jahr 2009 einlenkt und sich mit der *Liechtenstein Declaration* zur Regelung »des Informationsaustausches in Steuerfragen sowie zu einer intensivierten Teilnahme an internationalen Bemühungen zur Bekämpfung der Nichteinhaltung ausländischer Steuergesetze« verpflichtet. Liechtensteins über Jahrzehnte gepflegtes Selbstbild der Steueroase inmitten von Steuerwüsten bricht zusammen. Das noch bis vor kurzem sakrosankte und glänzende Geschäfte garantierende Bankgeheimnis des Fürstentums ist Makulatur.

Inzwischen kooperiert das kleine Fürstentum mit den USA, Australien, Großbritannien und den skandinavischen Ländern, mit seinen Nachbarstaaten Schweiz und Österreich wie auch mit Deutschland in Steuersachen. Ein Doppelbesteuerungsabkommen zwischen Liechtenstein und Deutschland ist seit Sommer 2011 ebenfalls unter Dach und Fach. Noch ausstehend ist die Ratifizierung desselben durch die Parlamente beider Länder.

Im Schlepptau von Heinrich Kieber fassen Nachahmungstäter aus der Schweiz Mut und beginnen ihrerseits, vertrauliche Daten deutscher Kunden bei Schweizer Banken an sich zu bringen und auf CD zu brennen. Mit der detaillierten Berichterstattung über Kiebers Coup haben sie Antworten auf zwei zentrale Fragen erhalten: Wie viel kann man dafür verlangen? Und an wen wendet man sich mit seinem Verkaufsangebot? »Weitere Steuerdaten zum Kauf angeboten«, »Neue CD aufgetaucht«, »Die Spur führt zur Credit Suisse«, »Fahndern werden immer mehr Steuerdaten angeboten«, »Bund kauft Stuttgarter Steuerdaten doch« – die neuerlichen Schlagzeilen über Datenlecks versetzen Steuersünder in ganz Deutschland einmal mehr in Panik.

Heinrich Kieber hat es vorgemacht. Mit den Nacheiferern beginnt Deutschland nun auch den Sturm auf das Schweizer Bankgeheimnis. Allein 2010 zeigen sich in Deutschland 25 000 Steuersünder selbst an. Nach Berechnungen der Deutschen Steuergewerkschaft nimmt der deutsche Staat durch den Ankauf von Steuerbetrüger-Daten mindestens zwei Milliarden Euro ein.

Der so vielen als witzig, charmant und umgänglich erscheinende Heinrich Kieber hat in Liechtenstein und auf der Welt vieles ausgelöst und bewegt. Aber ein Ehrenmann ist er deswegen nicht. Es waren nicht Gewissensbisse, die ihn den Verrat begehen ließen. Im Gegenteil, er ist ein notorischer Hochstapler und verurteilter Verbrecher, der keine Skrupel kennt. Immer auf den eigenen Vorteil bedacht, betrügt er Freunde und hintergeht Bekannte.

Und seine einzige Motivation, die ihn zum Datendieb werden ließ, heißt: Australien.

ZUR ENTSTEHUNG DIESES BUCHES

Heinrich Kiebers Stimme ist das ganze Buch hindurch präsent. Das ist dem Umstand zu verdanken, dass Kieber in der Zeit vor seinem Untertauchen im Jahr 2008 keine Gelegenheit ausgelassen hat, sich zu Wort zu melden. Er hat Dutzende von Eingaben, Stellungnahmen und Erwiderungen bei Gerichten und Behörden eingereicht im Zusammenhang mit juristischen Auseinandersetzungen, in die er über Jahre hinweg verwickelt war. Und nach seinem Untertauchen veröffentlichte er im Sommer 2010 ein 650-Seiten-Manuskript im Internet und gab dem Magazin *Stern* ein weltexklusives Interview. Darin legte er seine Sicht der Dinge dar.

Weiterhin wurden dem Autor dieses Buchs von verschiedener Seite große Mengen an persönlichen Briefen, Dokumenten und Videos von Heinrich Kieber zur Verfügung gestellt. Dafür, dass der bis zu seinem aufsehenerregenden Coup völlig unbekannte Heinrich Kieber in der Prä-Internet- und Prä-Facebook-Ära heranwuchs, ist sein Leben bemerkenswert gut dokumentiert. Heinrich Kieber selbst stand dem Autor nicht für ein Interview zur Verfügung. Das ist insofern nicht weiter von Belang, da Heinrich Kieber ein ausgewiesener Lügner und Hochstapler ist. Für sich genommen wäre er im Gespräch eine äußerst zweifelhafte Quelle.

Auch seine auf Hunderten von Seiten vorliegenden Aussagen, Rechtfertigungen und Eingaben sind mit größter Vorsicht zu genießen. Erst im Zusammenspiel mit anderen Quellen lässt sich die Faktizität seiner Aussagen überprüfen. Dabei ist festzustellen, dass sehr vieles von dem, was Kieber in seinen zahlreichen Stellungnahmen und Unterlagen behauptet und auf den ersten Blick unglaubwürdig erscheint, sich zu einem großen Teil an den tatsächlichen Ereignissen orientiert. Aber eben: Wo immer es ihm zu seinem Vorteil gereicht oder er von eigenem Fehlverhalten ablenken kann, verlässt er die Ebene der Tatsachen und legt sich eine eigene Wahrheit zurecht.

Die Nachforschungen zu Heinrich Kiebers Leben fanden über einen Zeitraum von drei Jahren statt. Zuerst recherchierte der Autor zusammen mit Sebastian Frommelt für den Dokumentarfilm *Heinrich Kieber – Datendieb*, der 2010 veröffentlicht wurde. Im Anschluss daran taten sich neue Quellen auf, die weiteres Licht in Kiebers abenteuerliche Vita brachten.

Im Verlauf dieser drei Jahre wurden Hintergrundgespräche mit weit über hundert Personen in einem Dutzend Länder geführt – mit Menschen, die entweder privat, beruflich oder dienstlich mit Kieber zu tun hatten. Auch hier gilt: Seinen Freunden und Bekannten gegenüber war Heinrich Kieber oft nicht ehrlich und erzählte dem einen eine Geschichte in dieser Version und dem Nächsten in einer ganz anderen Version. Dank der Vielzahl der Interviews kristallisierten sich die plausibelsten Erklärungen heraus, und es wurde möglich, sich den tatsächlichen Begebenheiten zu nähern.

Heinrich Kieber hat bei seinen Abenteuern regelmäßig und in verschiedenen Ländern die Behörden auf Trab gehalten – und damit eine Menge von Spuren in Akten hinterlassen. Diese haben mithin ein Höchstmaß an Faktizität und geben den aus anderen Quellen gewonnenen Informationen weitere Plausibilität.

Alle in diesem Buch präsentierten Fakten basieren entweder auf offiziellen Papieren und Auskünften, oder aber sie werden von mindestens zwei unabhängigen Quellen bestätigt. Einige der hier zitierten Personen werden nur mit Vornamen und dem Initial des Nachnamens identifiziert. Verschiedene Personen aus Liechtenstein und der Region waren nur unter der Voraussetzung bereit, Auskunft zu geben, dass sie anonym bleiben würden. Die geänderten Namen sind bei der ersten Nennung mit einem Stern gekennzeichnet.

Die Sorge der mit geändertem Namen auftretenden Personen vor negativen Konsequenzen mag berechtigt sein oder nicht. Tatsache ist, dass diese Leute in einer ländlichen Region leben oder arbeiten, in der jeder fast jeden kennt, und eine zu große Nähe zum »Landesverräter« Kieber, insbesondere bei exponierten Berufen in der Finanzwirtschaft, vielerorts als wenig förderlich angesehen wird.

Neben den vielen, die im Buch zu Wort kommen, gibt es eine große Zahl von Menschen, die ihr Hintergrundwissen mit dem Autor geteilt haben, aber nicht zitiert werden. Zitate aus schriftlichen Quellen sind inhaltlich unverändert übernommen worden. Gegebenenfalls sind sie zum besseren Verständnis und zur besseren Lesbarkeit geringfügig angepasst worden. Verwendete Quellen sind, sofern sie nicht im Text genannt werden, in den Anmerkungen nachgewiesen.

1. HEINRICH UND DIE FÜRSTIN
1965 BIS 1991

Der schmächtige Junge mit den dunklen Haaren ist freudig aufgeregt und erwartet sehnsüchtig seinen Vater, der ihn und seine beiden Schwestern in den nächsten Stunden im Kinderheim Gamander abholen wird. Es ist Freitagmittag, die kleine Familie wird zu Hause das Wochenende miteinander verbringen. Papa kommt bald! Das ist fast so schön wie Weihnachten!

Aus dem Mittag ist Nachmittag geworden. Andere Kinder verabschieden sich von ihren Mitbewohnern, um mit ihren Eltern ins Wochenende zu fahren. Der Nachmittag geht in den Abend über, und die letzten Heimkinder werden abgeholt. Nur Heinrich und seine Schwestern warten vergeblich darauf, dass ihr Vater vor dem Gamander vorfährt, um sie mit nach Hause zu nehmen – in die zehn Minuten entfernte Gemeinde Mauren, wo Vater Kieber, seit seine Frau ausgezogen ist, allein im neu erbauten Einfamilienhaus lebt.

Seine spanische Ehefrau hatte Vater Kieber Anfang der sechziger Jahre im Urlaub in der Nähe von Barcelona kennengelernt. Die Beziehung der beiden hat von Anfang an einen schweren Stand, wie sich Guntram Vetter erinnert, ein in die Familie eingeheirateter Onkel: »Die konnten sich kaum miteinander verständigen. Der Vater sprach fast kein Spanisch und die Mutter kaum Deutsch. Der Pfarrer hat ihm die Briefe übersetzt, die er ihr geschrieben hat.«

Guntram Vetter wohnt zu der Zeit ebenfalls in der liechtensteinischen Gemeinde Mauren, einem Dorf mit gerade mal

1500 Einwohnern, das im Norden an die österreichische Stadt Feldkirch grenzt. Für die Städterin aus Spanien ist Mauren ein Kulturschock: »Mauren war damals, vor fünfzig Jahren, schon ein wenig rückständig. Nebenan wohnte der Schwiegervater, und nach außen durfte man nicht sagen, dass da was nicht funktioniert in der Familie«, erzählt Guntram Vetter. »Alles musste heile Welt sein.«

Die Beziehung des Ehepaars Kieber verschlechtert sich zusehends. Daran ändern auch die Geburt der Zwillingsschwestern im Jahr 1963 und die Heinrichs am 30. März 1965 nichts. Guntram Vetter erlebt das als Nachbar der Familie hautnah. Eines Tages in den frühen siebziger Jahren eskaliert die Situation: »Da standen die Kieber-Kinder bei mir im Hausgang, samt Koffer. Die Mutter hat sie da abgestellt. Ich rief Heinrichs Vater an, der arbeitete damals bei der Firma Hilti, und sagte ihm, er müsse schon selbst für seine Kinder sorgen. Zwei, drei Tage später waren sie dann im Heim.«

Und dort bleiben die drei auch. Die Mutter verlässt Liechtenstein in Richtung Schweiz. Und »der Vater hat sich praktisch nicht mehr um die Kinder gekümmert«, sagt Guntram Vetter. »Wie ich das beurteile, hatten sie ein sehr schlechtes Verhältnis. Ich kann mich nicht erinnern, dass der Vater die Kinder mal an einem Sonntag abgeholt hätte. Ich sah sie jedenfalls nie mehr in Mauren.«

Im Kinderheim Gamander wächst Heinrich Kieber auf und bleibt dort, bis er mit sechzehn Jahren die Schule abschließt. Es ist das einzige Heim in Liechtenstein und bietet Platz für bis zu achtzehn Kinder. Gut versteckt liegt es am Rande der Gemeinde Schaan: das letzte Haus an der Straße, die die Berge hoch ins kleine Dorf Planken führt, direkt am Wald gelegen.

»Die Buben haben mal im Wald oben Benzin in den Bach geschüttet und angezündet«, erinnert sich eine Mitarbeiterin des Heims. »Aber insgesamt haben sie nicht mehr und nicht weniger Unsinn angestellt als andere in dem Alter. Heinrich war ein sehr anhängliches Kind, eines, das man einfach mögen musste, so wütend er manchmal auch sein konnte. Er hatte diesen Lausbubencharme und konnte in zehn Minuten mehr erzählen als andere in einem ganzen Tag.« Alle drei Kieber-Kinder hätten, so die Heim-Mitarbeiterin, um Aufmerksamkeit gekämpft, besonders Heinrich: »Es war ihm egal, wie man sich mit ihm beschäftigte – positiv oder negativ – Hauptsache, man beschäftigte sich mit ihm. Beim Essen hatte er immer das Gefühl, er werde benachteiligt, und schlang alles in Rekordzeit runter.«

Während der Jahre im Heim baut der junge Heinrich eine enge Beziehung zu Fürstin Gina von Liechtenstein auf. Als Schirmherrin des Heims nimmt sich die geborene Gräfin von Wilczek der Bewohner an. Sie kommt regelmäßig zu Besuch, nicht nur zu Weihnachten, hört sich die Sorgen der Kinder an, spielt mit ihnen und bleibt auch mal zum Abendessen.

Heinrich teilt sich sein Zimmer auf der ersten Etage mit Christian Nosch*. Fast wöchentlich sei die Fürstin zu ihnen gekommen, erinnert sich der. »Sie war für uns wie eine zweite Mutter.« Auch Onkel Guntram Vetter, der in Vaduz ein Delikatessengeschäft betreibt, entgeht das besondere Verhältnis nicht: »Ich weiß noch, wie die Fürstin einmal in den Laden kam, als Heinrich zu Besuch war. Wie ein eigenes Kind hat sie mit ihm gesprochen.«

Fürstin Gina ist bei ihren Untertanen außerordentlich beliebt und wird als Landesmutter verehrt. Die in Graz geborene Tochter von Ferdinand Graf Wilczek hatte 1943 im Alter von 21 Jahren Liechtensteins Regenten Fürst Franz Josef II. geheiratet und wurde damit Fürstin von Liechtenstein. Die Herzen der Liechtensteiner eroberte die junge Monarchin mit ihrem liebevollen und ehrlichen Engagement für die Schwachen und sozial Benachteiligten. Nach dem Krieg gründete sie das Liechtensteinische Rote Kreuz (LRK), dem sie auch als Präsidentin vorsteht. Das LRK betreibt unter anderem auch das Kinderheim Gamander.

Ihr Mann, Fürst Franz Josef II., herrscht seit 1938 über das kleine Fürstentum am Alpenrhein: 160 Quadratkilometer, eingequetscht zwischen Österreich und der Schweiz. Die besondere Stellung verdankt Liechtenstein der europäischen Geschichte: Hervorgegangen ist das Fürstentum aus dem Kauf der Herrschaft Schellenberg und der Grafschaft Vaduz zu Beginn des 18. Jahrhunderts durch die Fürsten von Liechtenstein. 1719 erhob Kaiser Karl VI. des Heiligen Römischen Reiches Deutscher Nation die Grafschaften zum reichsunmittelbaren Fürstentum. Seither trägt es den Namen der Fürsten von Liechtenstein. Knapp neunzig Jahre später wurde Liechtenstein als souveräner Staat im Rheinbund aufgenommen, 1815 wurde es Mitgliedsstaat im Deutschen Bund. Und auch nach der Auflösung des Deutschen Bundes 1866 blieb Liechtenstein souverän.

Zwei Jahre später, 1868, wurde die liechtensteinische Armee, die aus einem Truppenkontingent von 82 Mann bestand, aufgelöst. Der letzte liechtensteinische Soldat ist Andreas Kieber, Ururgroßonkel von Heinrich Kieber.

Die Fürsten von Liechtenstein leben bis zur Amtsübernahme von Fürst Franz Josef II. fernab des kleinen, bitterarmen Ländchens, dessen Bevölkerung sich mehr schlecht als recht zu ernähren vermag – sie residieren in Wien. Franz Josef II. ist der erste Fürst, der am Vorabend des Zweiten Weltkriegs seinen Wohnsitz nach Liechtenstein verlegt. Der Expansionsdrang Hitler-Deutschlands bedroht zeitweilig auch die Existenz des kleinen Fürstentums.

Seit 1924 gehört Liechtenstein zum Zollgebiet der Schweiz. Der Zollvertrag mit dem Nachbarland und die damit verbundene Übernahme des Schweizer Frankens als gesetzliche Währung werden wesentlich zu Liechtensteins Aufstieg vom Armenhaus zum reichsten Land Europas beitragen. 1926 trat das von findigen Juristen entworfene liechtensteinische Personen- und Gesellschaftsrecht (PGR) in Kraft. Damit werden Gesellschaftsformen wie die Stiftung, die Anstalt und das Treuunternehmen geschaffen, die steuerlich privilegiert behandelt werden und Anonymität garantieren. Mit Hilfe der neuen Rechtsformen sollen dem armen Staat dringend benötigte Mittel zufließen. Liechtenstein, so der Plan, soll zu einem internationalen Wirtschaftsstandort werden.

Nach dem Zweiten Weltkrieg kommt für Liechtenstein die Zeit der Ernte. Aufgrund des Zollvertrags mit der Schweiz und des Scheiterns der Anschlussbemühungen der volksdeutschen Bewegung in Liechtenstein übersteht das kleine Fürstentum den Weltenbrand unversehrt. Mit dem Wirtschaftswunder entstehen in Deutschland neue Vermögen. Eine Generation von Unternehmern – geprägt von zwei großen Kriegen, von Geldentwertung und zwei Währungsreformen – traut dem Frieden nicht und bringt Teile ihrer Vermögen in Sicherheit: in die Schweiz und nach Liechtenstein, wo das Geld dank Bank- und Treuhändergeheimnis auch vor dem Zugriff des deutschen Fiskus sicher ist.

Die Schweiz und Liechtenstein sind beileibe nicht die einzigen Steuerparadiese auf der Welt. Aber die deutschen Steuersünder haben besonderes Vertrauen in die beiden politisch stabilen Nachbarn in den Alpen, die von Heilbronn, Ulm oder Erlangen aus in einem Tagesausflug mit dem Auto erreichbar sind.

Die Anonymität, die Liechtensteins Gesellschaftsrecht und die Treuhänder garantieren, macht das Fürstentum auch für Kriminelle attraktiv. »Dank des Liechtensteiner Wirtschaftsrechts können sich die Wirtschaftskriminellen fast nach Bedarf tarnen und so bundesdeutschen Gläubigern und Staatsanwälten entkommen«, schreibt der *Spiegel* im Jahr 1976.[1] Im liechtensteinischen Öffentlichkeitsregister sind zu der Zeit bereits schätzungsweise 30 000 Briefkastenfirmen eingetragen –

oder wie sie die Liechtensteiner vornehmer nennen: Domizilgesellschaften. Stiftungen, Anstalten, Trusts also, die zwar in Liechtenstein ihren Sitz haben, aber im Fürstentum selbst keine Geschäftstätigkeit ausüben.

In den siebziger Jahren nimmt das europäische Ausland auch zur Kenntnis, dass in Liechtenstein offenbar die Wiege des Skisports stehen muss: Die Geschwisterpaare Paul und Willi Frommelt und Hanni und Andreas Wenzel holen olympische Medaillen, gewinnen Weltcuprennen, räumen den Gesamtweltcup ab und fahren bei den Ski-Weltmeisterschaften aufs Podest. Die deutschen Staatsbürger Hanni und Andreas Wenzel werden kurz vor der Ski-WM 1974 in St. Moritz in Liechtenstein eingebürgert.

In Deutschland assoziiert man mit Liechtenstein derweil die Stichworte »Fürstenfamilie« und »Briefmarken«; darüber hinaus wird es als »nettes Urlaubsgebiet« geschätzt. So das Ergebnis einer Umfrage des Instituts für Demoskopie Allensbach aus dem Jahr 1977. Diese Einschätzung wird bis zur nächsten Befragung neunzehn Jahre später verblassen. Stattdessen bringen die befragten Deutschen 1996 weit häufiger Begriffe wie »niedrige Steuern, Steuerparadies«, »Briefkastenfirmen« oder auch »Steuerflucht« mit dem Namen Liechtenstein in Verbindung.[2]

Das kleine durch und durch katholische Liechtenstein hat Mitte der siebziger Jahre rund 24 000 Einwohner, davon leben rund 4 500 in der Hauptstadt Vaduz, der größten der elf liechtensteinischen Gemeinden. 1972 wird in Liechtenstein die erste Rolltreppe in Betrieb genommen, die ins Untergeschoss des kleinen Einkaufszentrums Kaufin in der Gemeinde Schaan führt. Ein Jahr später wird die erste Lichtsignalanlage aufgestellt und beginnt den Straßenverkehr im Zentrum von Schaan zu regeln. Seit Juni 1974 ist die Ehescheidung möglich. Bis zur Einführung des Frauenstimmrechts auf Landesebene dauert es noch bis 1984.

In den siebziger Jahren arbeiten bereits deutlich weniger als zehn Prozent der Arbeitnehmer in der Landwirtschaft. Etwas mehr als ein Drittel ist im Dienstleistungssektor tätig. Weit über fünfzig Prozent sind in der Industrie tätig. Das führende Liechtensteiner Industrieunternehmen ist die Hilti AG, die Bohrmaschinen und Befestigungstechnik für den professionellen Markt entwickelt und herstellt. Die von dem Liechtensteiner Martin Hilti während des Zweiten Weltkriegs gegründete Firma ist zu diesem Zeitpunkt bereits Weltmarktführer, setzt 1975 über 600 Millionen Schweizer Franken um und beschäftigt weltweit 6300 Mitarbeiter. Allein in Liechtenstein arbeiten rund 1100 Menschen bei Hilti. Einer davon ist Heinrich Kiebers Vater.

Heinrich lebt, auch als er 1977 mit zwölf Jahren auf die weiterführende Schule wechselt, noch immer im Kinderheim Gamander. Bei seinen neuen Klassenkameraden ist der Junge populär. »Ich hatte nicht das Gefühl, dass er in der Schule ein Außenseiter war«, sagt Anna Hämmerle*, die mit Heinrich Kieber zur Schule ging. »Er war immer der Clown und suchte die Aufmerksamkeit auf sich zu ziehen. Wo Heinrich dabei war, war es immer lustig.«

Dass er im Kinderheim aufwächst, behält er für sich. Stattdessen erfindet er sich eine passende Familie. Ganz in der Nähe des Schulzentrums Mühleholz in Vaduz, das Heinrich Kieber besucht, liegt das Hotel-Restaurant *Mühle*. Seinen Mitschülern erklärt er, sein Vater sei dessen Inhaber. »An einem Nachmittag nach der Schule hat er uns ins hoteleigene Hallenbad zum Schwimmen eingeladen«, erzählt Kiebers Klassenkamerad Walter Schneider*. »Wir sind dann zu viert oder fünft hoch zur *Mühle*, der Heinrich voran, bis zum Eingang. Dort bat er uns zu warten, er müsse erst seinen Vater fragen, ob das okay sei. Nach einer Weile ist er wieder rausgekommen und sagte, wir müssten das Baden verschieben, das Hallenbad werde gerade renoviert.«

Seinem Klassenkameraden Tobias Sele* schuldet Heinrich Kieber bis heute fünf Franken: »Es muss am letzten Schultag der neunten Klasse vor den Osterferien gewesen sein. Da mussten wir die Schlüssel für die Spinde abgeben. Wir standen an, Heinrich vor mir. Er war an der Reihe und drehte sich zu mir, um zu fragen, ob ich ihm nicht fünf Franken leihen könnte. Den Fünfliber musste Heinrich zahlen, weil er seinen Spindschlüssel verloren hatte. Er versprach, dass ich das Geld gleich wiederkriege. Fünf Franken waren für mich Fünfzehnjährigen damals viel Geld. Nach der Schule bin ich mit Heinrich mit, fragte, wann ich es wiederkriege. Er sagte: ›Bald, mach dir keine Sorgen!‹ Dann ließ er sein Mofa an und gab Gas. Ich bin ihm mit dem Fahrrad die zwei Kilometer hinterher bis ins Dorf rein. Heinrich fuhr bis zur LGT Bank in der Vaduzer Herrengasse, damals hieß sie noch Bank in Liechtenstein. Dort stellte er sein Mofa ab und ging in die Schalterhalle. Da dachte ich, dass er Geld abhebt und ich nachher meine fünf Franken kriege. Als er rauskam, sagte er, er könne mir den Fünfliber nicht geben, er habe nur spanische Peseten. Und er zeigte mir sein Portemonnaie. Da waren wirklich nur Peseten drin, viele Peseten.« Anschließend schwingt sich Kieber aufs Mofa und lässt den verdutzten Sele vor der Bank stehen.

Nach den Osterferien im Jahr 1981 soll Heinrich Kiebers neues Leben außerhalb des Kinderheims beginnen: Eine Pflegefamilie soll den Jungen aufnehmen, und eine Lehrstelle wartet auch auf ihn. Auf ein neues Leben hat der Sechzehnjährige große Lust – aber nicht auf Lehre und Pflegefamilie. Mit den abgehobenen Peseten im Gepäck haut er ab in Richtung Süden. Er knattert mit seinem Mofa, das für eine Höchstgeschwindigkeit von 30 Kilometern pro Stunde zugelassen ist, über die Alpen und das Mittelmeer entlang bis nach Spanien – eine Strecke von rund 1200 Kilometern.

Den Sommer verbringt er auf den Balearen, wo er zum ersten Mal mit dem Gesetz in Konflikt gerät: »Ich wurde auf Ibiza festgenommen, weil ich ein Fahrzeug ohne Führerschein fuhr«, gibt er Jahre später bei einer Vernehmung zu Protokoll. »Wenn ich mich recht erinnere, verurteilte mich der Richter dazu, ein Jahr lang kein Auto zu fahren.«[3] Eine merkwürdige Strafe für einen Jungen, der erst zwei Jahre später alt genug sein wird, um zur Fahrprüfung zugelassen zu werden. Gesichert ist hingegen, dass dem sechzehnjährigen Heinrich Kieber am 30. Juni 1981 auf Ibiza die Fingerabdrücke abgenommen werden. Hintergrund der erkennungsdienstlichen Behandlung des Jugendlichen, der als »Hilti Kieber« zu den Akten genommen wird, ist der Vorwurf des Ladendiebstahls. Eine Variante dieser Geschichte kennt sein Schulfreund Walter Schneider: »Heinrich hat mir erzählt, dass er Einbrüche in leerstehende Ferienhäuser begangen und in diesen Häusern jeweils ein paar Nächte gewohnt habe. Deswegen sei er auch eine Zeit lang in Spanien im Knast gewesen.«

Eines Tages im Sommer 1981 läutet im Büro von Manfred Greiner* das Telefon. Greiner ist Leiter des Jugendamtes in Liechtenstein und in seiner Funktion als Sozialarbeiter schon seit vielen Jahren mit Heinrich Kieber bekannt: »Ein mir völlig unbekannter Deutscher, der stammte aus Nürnberg, wollte von mir wissen, ob ich einen Enrique Hilti kenne.« Einen Enrique Hilti kennt Greiner nicht, sehr wohl aber Heinrich Kieber. »Wenn ich mich recht erinnere, ging es um ein gestohlenes Auto auf Mallorca oder Ibiza.«

Daraufhin übernimmt Heinrichs Tante Carmen Pax* aus Barcelona die Aufsicht über den Buben. Die jüngere Schwester von Heinrichs Mutter ist Schwester Oberin im Frauenorden Inmaculada Concepción – dem katholischen Frauenorden von der Unbefleckten Empfängnis Mariens. Sie quartiert ihren Neffen in einem Mädchenwohnheim ein, das dem Orden gehört. Es liegt am Fuß der Bergkette Serra de Collserola, die die westliche Grenze Barcelonas bildet. Jetzt muss Heinrich Kieber wieder zur Schule. Er besucht mit Beginn des neuen Schuljahres im Herbst 1981 die Escuela Suiza de Barcelona – eine teure Privatschule. Wer das Schulgeld bezahlt, ist nicht zweifelsfrei geklärt. Heinrich Kieber selbst behauptet, es sei sein Vater gewesen – eine Aussage, die bei Onkel Guntram Vetter auf Skepsis stößt.

Auf der vornehmen Schweizerschule festigt Heinrich seine neue Identität als »Hilti Kieber«. »Er hat sich als Sohn der Familie Hilti vorgestellt und gesagt, dass er sehr reich sei, dass er überall in der Welt herumreise«, erzählt Bernhard L., der mit ihm in der Klasse war. »Auch für mich war er der Sohn des Hilti-Besitzers«, so Kiebers damalige Klassenkameradin Ruth B. »Heinrich war immer sehr spontan, lustig und sehr intelligent, vor allem mit Zahlen konnte er gut hantieren. Und er war immer hypernervös.« Ähnlich erinnert sich Bernhard L.: »Er war ein aktiver Junge, sehr dynamisch, fast hyperaktiv. Er musste immer in Bewegung sein. Und er musste nie für Prüfungen lernen und bestand sie trotzdem mit Bravour. Er hat anderen gerne geholfen, wenn sie Schwierigkeiten hatten mit ihrem Stoff. Von daher war er sehr sympathisch.«

Beweisen muss Heinrich Kieber seine behauptete Herkunft als Sprössling der milliardenschweren Familie Hilti nicht. Die überwiegend aus gut betuchten Verhältnissen stammenden Jugendlichen auf der Schweizerschule erwarten nichts anderes. Sebastian Hermann*, der ebenfalls mit Kieber die Schulbank drückte, erklärt: »Das waren alles Familien, die sehr vermögend sind. Das Schulgeld hat damals umgerechnet rund 700 D-Mark pro Kind und Monat gekostet. Mir hat Heinrich erzählt, dass die Familie Hilti ihn nach Barcelona geschickt habe, um Spanisch zu lernen.«

Hermann entstammt selbst einem gutbürgerlichen Haus, das allerdings nicht so begütert ist wie die anderen Familien, die ihre Kinder auf die Schweizerschule schicken. Der vermeintliche Hilti-Sohn sucht Anschluss an die Familie des Mitschülers. »Heinrich lud sich einmal selbst zu uns nach Hause zum Abendessen ein. Er war so glücklich über die Eieromelette, die ihm meine Mutter gebacken hatte, und darüber, dass man ihn so unkompliziert in unserer Familie aufnahm.«

Der junge Mann, der sich zu Eieromelette einladen lässt, kann aber auch ganz anders: »Heinrich hatte immer Asche in der Tasche, wie wir damals sagten. Sein Taschengeld, sagte er, betrage 5.000 Schweizer Franken im Monat. Und das konnte man ihm auch glauben, weil er mit Geld sehr freigiebig umgegangen ist. Und immer wieder mal ist er mit einem Rolls-Royce herumgekurvt. Das war schon eigenartig für einen Jungen im Alter von sechzehn, siebzehn Jahren. Wenn man ihn darauf ansprach, sagte er: In Liechtenstein kriegt man den Führerschein schon mit siebzehn.‹«

Heinrich Kieber fährt im Rolls-Royce vor und gibt Partys im Hotel *Ritz* – zu diesen wird Sebastian Hermann aber nicht eingeladen. Denn Kieber hat keine Lust, sich dauerhaft mit den »niederen Ständen« abzugeben. »Er war vielleicht zwei- oder dreimal bei uns zu Hause zu Besuch nach der Schule oder am Abend«, berichtet Hermann. »Er fühlte sich wohl in unseren eher normalen Verhältnissen und sagte das auch. In der Schule posaunte er aber später herum, was für ein armer Schlucker ich wäre.« Heinrich Kieber brandmarkt seinen Kameraden Sebastian vor der Klasse zum Verlierer und lenkt damit erfolgreich von seinem eigenen Hintergrund ab.

Bernhard L. hingegen gehört zu den reichen Schülern in Kiebers Klasse. Er darf mit ins Fünfsternehaus *Ritz*, wenn Heinrich eine Party schmeißt. »Er war immer einfach angezogen und hat den Reichtum nicht offen gezeigt. Als er uns ins *Ritz* eingeladen hat, da haben wir uns gedacht: Na ja, da muss schon was dran sein, sonst könnte er sich das ja nicht leisten.« Die Unternehmertochter Ruth B. erhält von Kieber ebenfalls Einladungen ins vornehme Haus an der Gran Via de les Corts Catalanes: »Er zeigte uns den Rolls-Royce, der an der Straße vor dem Hotel parkte, und sagte: ›Das ist eines der Autos der

Familie Hilti.‹« Erst im Nachhinein kommen Zweifel auf: »Eigentlich war es schon komisch«, fährt Ruth B. fort. »Sein Vater war nie zu Besuch, er war immer allein.«

Das minderjährige Heimkind Heinrich Kieber aus zerrütteten Familienverhältnissen in Liechtenstein besucht in Barcelona eine Privatschule, verfügt über reichlich Taschengeld, fährt Rolls-Royce und lädt zu Partys in exklusive Fünfsternehäuser in bester Lage. Wer finanziert dieses Leben des nicht einmal Achtzehnjährigen?

Wo Kieber in den fast eineinhalb Jahren, die er in der katalanischen Metropole verbringt, sein Zuhause hat, lässt sich nicht eruieren. Im Mädchenwohnheim hat er nach eigenen Angaben nur wenige Wochen gelebt.[4] Stattdessen taucht er mal hier, mal da auf. Für einige Tage zieht er bei Bernhard L. ein, der mit seiner Familie in unmittelbarer Nähe zur Schweizerschule wohnt: »Er sagte, er wolle nicht im Hotel wohnen, das sei so mühsam, und er wolle nicht allein sein. Er hat dann eine Woche bei uns gelebt, bei uns gegessen und so weiter. Und plötzlich nach einer Woche sagte er: ›Ich muss jetzt gehen.‹ Dann verschwand er. Und am nächsten Morgen kam er in die Schule, als ob nichts gewesen wäre. Er sei aus Sicherheitsgründen gezwungen, immer in Bewegung zu bleiben, sagte er, weil das Risiko für ihn als Hilti-Sohn sonst zu groß sei.« Eine Erklärung, die in Zeiten, da die Anschläge von ETA und RAF die Schlagzeilen bestimmen, keine Verwunderung auslöst.

Ein besonderes Verhältnis entwickelt Heinrich Kieber während seiner Zeit in Barcelona zu der Familie R., einer deutschen Unternehmerfamilie, die seit den sechziger Jahren in Spanien zu Hause ist. Vater Helmut R. ist Inhaber einer Firma, die in der Kunststofftechnik tätig ist und Maschinen für deutsche Unternehmen vertreibt. Er beschäftigt rund 25 Mitarbeiter. Das Unternehmen hat die Familie wohlhabend gemacht.

Die R.s besitzen ein luxuriöses 170-Quadratmeter-Apartment an der Carrer de Roca i Batlle 28. Die Lage des achtgeschossigen Hauses am Westhang des Parc del Turó del Putget ist privilegiert. Familie R. bewohnt die oberste Etage, das Penthouse. Von der Terrasse aus genießt man ein herrliches Panorama: Unten die flirrende Stadt, zur Linken am Horizont das glitzernde Meer und auf dem Gipfel des Tibidabo, des Hausbergs Barcelonas, der zur Rechten liegt, kann man die Attraktionen des Vergnügungsparks ausmachen. Im Sommer, wenn es heiß wird in der Stadt, flüchtet die Familie in ihr Ferienhaus an der Küste, das auf halbem Weg zwischen der katalanischen Hauptstadt und Lloret de Mar liegt.

Sohn Kai R. ist sechzehn Jahre alt und besucht zusammen mit Heinrich Kieber die Handelsklasse der Schweizerschule, die nur einen kurzen Fußmarsch von der elterlichen Wohnung entfernt liegt. Der neue Mitschüler aus Liechtenstein und Kai R. werden enge Freunde. Der Vater Helmut R. erinnert sich: »Heinrich hat meinem Sohn erzählt, dass er bei seiner Tante, einer Nonne, im Kloster lebt. Mein Sohn hat ihn dann öfters zum Essen mitgebracht. Uns sagte er, dass er der Sohn des Industriellen Hilti aus Liechtenstein sei.«

Helmut R. wird stutzig, als er hört, dass der angebliche Hilti-Sohn sich anderen gegenüber mit dem Nachnamen Kieber vorstellt. Zur Rede gestellt, gibt der zurück: »Das sei aus Sicherheitsgründen so. Kieber sei der Name seiner Großmutter. Er sei viel zu gefährdet, wenn er unter dem Namen Hilti reise. Dies war für uns nachvollziehbar.«[5]

Der vermeintliche Hilti-Sohn ist fortan ein gerngesehener Gast bei Familie R. und wird nun auch übers Wochenende ins Ferienhaus an der Küste eingeladen. Der elternlose Heinrich verbringt fernab seiner Heimat glückliche Fernsehabende im Kreise der Familie R. Gegenüber seiner Tante, der Ordensschwester Carmen, spricht er in den höchsten Tönen von den Mitgliedern der Familie R. und nennt sie »seine besten Freunde«.[6] Jahre später wird Heinrich Kieber dieses Vertrauensverhältnis schamlos ausnutzen.

Über die freundschaftliche Beziehung zu seiner Klassenkameradin Ruth B. lernt der junge Liechtensteiner in Barcelona den wesentlich älteren Mariano M. kennen. Der knapp fünfzigjährige Spanier ist Immobilienhändler und seit langem mit Familie B. befreundet. »Sie haben mir Herrn Kieber vorgestellt, der sich als Hauptaktionär und Erbe des multinationalen Konzerns Hilti präsentierte. Herr Kieber machte keinen Hehl aus seiner Zuneigung zu Fräulein Ruth.« – Auch die Begegnung mit Mariano wird für Heinrich Kiebers weiteres Leben folgenreich sein.

Doch erst einmal geht für den Siebzehnjährigen nach eineinhalb Jahren das Abenteuer Barcelona zu Ende. Er begebe sich nach Costa Rica, erzählt Kieber Mariano M. Sein Vater habe ihn dorthin entsandt, damit er sich um eine philanthropische Organisation kümmere, mit der Hilti in Lateinamerika die Bildung der armen Eingeborenen fördere. Der Liechtensteinische Entwicklungsdienst LED betreibt in Costa Rica eine sogenannte Radioschule – ein Fernlernsystem, das Kindern und Erwachsenen im Land zu Schulabschlüssen verhelfen soll. Tatsächlich, bestätigt der langjährige Leiter des LED, Rudolf Batliner, steht Heinrich Kieber plötzlich vor der Schule in Costa Rica: »Kieber tauchte irgendwann zwischen 1980 und 1985 in Costa Rica bei der Radioschule auf. Warum er überhaupt da war, weiß ich nicht. Er hatte aber sicher nichts mit unserem Hilfsprojekt zu tun.«

Der wahre Grund für Kiebers Abreise aus Spanien ist wesentlich prosaischer: »Weshalb ich die Schule verlassen musste, war, dass meine Tante die Verantwortung über mich nicht mehr übernehmen wollte. Unter anderem wurde ich erwischt beim unerlaubten Fahren eines Pkws.«[7]

Mit Beginn des Jahres 1983 hat das Ehepaar Rosmarie und Peter Gabathuler die Leitung des Kinderheims Gamander in Schaan übernommen. Die junge Schweizer Sozialarbeiterin und ihr Mann sind vollauf damit beschäftigt, in ihre neue Rolle als Heimeltern hineinzuwachsen und die insgesamt acht Kinder näher kennenzulernen, als eines Abends im Januar das Telefon klingelt. Rosmarie Gabathuler nimmt ab. Am anderen Ende meldet sich Fürstin Gina von Liechtenstein und fragt an, »ob sie uns einen Jungen bringen dürfe notfallmäßig, der sei soeben aus Spanien zurückgekehrt und könne nirgends hin, und sie könne ihn nicht zu sich aufs Schloss nehmen. Fürstin Gina ist dann«, erzählt Rosmarie Gabathuler, »mit ihrem Wagen vom Schloss Vaduz zum nahe gelegenen Bahnhof im st. gallischen Buchs gefahren und hat in ihrer Herzensgüte Heinrich dort abgeholt und zu uns gebracht. Ich erinnere mich noch, dass sie ihre Hausschuhe trug, als die beiden ankamen. Dann haben wir gemeinsam Kaffee getrunken. Sie hat ihm vermittelt, dass er willkommen ist. Das war sehr schön von ihr.«

Heinrich Kieber ist, zwei Monate vor seinem achtzehnten Geburtstag, mit Abstand der älteste Heimbewohner, dennoch versteht er sich mit den kleinen Kindern im Gamander gut. Rosmarie Gabathuler hat ihn als »warmherzig, fröhlich und oft auch einfühlsam« in Erinnerung. »Von seiner Zeit in Spanien hat Heinrich nie viel erzählt. Er hat überhaupt nicht viel über die Vergangenheit gesprochen.«

Auch über die familiären Hintergründe Heinrich Kiebers erfährt Gabathuler nichts. »Manchmal habe ich ihn bedrückt erlebt. Ich glaube, es beschäftigte ihn, keinen Kontakt zu seiner Familie zu haben. Da war nie eine Nachfrage oder ein Besuch, das hat ihn traurig gemacht.« Heinrich präsentiert Rosmarie Gabathuler seine Adresskartei. »Darin waren vielleicht hundert Namen und Telefonnummern, und er meinte: ›Das sind alles meine Freunde.‹ Und dann sagte er: ›Aber eigentlich habe ich keinen einzigen richtigen Freund.‹«

Lange bleibt Kieber nicht mehr im Kinderheim. Sozialarbeiter Manfred Greiner hat ihm eine Einzimmerwohnung im Süden von Vaduz vermittelt. Heinrich soll eine Ausbildung bei

Kurt Weilenmann beginnen, dem lokalen Mercedes-Händler in Schaan. Weilenmann erinnert sich: »Das Lehrlingsamt rief an. Sie hätten da einen kleinen Spezialfall, der im Kinderheim aufgewachsen sei – ob ich dem eine Lehrstelle als Kaufmann bieten könne. Darauf antworte ich: ›Auch einer, der im Heim aufwächst, kann eine kaufmännische Lehre machen.‹« Kieber stellt sich bei Kurt Weilenmann vor, und er bekommt den Ausbildungsplatz.

Bevor Heinrich Kieber das Kinderheim verlässt, möchte er sich aber noch bei der Fürstin bedanken für ihre Hilfe, die ihm bei seiner Rückkehr aus Barcelona zuteil wurde: »Heinrich bat darum, einen Apfelstrudel backen zu dürfen«, erzählt Heimleiterin Rosmarie Gabathuler. »Den hat er, schön mit Puderzucker bestreut, auf einem Tablett hergerichtet und ein Tuch darübergelegt und ist dann damit zu Fuß von Schaan bis zum Schloss. Er wollte ihn der Fürstin selbst übergeben und war dann ein bisschen enttäuscht, als er den Strudel beim Pförtner abgeben musste.«

Der neue Lehrling macht auf den resoluten Kurt Weilenmann einen aufgeweckten Eindruck: »Er hat gerne geredet, ist aber mit den Leuten so weit gut ausgekommen. Und er war sehr intelligent, muss ich sagen, und er hat auch gute Noten aus der Berufsschule mitgebracht.« Doch nach einem Jahr verliert Heinrich die Lust. »Er sagte mir, das gefalle ihm doch nicht so gut, worauf ich ihm entgegnete, er müsse die drei Jahre durchhalten, bis er einen Abschluss habe. ›Dann kannst du in so viele Richtungen gehen.‹ Er sagte: ›Ja, ich möchte halt in die Welt hinaus, hier ist es mir zu langweilig.‹« Dann solle er sich nach der Lehre eben bei Swissair bewerben, schlägt Weilenmann vor, und Heinrich setzt die Ausbildung fort.

Der sonst so gesprächige Heinrich Kieber hält sich seinem Lehrmeister gegenüber auffallend zurück mit Informationen aus seinem Privatleben: »Das hat er abgeschirmt. Das ist uns damals schon ein bisschen merkwürdig vorgekommen. Er hat nie erzählt, was er übers Wochenende gemacht hat. Erst Jahre später habe ich erfahren, dass er noch zwei Schwestern hat.«

Sein Lehrlingslohn beträgt gerade mal 500 Franken. Das hält Heinrich Kieber nicht davon ab, nach Spanien zu reisen, wie er berichtet: »In dem Jahr, in dem ich achtzehn wurde, besuchte ich wieder Barcelona und lud zirka acht Personen zum Essen ein – das *Ritz* dort ist natürlich überhaupt nicht zu vergleichen mit dem Namensvetter in Paris.«[8] Auch die Familie R. trifft Heinrich in Barcelona wieder. Um seiner Stippvisite in Barcelona Gewicht zu verleihen, erzählt Helmut R., »ist Heinrich sogar mit einem Leibwächter gekommen«.[9]

Tatsächlich findet der inzwischen 21-jährige Heinrich Kieber 1986, nach Abschluss der dreijährigen Lehre zum Kaufmann, eine Stelle als Mitarbeiter bei Swissair am Flughafen Zürich. Bei der Fluggesellschaft ist er in der Abteilung für Ertragssteuerung tätig.

Die Aufgabe der Mitarbeiter im sogenannten Revenue Management besteht darin, die Auslastung der Swissair-Flieger zu optimieren, so dass bei jedem Flug der höchstmögliche Ertrag erwirtschaftet wird. Das erwartete Käuferverhalten wird mit Hilfe von historischen Daten, bevorstehenden Feiertagen und aktuellen Ereignissen wie Großveranstaltungen am Zielort berechnet und laufend der tatsächlichen Nachfrage angepasst. Für den Schnell- und Vieldenker Heinrich Kieber ein Traumjob, den er fast fünf Jahre lang ausüben wird.

1987 wohnt Kieber in Oberglatt, einem kleinen Dorf direkt neben der Piste 16 des Flughafens Zürich.[10] Sein Arbeitsweg ist kurz. Bei Swissair sucht er den Kontakt zu anderen dort arbeitenden Liechtensteinern, so auch zu der hübschen Flugbegleiterin Larissa Kaufmann: »Er hat mich ab und an in meiner Wohnung in Kloten besucht, ist auf ein Schwätzchen vorbeigekommen. Einfach aufgetaucht und wieder verschwunden. Einmal half er mir, günstig einen Flug für meine Schwester zu organisieren.« Seinen Arbeitskollegen Yves Leroc* lernt Kieber im Grundkurs Revenue Management kennen: »Heinrich ist ein wirrer, extrem intelligenter, sensibler, aufbrausender, zuvorkommender und oft mühsamer Gesprächspartner. Seine Stärke ist seine extreme Aufnahmefähigkeit. Mir gegenüber deutete er an, dass er Verbindungen zur Familie Hilti habe.«

In die Zürcher Zeit fällt auch ein Ereignis, das für das Fürstentum Liechtenstein eine einschneidende Zäsur darstellt. Am 18. Oktober 1989 stirbt, im Alter von 67 Jahren, Fürstin Gina, der Heinrich Kieber so viel verdankt. »Die Bevölkerung von Liechtenstein wird ersucht, aus Anlass des Todes Ihrer Durchlaucht Fürstin Gina die Häuser auf Halbmast zu beflaggen«, gibt das Presse- und Informationsamt Liechtensteins am Nachmittag bekannt. »Soweit Flaggen nicht auf Halbmast gesetzt werden können, sind sie mit einem Trauerflor zu versehen.«[11] Der amtierende Regierungschef Hans Brunhart würdigt die Verdienste der als Landesmutter verehrten Fürstin, »die unserem Land, unserer Monarchie und uns Liechtensteinerinnen und Liechtensteinern seit 45 Jahren unermesslich viel gegeben hat«.[12]

Am 13. November 1989 – nicht einmal vier Wochen nach dem Tod von Fürstin Gina – stirbt in seinem 84. Lebensjahr auch Fürst Franz Josef II. Noch am selben Tag wendet sich Erbprinz Hans-Adam II. in einem Schreiben an das liechtensteinische Volk: »Aufgrund der Verfassung und der Hausgesetze zur Nachfolge berufen, habe ich die Regierungsgeschäfte übernommen. Ich gelobe, meinem Lande ein gerechter Fürst zu sein, die verfassungsmäßigen Freiheiten zu wahren, den Bedrängten und Armen ein Helfer und der Rechte ein treuer Hüter zu sein![13] Die Verehrung, die seinen Eltern zuteil wurde, kann das neue Staatsoberhaupt Hans-Adam von seinen Untertanen nicht erwarten. Doch der Respekt des Volkes ist dem schneidigen Absolventen der Wirtschaftskaderschmiede HSG in St. Gallen gewiss. Der Manager des fürstlichen Vermögens übernimmt nun auch die Funktion des Managers des Fürstentums.

Während Heinrich Kieber bei Swissair arbeitet, besucht er ab und zu seinen alten Lehrmeister Kurt Weilenmann in Schaan: »Heinrich meinte, die Arbeit gefalle ihm gut, und er könne für wenig Geld herumfliegen. Da sagte ich: ›Das wolltest du ja immer.‹ Ja, das sei super, erklärte er. Wenn er nach Hongkong fliege, dann sage er der Hostess schon beim Einsteigen: ›Gell, wenn noch ein Essen übrig ist, nehme ich es.‹ – Heinrich hat ja immer einen gesunden Appetit gehabt.«

»Stand-by-Tickets konnten wir als Swissair-Mitarbeiter für zehn Prozent des Verkaufspreises kaufen«, erklärt Richard Parker*, der damals mit Heinrich Kieber in derselben Abteilung arbeitete. Statt 2.000 Franken zahlt Kieber für einen Flug nach Hongkong lediglich 200 Franken. Von der Möglichkeit, verbilligte Flugtickets zu erwerben, macht er ausgiebig Gebrauch. »Bis 1990 war ich noch fünf- bis siebenmal auf Kurzbesuch in Barcelona. Die Familie R. oder gar Mariano M. habe ich nicht jedes Mal besucht; aber manchmal Postkarten von den Ferien gesandt.«[14] Auch seine einstige Klassenkameradin aus der Schweizerschule, die Spanierin Ruth B., findet immer wieder Ansichtskarten von Heinrich in ihrer Post: »Die kamen, wenn ich mich recht entsinne, mal aus Israel und mal aus Südafrika und aus anderen fernen Ländern.«

Heinrich Kieber plant voraus für die Zeit nach Swissair. Sparsam, wie er ist, möchte er auch, wenn er nicht mehr dort arbeitet, günstig fliegen können. Wie er das bewerkstelligt, erklärt Stefan Walser*, ein Freund von Sozialarbeiter Manfred Greiner: »Heinrich hatte einen Swissair-Personalausweis, den er vorlegen musste, wenn er einen Flug zum Mitarbeiterpreis buchen wollte, erzählte er, als er bei mir im Haus übernachtete. Er meldete seinen Ausweis als gestohlen, musste eine Karenzfrist abwarten und erhielt daraufhin einen neuen. Als er bei

Swissair ausschied, gab er den neuen Ausweis ab – und verwendete den alten Personalausweis, der natürlich nicht gestohlen war, um weiterhin billig in der Welt herumfliegen zu können.«

»Ja, an das mit dem Ausweis kann ich mich erinnern«, bestätigt Kiebers ehemaliger Kollege Richard Parker. »Am Flughafen arbeiteten ja viele Menschen, die ihn kannten, und die kriegten mit, dass er auch nach seiner Swissair-Zeit noch mit Mitarbeiter-Billetts unterwegs war. Das muss man sich erst mal trauen, aber er war schon immer ein Schlitzohr. Wie das heute organisiert ist, weiß ich nicht, aber damals konnte man mit dem Ausweis sogar zu einer Fremd-Airline gehen und sagen: ›Ich arbeite für Swissair, ich hätte gerne ein Ticket zum Mitarbeitertarif.‹«

Richard Parker wohnt wie Heinrich Kieber im Dorf Oberglatt direkt am Flughafen: »Er war eine Zeit lang mein Nachbar. Wir wohnten im selben Mehrfamilienhaus. So habe ich ihn kennengelernt. Kieber war auf seine Art schon lustig, aber mir war er zu aufdringlich, er hat sich immer selbst eingeladen. Und er hat sich selbst bedient. Wenn meine Wohnungstür nicht abgeschlossen war, ist er einfach reinspaziert. Das war unglaublich. Von daher wollte ich privat nicht allzu viel mit ihm zu tun haben. Heinrich war mir auch immer zu nervös und zu aufgedreht. Er hatte damals eine tschechische Freundin, Jana* hieß die. Das weiß ich, weil die öfters zu Besuch kam. Kieber suchte sich dann eine andere Wohnung in Oberglatt, dort lebte er mit Jana zusammen.«

Einem ehemaligen Klassenkameraden aus der weiterführenden Schule in Vaduz, Günther Walch*, der zur selben Zeit wie Heinrich am Zürcher Flughafen arbeitet, erzählt der 22-jährige Kieber, wie Jana den Weg in die Schweiz gefunden habe: Sie habe bei einem Wettbewerb an einer Universität in der Tschechoslowakei einen Preis gewonnen, ein Praktikum am Flughafen Zürich. Auch ein anderer Freund Kiebers aus der

Schulzeit in Liechtenstein, Walter Schneider, weiß von Jana: »Sie musste nach Ablauf ihres Visums zurück in die Tschechei. Für Heinrich war es Ehrensache, zu regeln, dass sie in der Schweiz bleiben und hier weiter arbeiten konnte. Ich habe die beiden später mal in Liechtenstein getroffen.« Dem Sozialarbeiter Manfred Greiner erzählt Heinrich, »er habe Jana aus der Tschechoslowakei herausgelotst. Das war noch vor dem Fall des Eisernen Vorhangs. Sie war illegal hier.«

Kieber bemüht sich erst gar nicht darum, seine Absichten vor den Kollegen am Arbeitsplatz verborgen zu halten. John Richter*, der wie Kieber in der Ertragssteuerung tätig ist, pflegt mehr Kontakt zu ihm und bekommt mit, was mit dieser jungen Frau aus dem Osten läuft: »Er ist mit Papieren und Dokumenten auf den Fluren rumgerannt.« Kieber spricht Richter gegenüber von einer »Zweckhochzeit«.

Walter Schneider weiß Näheres: »Er fand jemanden für sie, einen Bekannten aus der Schweiz, der sie heiraten sollte. Daraufhin hat er alles eingefädelt, Flüge nach Las Vegas organisiert, wo Heinrichs Freundin und der Schweizer heirateten. Daraufhin sei der Weg für Jana frei gewesen. Das jedenfalls ist die Version, die ich von ihm hörte. Er könne sie nicht selbst heiraten, sagte er, weil er Liechtensteiner sei. Es müsse ein Schweizer sein.«

Heinrich Kiebers Erklärung, warum er als Liechtensteiner seine Freundin nicht habe heiraten können, ist schwer nachvollziehbar. Mit seiner Aufenthaltsgenehmigung in der Schweiz hätte auch eine Frau Kieber automatisch eine Aufenthaltsberechtigung erhalten. Vielleicht wollte Kieber sich einfach nicht dauerhaft binden.

Auch Heinrichs Onkel Guntram Vetter erfährt von der Geschichte mit Jana. »Ein Bekannter von Heinrich hat die Tschechin geheiratet, damit sie die Aufenthaltsgenehmigung erhält. Ja, so hat er es irgendwann mal erzählt. Was im Detail lief, weiß ich nicht. Er und die Tschechin haben mich hier in Liechtenstein ein- oder zweimal besucht. Ich weiß noch, wie ich dachte: ›Das Mädchen täte ihm gut.‹ Sie war sehr hübsch, groß gewachsen und schlank.«

Hat Heinrich Kieber den Freund aus der Schweiz für das Eingehen der Ehe mit Jana bezahlt? Für Walter Schneider ist das nicht ausgeschlossen: »Heinrich kann sehr großzügig zu anderen sein, auch wenn er sehr knauserig zu sich selbst ist. Da kann ich mir gut vorstellen, dass er ein paar Tausender locker gemacht hat. Soviel ich weiß, lebten der ›Ehemann‹ und Jana nie unter einem Dach.« Aber dafür Heinrich Kieber und Jana, sagt Günther Walch: »Die waren drei oder vier Jahre zusammen, bis etwa 1991, als er Swissair verließ, um seine Reise nach Australien zu unternehmen.«

»Heinrichs großer Traum war es, in Australien zu leben und dort ein Guest House zu führen«, so sein alter Schulfreund Schneider. »Eigentlich wollte er das mit Jana realisieren.« Warum die Beziehung der beiden auseinanderging, weiß auch Schneider nicht. Jana lebt noch heute in der Schweiz, in einer kleinen Stadt irgendwo im Mittelland: Sie wolle sich, sagt sie, nicht zu ihrer Beziehung zu Heinrich Kieber äußern – »aus persönlichen Gründen und zum Schutz meiner Familie«. Sie ist heute verheiratet mit einem Mitglied der Geschäftsleitung einer bedeutenden Schweizer Unternehmensgruppe.

2. IM LAND SEINER TRÄUME
1991 BIS 1995

Es ist Freitag, der 31. Januar 1992, und der australische Sommer zeigt sich von seiner besten Seite. Die Temperatur wird im Laufe des Tags angenehme 25 Grad Celsius erreichen, vom Meer her weht eine angenehme Brise. Elton Martin* ist an diesem Vormittag auf dem Nachhauseweg von seiner Bank im Zentrum von Manly, einem Vorort im Nordosten Sydneys.

Bei Touristen und Austauschschülern steht Manly, das auf drei Seiten vom Meer umgeben ist, hoch im Kurs: Die Häuschen sind hübsch, die Überfahrt von Manly Wharf ins Stadtzentrum von Sydney dauert mit der Fähre gerade mal eine halbe Stunde. Im Westen lockt der kilometerlange Strand, im Osten die Manly-Bucht, in den Cafés im Städtchen und entlang der Strandpromenaden werden alle möglichen Sprachen gesprochen. Hier genießen Backpacker aus Deutschland, Aussteiger aus der Schweiz und Sprachschüler aus Spanien das Leben.

Elton Martin ist Australier und wohnt ebenfalls in Manly. Er ist Ende zwanzig und betreibt einen Catering-Service, der täglich die Schauspieler und Crewmitglieder einer australischen Seifenoper verpflegt. Von Montag bis Donnerstag kocht Martin am Set von *Home and Away*. Freitags hat er Zeit, die Vorräte für die kommende Woche zu besorgen und Behördengänge zu erledigen.

»Es war purer Zufall, dass ich Henry kennenlernte. Ich betrachtete den Camper in der Wentworth Street ein wenig genauer, weil er falsch geparkt war und wegen der Markise, die er über dem Gehsteig ausgefahren hatte. Als Caterer hatte ich damals selbst so ein Fahrzeug, in dem eine voll ausgestattete Küche installiert war. Henry kam ums Auto herumgelaufen, stand vor mir und sagte in seiner unnachahmlichen schnellen Art: ›Hello, hello! Nice? Good? You like it?‹ Er war wahnsinnig stolz auf den Wagen. Ausgesehen hat er, als sei er soeben aus dem Bett gekrochen. Henry erzählte ungefragt, er sei über Land von Europa gefahren und habe den Wagen dann nach Darwin, das ganz im Norden von Australien liegt, verschifft.«

Das Auto, mit dem der 26-jährige Kieber unterwegs ist, ist ein allradgetriebener Nissan Navara King Cab Pick-up, ausgerüstet mit einer Wohnkabine. Der Verkaufspreis beträgt rund 100.000 D-Mark. Wie kommt Heinrich Kieber zu dem teuren Wagen, und wie kommt er damit nach Australien?

Ausgesucht hat sich Heinrich das luxuriöse Gefährt bei der Firma Bimobil in der Nähe von München, bezahlt hat er es jedoch nicht. Das Unternehmen ist spezialisiert auf derartige Expeditionsfahrzeuge und Camper-Aufbauten. Hier meldet sich Kieber im Sommer 1991 als Interessent und täuscht Kaufabsichten vor. Ob er denn, bevor er sich entscheide, eine ausgedehnte Probefahrt machen könne, erkundigt er sich. Dass Kunden ihr Traumfahrzeug vor einem Kauf erst einmal für einige Tage oder Wochen zur Probe mieten, ist bei Bimobil an der Tagesordnung. Von daher weckt Kiebers Wunsch keinen Argwohn.

Den Nissan King Cab mit Aufbau mietet Kieber vom Ehepaar Ingrid B. und Gerhard O. Gerhard O. ist Mitarbeiter der Firma Bimobil und betreibt mit dem Einverständnis seines Arbeitgebers den Verleih von Reisemobilen und Caravans, wie sie auch Bimobil anbietet. Heinrich Kieber fliegt von Zürich nach München. Er wird von Gerhard O. am Flughafen München-Riem bereits erwartet: »Dort erklärte ich ihm etwa eineinhalb Stunden das Fahrzeug«, erzählt dieser, »und übergab ihm anschließend Wagen und Schlüssel.« – »Zwei, drei Tage später rief der Herr an. Er sei mit dem Wagen in die Tschechoslowakei gefahren, wo man ihm das Fahrzeug gestohlen habe. Den Schaden meldete er bei der Polizei in Plauen, weil die Polizisten dort deutsch gesprochen hätten«, erinnert sich Ingrid B. Der Polizei übergibt er einen Zündschlüssel für den Wagen.

Das Abhandenkommen teurer Westautos in den ehemaligen Ostblockstaaten ist in den Nachwendejahren Alltag. Stutzig macht die Versicherung jedoch, dass der Ersatzschlüssel ebenfalls als gestohlen gemeldet wird. »Wir hatten ein ziemliches Drama mit der Versicherung, die deshalb nicht zahlen wollte«, so Ingrid B.

Das Misstrauen der Versicherung ist nicht unbegründet. Denn Heinrich Kieber fährt in Wahrheit mit dem Auto nach Liechtenstein und versteckt es dort. Auf dem Bahnhof St. Margrethen setzt er sich in den Zug und fährt in die Tschechoslowakei. An der tschechoslowakischen Grenze lässt er sich die Einreise in seinem Pass dokumentieren. Dann organisiert er sich Zeugen. Er speist in einem Restaurant, zahlt und verlässt das Lokal, um kurz danach in die Gaststube zurückzukommen und lauthals den Diebstahl seines Wagens auf dem Parkplatz zu beklagen. Anschließend kehrt er nach Deutschland zurück, um den vermeintlichen Raub hinter der Grenze in Plauen anzuzeigen.

Mit dem Ersatzschlüssel in der Tasche steht dem findigen Versicherungsbetrüger der Weg nach Australien offen – vorausgesetzt, es gelingt ihm, die Ein- und Ausfuhrpapiere, die sein gestohlener Nissan Navara King Cab für die Türkei, den Iran, für Pakistan und Indien benötigt, zu beschaffen.

»An den Herrn Kieber erinnere ich mich sehr gut«, erzählt Gerlinde Eggenberger*, eine Mitarbeiterin des Automobilclubs von Liechtenstein. »Er war bei uns auf der Geschäftsstelle und erkundigte sich nach den Möglichkeiten, ein Fahrzeug in außereuropäische Länder ein- und wieder auszuführen.« Was Eggenberger nicht bemerkt: Während sie Heinrich Kieber beim Kundenempfang warten lässt, um aus einem Büro Unterlagen zu holen, entwendet Heinrich das benötigte Dokument, ein Blankoformular.

Es handelt sich um ein sogenanntes Carnet de Passages, das in vielen außereuropäischen Ländern vorzulegen ist, um ein Auto vorübergehend zollfrei einführen zu können. Um auf legale Weise in den Besitz eines gültigen Carnet de Passages zu gelangen, muss der Halter des Wagens dem Aussteller des Carnet – in diesem Fall dem liechtensteinischen Pendant des ADAC – eine Kaution oder eine Bürgschaft hinterlegen, die, je nach Land, zwischen fünfzig und hundert Prozent des Fahrzeugwerts beträgt. Auf diese Kaution können die Zollbehörden des Einreiselandes zurückgreifen, um sich die Einfuhrsteuern und -zölle erstatten zu lassen, sollte das Auto nicht innerhalb der Gültigkeitsdauer des Carnet von einem Jahr wieder ausgeführt werden. Kieber füllt das Blankoformular eigenhändig aus – und stellt sich seine Einfuhrgenehmigung selbst aus.

Im Oktober 1991 sind Heinrich Kieber und sein gestohlener King Cab bereits in der Türkei. Sein liechtensteinisches Kennzeichen ist für jeden Einheimischen schon aus der Ferne als Fälschung auszumachen. Die Klebeziffern, die er auf sein selbst gebasteltes Nummernschild – FL 10119 – anbringt, sind von einer ganz anderen Schrifttype als die Ziffern auf den offiziellen Kennzeichen. Nur: Welcher Grenzbeamte in der Türkei, im Iran oder in Pakistan weiß schon, wie ein Kennzeichen aus dem kleinen Fürstentum Liechtenstein auszusehen hat?

Gegen Ende des Jahres sucht sich Heinrich Kieber in der südpakistanischen Hafenstadt Karachi einen Spediteur, der seinen überhohen Nissan King Cab in einem Open-Top-Container unversehrt übers Meer nach Darwin im Norden Australiens transportiert. Und im Januar steht er schließlich mit seinem Auto in Manly und schließt Bekanntschaft mit Elton

Martin. Martin versteht sich mit Heinrich Kieber, oder eben Henry, wie sich dieser von nun an nennt, auf Anhieb. Er gibt dem Touristen aus Liechtenstein seine Visitenkarte mit den Worten: »Falls du in den kommenden Tagen mal eine Dusche brauchst.«

Es vergehen gerade mal zwei Tage, da klingelt am späten Sonntagnachmittag das Telefon bei Elton Martin, dessen Wohnung in Manly nur durch eine Straße vom Wasser getrennt ist: »Hello, hello, it's Henry! Gilt das Angebot noch?« Keine dreißig Sekunden später steht Henry vor Martins Haustür. Denn angerufen hat er von der Telefonzelle auf der anderen Straßenseite. »Meine Frau steht gerade in der Küche, als Henry reinplatzt, sich umschaut und als Erstes unseren randvollen Kühlschrank inspiziert. Sie konnte mit seiner direkten Art nicht so viel anfangen.« Martin selbst nimmt es gelassen: »Für mich war er einfach ein bunter Hund mehr in meinem Leben, der es in das Tagebuch reingeschafft hat, das ich damals führte.«

Henry Kieber parkt seinen Nissan King Cab vor Martins Wohnung. »Dort blieb er für vielleicht zwei Monate, und teilweise schlief Henry im Wagen. Wollte er irgendwo hin, stieg er aufs Fahrrad, oder er nahm die Fähre, wenn er in die Stadt wollte.«

Kieber lebt in Sydney in den Tag hinein und lässt sich treiben, monatelang. Einer Arbeit geht er nicht nach – darf er auch nicht mit dem Touristenvisum, mit dem er eingereist ist. Er müsse gar keinem Broterwerb nachgehen, erklärt er Martin: »Henry erzählte etwas von einer Software, die er für Swissair entwickelt habe, für die er jetzt Lizenzgebühren erhalte.«

»Einen Großteil seiner Zeit investierte Henry in die Suche nach einer Flugschule in Australien«, erinnert sich Elton Martin. »Zumindest führte er das als Begründung an, wenn er wieder verschwand: dass er auf der Suche nach der für ihn günstigsten Flugschule sei.« Für Martin klingt das plausibel: »Henry war, egal worum es ging, immer extrem sparsam und investierte viel Zeit und Energie, um herauszufinden, wo er das beste Angebot für sein Geld bekommen könnte.« Dass er bereits Flugstunden in Bankstown nimmt, am anderen Ende der Stadt, verschweigt Heinrich Kieber seinem Freund.

Hier, im Süden Sydneys, lebt auch Raphael Vetter, der vor über zwei Jahrzehnten seine Heimat, das enge, hügelige Appenzell, verlassen hat und nach Australien ausgewandert ist. Der etwa fünfzigjährige Schweizer betreibt gemeinsam mit seiner Frau ein Frachtunternehmen am Flughafen. Raphael ist der Bruder von Guntram Vetter, Heinrichs eingeheiratetem Onkel. »Eines Tages rief ein Mann an, von dem wir nie etwas gehört hatten. Er erklärte mir am Telefon, in welcher Beziehung er zu meinem Bruder Guntram stand.« Heinrich Kiebers Überrumpelungstechnik ist wieder einmal erfolgreich. Er zieht in Raphael Vetters neu erbautes Heim im Süden der Stadt ein.

Von nun an führt Heinrich Kieber zwei Leben Down Under. Eines in Manly und eines bei Vetter in Bankstown. »Heinrich war von Australien begeistert«, sagt Raphael Vetter. »Sein erklärtes Ziel war es, für immer hier zu bleiben, aber das war aufgrund der mit seinem Touristenvisum verbundenen Beschränkungen nicht möglich.«

Doch wo Heinrich Kieber ist, ist auch ein Weg.

»Henrys Hochzeit fand ungefähr Mitte 1992 in Sydney statt. Er heiratete ein Kiwi-Mädchen, das heißt, sie stammte ursprünglich aus Neuseeland, hatte sich aber in Australien niedergelassen. Wie sie hieß, kann ich nicht mehr mit Bestimmtheit sagen. Was ich aber sicher weiß, ist, dass ich Henry meinen Ehering lieh für die Zeremonie, damit das Ganze ein bisschen festlicher daherkommt.« So erinnert sich Frank Fulham*, ein Bekannter Kiebers, der als Trauzeuge einspringt: »Ich hatte auch vorgeschlagen, dass wir jemanden anheuern, der die Zeremonie auf Video aufnimmt, aber das wollte er nicht. Wie ich es verstanden habe, musste er dem Mädchen 12.000 Dollar zahlen. Jedenfalls erzählte er uns das später. Soweit ich das beurteilen kann, wurde die Ehe nicht vollzogen.«

Die Hochzeit der jungen Frau mit Vornamen Joanne Marie und dem 27-jährigen Heinrich Kieber findet am 7. September 1992 statt. Geschieden wird die Ehe offiziell am 3. Januar 1998.[15] Mit dem Wissen um seinen neuen Zivilstand ergeben die Zeilen des Australien-Touristen, die er im Sommer 1992 an einen Freund in Liechtenstein schreibt, Sinn. In dem Brief schwärmt Kieber von den ersten Monaten im Land seiner Träume und erklärt, dass er für immer dort bleiben wird: »Wenn ich Glück habe, kann ich per Ende [des] Jahr[es] die ›Green Card‹ beantragen – müsste dann für drei Monate raus aus dem Land und dann mit der Green Card (permanente Aufenthaltsgenehmigung) wieder einreisen.«

Gegenüber seinem Freund Elton Martin verliert Heinrich Kieber kein Sterbenswörtchen über die Hochzeit. Der erinnert sich nur an eine andere Frau, die aus Deutschland stammte: »Petra hieß die.« Petra Engelmayer* kommt unüberhörbar aus dem Südosten Deutschlands: »Den Henry lernte ich im Februar 1992 über eine deutsche Freundin in Sydney kennen, kurz nachdem er in Australien angekommen war. Meine Freundin hatte auf eine Annonce Henrys in der Zeitung geantwortet, in der er nach deutschsprachigen Freunden suchte. Wir waren eine Zeit lang liiert.« Zumindest sie interpretiert das so. Elton Martin hat das etwas anders in Erinnerung: »Petra war sehr besitzergreifend und begann, Henry nachzustellen.«

In dem erwähnten Brief an einen liechtensteinischen Freund, in dem Heinrich Kieber vom möglichen Erhalt der Greencard berichtet, lässt er noch einen weiteren bedeutsamen Satz fallen: »Das Auto habe ich für A$ 62.500 hier versichert (Vollkasko, of course!). Behalt's aber für Dich!« – Und tatsächlich kommt Kiebers Auto kurz darauf abhanden.

Raphael Vetter ist einer der Ersten, der es erfährt: »Ich erinnere mich, wie Henry nach einer Flugstunde zu uns kam und uns erzählte, wie er mit seinem Fluglehrer über den Parkplatz geflogen sei, wo er üblicherweise seinen Wagen während der Stunden parkte: Jemand habe ihn während des Unterrichts geklaut.« Als Zeuge muss der Fluglehrer herhalten – wenn auch nicht für den Diebstahl an sich, sondern lediglich für die Abwesenheit des Nissan Navara King Cab. Im Tagebuch von Elton Martin ist vermerkt, dass Heinrich Kieber seinen Nissan King Cab am 24. September 1992 als gestohlen meldet.

Im beginnenden australischen Frühling betätigt sich Kieber zusammen mit seinem Trauzeugen Frank Fulham als Immobilienmakler: »Er beteiligte sich finanziell bei Immobilientransaktionen, die wir tätigten. Soweit wir das beurteilen konnten, hatte Henry immer reichlich Kohle. Gleichzeitig war er aber auch sehr geizig.«

»Henry hat sich andauernd Immobilien angesehen, das hat ihn immer interessiert, mich übrigens auch«, sagt Kiebers Freund Elton Martin. »Darum haben wir uns gemeinsam nach Häusern umgeschaut und fantasiert. Aber dass er tatsächlich mit Immobilien gehandelt hat, hat er mir nie verraten.« Welche Summen Kieber in diese Immobiliengeschäfte investiert, lässt sich nicht feststellen. Überhaupt bleibt offen, wie der Weltenbummler sein Leben finanziert.

Irgendwann gegen Ende 1992 verlässt Heinrich Kieber Australien und fliegt nach Europa zurück. In der Gemeinde Oberglatt beim Zürcher Flughafen trifft er John Richter, seinen ehemaligen Arbeitskollegen bei Swissair. »Soweit mir das noch präsent ist«, erinnert sich der, »ist er nur kurz zurückgekommen und nachher wieder runtergeflogen nach Australien. Er erzählte, er habe da unten ein Apartment gekauft.«

Dass es einen handfesten Grund für seine Rückkehr gibt, sagt Kieber nicht: Das Carnet de Passages für seinen Nissan King Cab ist abgelaufen – das Papier, das es ihm erlaubte, den 100.000-Mark-Wagen vorübergehend nach Australien einzuführen, ohne dafür Einfuhrzoll und -steuern entrichten zu müssen. Da das Fahrzeug nicht fristgerecht wieder aus dem Land ausgeführt worden ist, will der australische Zoll nun auf die Kaution zurückgreifen, die üblicherweise für einen solchen Fall hinterlegt wird. Mit der Diebstahlmeldung des Wagens, so Kiebers Hoffnung, würden auch die Forderungen des australischen Zolls gegenstandslos.

Kieber spricht beim liechtensteinischen Automobilclub vor, bei ebenjener Geschäftsstelle, wo er zuvor das Einfuhrformular für seinen Wagen entwendete. »Kieber kam zu uns und sagte, sein Auto sei gestohlen worden. Er wolle das über uns abwickeln«, erinnert sich Gerlinde Eggenberger vom Automobilclub an die neuerliche Begegnung. »Als wir sein Carnet überprüften, stellten wir sofort fest, dass das Papier nicht von uns ausgestellt worden war. Die Schreibmaschinenschrift passte nicht, und unser Stempel fehlte. Ich frage mich, wie er damit überhaupt die Grenzen passieren konnte. Er konnte hervorragend auf Leute einreden, vielleicht hat ihm das ja geholfen am Zoll. Er war ein Zappelphilipp und völlig aufgedreht. Auch auf mich hat er eingeredet, aber überzeugen konnte er mich nicht.«

Auch in anderer Hinsicht hält der Liechtenstein-Trip für Kieber Unannehmlichkeiten bereit. Zu Beginn des Jahres 1993 hält sich der spanische Immobilienhändler Mariano M., den Kieber aus Barcelona kennt, gemeinsam mit einer Begleiterin geschäftlich in Zürich auf: »Ich war in der Schweiz, um einige Investitionen im Auftrag zweier Herren mit Vornamen Jesus und José zu tätigen. Aufgrund der geografischen Nähe kamen wir auf die Idee, Herrn Kieber zu besuchen. Wir unternahmen alles Mögliche, um seinen Aufenthaltsort in Liechtenstein ausfindig zu machen, fanden aber nur heraus, dass sein Vater bei der Firma Hilti angestellt sei – was uns an der bisher behaupteten Identität Heinrichs zweifeln ließ.«

Nach langem Hin und Her kommen Mariano M. und Kieber doch noch zusammen: »Heinrich setzte sich in unserem

Hotel mit uns in Verbindung, hielt indessen hartnäckig daran fest, der Hilti-Erbe zu sein.« Um seine Reputation als angeblicher Hilti-Sprössling wiederherzustellen, geht Kieber aufs Ganze: »Heinrich kam nach Zürich und beteiligte sich mit zehn Millionen Peseten an den Investitionen, die José eingefädelt hatte. Ich garantierte Kieber den Gegenwert in Schweizer Franken, sollte die Operation schieflaufen, was dann auch der Fall war, so dass ich ihm den entsprechenden Betrag wenige Tage später aushändigte. Während der Abwicklung dieser Deals wurden weitere zehn Millionen Peseten für neuerliche Investitionen benötigt, die Kieber wiederum binnen weniger Stunden aufgetrieben hatte. Und ich gab ihm erneut mein Ehrenwort, sie ihm ungünstigenfalls zurückzuerstatten.«

Worum es bei den angeblichen Investitionen genau ging, darüber hüllt sich Mariano M. in Schweigen.

Heinrich Kieber schildert die dubiosen Geschäfte mit Mariano M. und den Herren José und Jesus später seinem Freund Walter Schneider: »Heinrich prahlte damit, dass er da einen Geldwechselauftrag habe. Die wollten heiße Lire oder unsaubere Peseten zu einem super Preis kaufen und später bei einer Bank in der Schweiz wechseln. Jedenfalls hat Heinrich da eigenes Geld drin gehabt, weil sein Freund Mariano nicht so viel Cash auftreiben konnte. Die Übergabe sollte irgendwo an der Autobahn im Tessin oder in Norditalien stattfinden – oder hat eben nicht stattgefunden. Weil das Ganze ein Betrug war. Sie haben, wenn ich mich richtig erinnere, nur Zeitungspapier erhalten, also vielleicht noch mit ein paar Scheinen obendrauf. Dafür haben Heinrich und der Mariano ein paar hunderttausend Franken bezahlt. Die ganze Situation auf der Autobahnraststätte sei aus irgendeinem Grund eskaliert und jeder sei dann in irgendeine Richtung geflüchtet.«

Für Kieber einmalig, hatte er sich für die Aktion auf der Autobahn mit einer Pumpgun bewaffnet. Später versucht er diese bei Schneider loszuwerden: »Die Pumpgun hat er mir nach der Aktion gezeigt und gefragt, ob ich sie nicht kaufen wolle. Er brauche sie jetzt nicht mehr.«

Nur wenige Tage nach dem missglückten Geldwechselgeschäft auf der Autobahn dreht Kieber sein nächstes Ding. Eine wesentlich weniger spektakuläre Nummer zwar, aber erfolgreich. Und dennoch kommt man ihm dabei auf die Spur. Günther Walch, ein alter Kumpel von Kieber, erinnert sich: »Kieber hatte immer Zigaretten. Alle aus seinem Bekanntenkreis kauften bei ihm. Selbst raucht er nicht, er trinkt auch keinen Alkohol. Sein Zigi-Handel lief sicher zwei, drei Jahre lang.« Doch nun bekommt Walch Besuch von der Zürcher Kantonspolizei. Walchs Auto ist im Zusammenhang mit einem größeren Zigarettendiebstahl in einem Geschäft in Liechtenstein aufgefallen. Walch selbst, der ebenfalls in der Nähe des Zürcher Flughafens wohnt, war am fraglichen Tag nicht mit seinem Wagen unterwegs gewesen: Er hatte ihn Kieber ausgeliehen. »Als die Kantonspolizei sich bei mir meldete, war Heinrich aber schon wieder in Australien.«

Auch wenn sie seiner nicht habhaft werden kann: Seit dem 9. März 1993 ist Heinrich Kieber bei der liechtensteinischen Polizei aktenkundig wegen des Zigarettendiebstahls im Lebensmittelladen an der Landstraße 180 in der Gemeinde Triesen.

Was treibt Heinrich Kieber dazu, sich an einem Tag mit international operierenden Betrügern einzulassen und am nächsten Tag wie ein Kleinkrimineller stangenweise Zigaretten zu klauen? Hat Kieber all seine Ersparnisse in den Zeitungspapier-Schwindel von José und Jesus gesteckt? Braucht er dringend Bares, um wieder in sein geliebtes Australien zurückkehren zu können? Womöglich markiert die Aktion auf der Autobahnraststätte für Kieber und seinen kriminellen Werdegang eine Art Scheidelinie: Er ist ein guter Gauner, aber ein schlechter Gangster und legt darum die Waffe beiseite.

Am 23. März 1993 landet Qantas-Flug 178 von Seoul kommend in Sydney mit Heinrich Kieber an Bord. Trotz des sonnigen und warmen Wetters im australischen Herbst ist Kiebers Stimmung gedrückt. Weder die Tatsache, dass er wieder zurück in seinem Traumland ist, noch sein Freund Elton Martin können ihn aufheitern: »Als Kieber 1993 nach Sydney kam, war er eine andere Person.« Der immer fröhlich herumkaspernde Kieber ist ganz verstockt, einsilbig, schlecht gelaunt und läuft herum mit zusammengekniffenen Lippen. Das ist kein Wunder: Mariano M. hat sein Erspartes verjuxt, und die australischen Behörden wollen Geld für den Import des Campers sehen.

Woher Kieber schließlich das Geld nimmt, um die Forderung des Zolls zu befriedigen, bleibt unklar. Jedenfalls hellt sich seine Laune in Australien nach einiger Zeit merklich auf: »Er existiert! Er existiert! Ich sage dir, Gott existiert wirklich!«, jubelt Kieber gegenüber seinem Freund Elton Martin. »Für ihn war das ein Gottesbeweis – als die Versicherung ihn endlich für den gestohlenen Wagen entschädigt hatte.«

Ab Mitte 1993 widmet Kieber seinen Flugstunden und der theoretischen Ausbildung mehr Aufmerksamkeit. Die nötige Ruhe dazu findet er bei Margaret Thompson, einer rüstigen 79-jährigen Witwe, die ein Zimmer in ihrem Haus in der Osborne Road in Manly vermietet, um ihre Rente aufzubessern: »Ich fragte ihn, aus welchem Land er komme. Er antwortete, dass er aus Liechtenstein sei. Er war sehr erstaunt, als ich sagte, dass ich das kleine Land kenne. Denn die wenigsten haben jemals davon gehört. Ich zeigte ihm das Zimmer, das ihm sehr gefiel.«

Der freundliche junge Mann aus Liechtenstein zieht bei Margaret Thompson ein. Die Abende verbringt Kieber oft am Küchentisch, wo er Aviatik büffelt. »Henry ist mit dem Fahrrad zum Flughafen gefahren. Ich fand das immer ein wenig komisch – mit dem Fahrrad zum Flughafen! Ich fragte mich, womit er sich wohl beschäftigte. Ich hoffte, dass das keine Drogengeschichten waren, denn er hatte immer hohe Telefonrechnungen – Ferngespräche in die Schweiz, nach Liechtenstein und, ich glaube, nach Frankreich. Da war oft von Geld die Rede, und er stritt mit den Personen in der Leitung.«

Eines Tages kündigt Kieber an, er werde für eine Woche verreisen, nach Melbourne. Vorher werde er aber noch seine Telefonrechnung bezahlen, versichert er seiner Vermieterin. »Das waren rund 670 Dollar. Als ich am nächsten Morgen aufstand, war Henry bereits verschwunden. Auf der Telefonrechnung stand ›bezahlt‹, obwohl ich kein Geld erhalten hatte. Er selbst hatte die Bezahlung meiner Rechnung quittiert!«

Als Heinrich aus Melbourne zurückkehrt, stellt Margaret Thompson ihren Untermieter zur Rede: »Henry, du hast kein Geld für die Rechnung dagelassen!« Der entgegnet: »Oh, das habe ich doch!« – »Er bestand darauf, die Rechnung beglichen zu haben. Er dachte, indem er eine Woche verschwindet, könnte er mich reinlegen: Die alte Frau vergisst das zwischenzeitlich. Aber es ist die alte Frau, die sagt: ›Du ziehst bis zum Ende der Woche aus!‹«

Der 28-jährige Kieber tritt verbal nochmals nach, wie sich seine Landlady erinnert: »Er sagte mir noch: ›Ich habe 60.000 Dollar auf der Bank, ich kann meine Rechnungen zahlen.‹ Aber es spielt keine Rolle, wie viel Geld ein Halunke bereits hat, er will immer mehr.«

Kieber hinterlässt Margaret Thompson einen kurzen Brief:

»Liebe Frau Thompson
Es ist wirklich schwierig, was Neues zu finden. Vor allem etwas so Schönes wie Ihres. Ich möchte fragen, ob eine Woche mehr hier in Ihrer Wohnung möglich wäre.
Danke + Sorry
Henry«

Dann wird Kieber zwei Straßen weiter doch noch fündig, wie er Margaret Thompson freudestrahlend mitteilt: »Er habe der jungen Frau mit der Wohnung einen Blumenstrauß überreicht, erzählte Henry, und ihr einen Brief geschrieben. Das sei ein ganz tolles Mädchen, die über dem Laden in der Darley Road wohnt.« Doch ruft die junge Frau bei Margaret Thompson an und holt Erkundigungen über Kieber ein: »Henry wollte von mir wissen, was ich der jungen Frau gesagt habe. Ich zu ihm: ›Die Wahrheit, dass du mir eine Menge Geld schuldest.‹ Henry wurde wütend und sagte: ›Oh, was haben Sie da bloß wieder angerichtet!‹«

Schließlich findet Kieber eine andere Bleibe und zieht bei Margaret Thompson aus, ohne seine Schulden beglichen zu haben.

Kurz vor Weihnachten 1993 tritt die australische Polizei mit Kieber in Verbindung. Die Beamten haben eine vermeintlich erfreuliche Nachricht für Kieber: Der gestohlene Nissan Navara King Cab ist auf einem Campingplatz in der Nähe von Melbourne gesichtet worden. Kieber gerät in Panik. Er meldet sich bei seinem Freund Elton Martin und beichtet ihm seinen Versicherungsbetrug: »Er hatte jemanden vor Ort bezahlt, der sich um den Wagen kümmerte. Für Henry war es natürlich das Dümmste, was passieren konnte, dass der Wagen wieder auftauchte. Sobald nämlich Versicherung und Polizei anfangen würden, das Puzzle zusammenzusetzen, würde sich ihnen ein sehr interessantes Bild ergeben. Was Henry mir damals allerdings nicht beichtete, war, dass er den Wagen in Deutschland gestohlen hatte.«

Heinrich Kieber sucht Rat bei einem Anwalt namens Paul Macken. Der erinnert sich vage an ihn und seinen Fall: »Das Ganze schien mir damals sehr bizarr. Im Übrigen kann ich mich nicht entsinnen, je mein Honorar erhalten zu haben.« Dem Tagebuchschreiber Elton Martin ist der Fall präsent: »Wie ich das verstanden habe, gestand er der Versicherung, dass er den Versicherungsanspruch zu Unrecht geltend gemacht habe. Hintergrund seines Betrugs sei die seiner Meinung nach ungerechtfertigte Forderung des australischen Zolls gewesen. Er habe nun aber Schuldgefühle bekommen und wolle die Sache beilegen, indem er die Versicherungssumme zurückzahle – unter der Bedingung, dass die Polizei nicht involviert werde.«

So rasch wie möglich übernimmt Kieber den »gestohlenen« Wagen von der Polizei. Niemand ist zu Schaden gekommen, für die Polizei hat sich damit die Sache vorerst erledigt. Doch für Heinrich Kieber wird der Boden in Australien langsam zu heiß: Eine Scheinehe, ein teurer, in Deutschland gestohlener und illegal nach Australien importierter Camper und ein Versicherungsbetrug – das ist selbst für den abgebrühten Kieber ein zu großes Risiko. Elton Martin zufolge war Kieber zu Ohren gekommen, dass er das Fahrzeug für wenig Geld nach Neuseeland exportieren könnte: Es kostete 1.200 Dollar, das Auto in einem Container von Sydney nach Auckland zu verfrachten. »Das ging alles sehr schnell. Henry verabschiedete sich nicht. Er ist völlig unangemeldet in mein Leben getreten und ebenso plötzlich wieder verschwunden. Henry ist einfach so.«

Am 3. Februar 1994 passiert Kieber die Passkontrolle am Flughafen von Sydney und verlässt den geliebten australischen Boden. Qantas-Flug 353 wird ihn nach Nordamerika bringen. Irgendwann im Laufe der darauffolgenden Wochen trifft Heinrich Kieber in Neuseeland ein, wo sein Jeep bereits auf ihn wartet. Elton Martin erhält eine Nachricht von seiner Bekannten Bridget, die in Auckland lebt. Dort hat sich Kieber einquartiert. »Die ersten paar Wochen wohnte Henry bei ihr. Sie beklagte sich, er mache sie wahnsinnig, der Typ sei am Überschnappen.«

Während Heinrich Kiebers Zeit in Australien spielen sich in seiner Heimat Liechtenstein auf dem politischen Parkett unerhörte Dinge ab. Sie werfen ein Schlaglicht auf die spätere Affäre Kieber und insbesondere das Vorgehen der liechtensteinischen Behörden und Instanzen dabei. Am 28. Oktober 1992 versammeln sich vor dem Regierungsgebäude in Vaduz rund 2000 Bürger und begrüßen Fürst Hans-Adam II. mit »Diktator«-Plakaten und einem gellenden Pfeifkonzert.

Hintergrund der einmaligen Ereignisse in dem beschaulichen Staat mit seinen ansonsten so braven Untertanen ist die fürstliche Drohung, Regierung und Parlament aufzulösen und Notstandsgesetze zu verhängen, sollte die Regierung an ihrem festgelegten Termin zur Durchführung der Volksabstimmung über den Beitritt des Fürstentums zum Europäischen Wirtschaftsraum (EWR) festhalten. Fürst Hans-Adam will sich mit dem Anschluss an den EWR von der Schweiz lösen und sein Land aus dem Schlepptau des großen Nachbarn befreit wissen. Ultimativ verlangt er, die liechtensteinische Abstimmung vor die des Zollvertragspartners Schweiz zu legen, so dass sich seine Untertanen bei der Stimmabgabe nicht vom Ergebnis der Eidgenossen leiten lassen.

Angesichts des unerwartet massiven Widerstands von Regierung, Parlament und Volk gibt der Fürst schließlich klein bei. Der Termin bleibt. Und auch wenn das Ergebnis der Abstimmung im Sinne des Fürsten ausfällt (Liechtenstein stimmt im Gegensatz zur Schweiz für den Beitritt zum EWR) – als vorläufiger Sieger geht aus der Konfrontation die Regierung mit Regierungschef Hans Brunhart und Innenminister Herbert Wille hervor.

Nach der Staatskrise vom Oktober 1992 sind sich Politik und Fürst darin einig, dass die Verfassung Liechtensteins insofern revidiert werden muss, dass die Kompetenzen der Staatsorgane klarer geregelt werden, damit sich derartige Szenen nicht wiederholen. Fürst Hans-Adam hat eine klare Vorstellung davon, wie er die Verfassung geändert haben möchte, damit er künftig in jeder Krise die Zügel fest in der Hand hält –

und sich nie wieder von aufmüpfigen Untertanen demütigen lassen muss. In den folgenden Jahren arbeitet er beharrlich an der Umsetzung.

Im Februar 1993 stehen in Liechtenstein Parlamentswahlen an. Im dortigen Zweiparteiensystem stellt die Mehrheitspartei jeweils den Regierungschef, so dass im Wahlkampf die Regierungschefkandidaten im Vordergrund stehen. Der Regierungschef wird zwar vom 25-köpfigen Parlament gewählt, aber vom Fürsten ernannt, erst dann kann ein gewählter Regierungschef sein Amt antreten. Als Regierungschefkandidaten hat die Vaterländische Union mit Hans Brunhart den bisherigen, äußerst beliebten Amtsinhaber ins Rennen geschickt.

Angesichts der Popularität Brunharts nominiert die Fortschrittliche Bürgerpartei einen Verlegenheitskandidaten, den politischen Nobody Markus Büchel. Selbst die eigene Partei glaubt nicht an einen Sieg. Aber dann erscheint am Tag des Urnengangs frühmorgens im *Liechtensteiner Volksblatt* ein Interview mit Fürst Hans-Adam II. In der von der Bürgerpartei kontrollierten Tageszeitung empfiehlt das Staatsoberhaupt seinen Untertanen unverhohlen die Abwahl Brunharts. Die offizielle Begründung: Seit der Staatskrise im Oktober 1992 habe er kein Vertrauen mehr in ihn. Illustriert wird das prominent aufgemachte Interview mit einem Bild vom Fürsten, neben ihm auf dem Sofa sitzend – als wäre es die normalste Sache der Welt – der Regierungschefkandidat Markus Büchel. Dazu die Bildlegende: »›Ich habe mir sehr wohl überlegt, ob ich Herrn Brunhart noch einmal zum Regierungschef ernennen solle‹: Fürst Hans-Adam II. gestern im Gespräch mit *Volksblatt*-Redakteur Martin Frommelt und Regierungschef-Kandidat Markus Büchel.«

Das Interview zeigt die gewünschte Wirkung: Prompt gewinnt die Bürgerpartei die Wahl und stellt mit Büchel den neuen Regierungschef Liechtensteins. Ganz nebenbei hat der Fürst erfolgreich die politische Karriere Hans Brunharts beendet und sich für die Demütigung vom Oktober 1992 gerächt. Es wird nicht die einzige fürstliche Vergeltungsaktion bleiben.

Nach nur einem halben Jahr an der Macht verzweifelt die Fortschrittliche Bürgerpartei an ihrem komplett überforderten Regierungschef Markus Büchel und fordert ihn zum Rücktritt auf. Der denkt gar nicht daran, seinen eben erst eroberten Sessel zu räumen. Am 14. September 1993 tritt deshalb das Parlament zusammen, um dem noch amtierenden Regierungschef mit einer Mehrheit von 17 Stimmen das Vertrauen zu entziehen. Nun kann der Landtag dem Fürsten einen Antrag auf Amtsenthebung des Regierungschefs stellen. Fürst Hans-Adam nimmt dankbar die nächste Gelegenheit wahr, die Politik für ihr ungebührliches Verhalten bei der Staatskrise 1992 abzuwatschen: Er geht über den Amtsenthebungsantrag hinweg, löst stattdessen das Parlament auf und belässt Büchel bis zu den Neuwahlen Ende Oktober 1993 im Amt.

Als Gegenleistung zeichnet Büchel dem Fürsten das Hausgesetz der Familie Liechtenstein gegen – womit dieses nun gleichberechtigt und rechtlich bindend neben der Verfassung steht. Im Hausgesetz regelt das Fürstenhaus – nicht das Volk, nicht das Parlament – die Thronfolge, das Stimmrecht innerhalb des Familienrates (Frauen haben kein Stimmrecht) und disziplinarische Maßnahmen gegen sich unbotmäßig verhaltende Mitglieder der von-Liechtenstein-Sippe.

Im Jahr 1995 holt Fürst Hans-Adam dann zu einem weiteren Schlag aus. Er macht dem Präsidenten der liechtensteinischen Verwaltungsbeschwerdeinstanz, ebenjenen Herbert Wille, in einem Brief klar, von wessen Gnaden sein Posten beim höchsten Verwaltungsgericht des Landes abhängt: »Ich möchte Ihnen rechtzeitig mitteilen, dass ich Sie nicht mehr für ein öffentliches Amt ernennen werde, sollten Sie vom Landtag oder sonst irgendeinem Gremium vorgeschlagen werden.« Auslöser des fürstlichen Schreibens ist ein Vortrag, den Herbert Wille im Februar 1995 gehalten hat, in dem er als Rechtswissenschaftler die Auffassung vertrat, der liechtensteinische Staatsgerichtshof – das höchste Gericht des Landes, vergleichbar dem Bundesverfassungsgericht – sei die zuständige Instanz, wenn über die Auslegung einzelner Bestimmungen der Verfassung Zweifel entstünden und nicht durch Übereinkunft zwischen Fürst und Volk/Landtag beseitigt werden könnten.

Herbert Wille war während der Staatskrise im Oktober 1992 Innenminister in Liechtenstein und verantwortlich für die Festlegung des Termins der Volksabstimmung über den Beitritt Liechtensteins zum Europäischen Wirtschaftsraum und damit – in der fürstlichen Lesart – eine jener Personen, die dem Fürsten Schmach zugefügt hatten. Wille klagt nun wegen des vom Fürsten ausgesprochenen Banns gegen ihn vor dem Europäischen Gerichtshof für Menschenrechte auf Verletzung seines Rechts auf freie Meinungsäußerung.

1997 wird Wille vom Parlament für eine zweite Amtsperiode zum Präsidenten der Verwaltungsbeschwerdeinstanz gewählt – vom Fürsten aber, wie angekündigt, nicht ernannt. Zwei Jahre später erhält der in fürstliche Ungnade gefallene Herbert Wille vor dem Europäischen Gerichtshof in Straßburg dann vollumfänglich recht: Willes Recht auf freie Meinungsäußerung sei verletzt worden. Weiter beanstandet Straßburg, dass es in Liechtenstein keine innerstaatliche Beschwerdemöglichkeit gegen Akte des Staatsoberhauptes gibt.

Diesem Urteil zum Trotz: Es gibt in Liechtenstein bis heute keine Beschwerdestelle gegen – willkürliche – Entscheide des Fürsten. Viele Jahre später wird Heinrich Kieber von dieser nahezu unbeschränkten Stellung des liechtensteinischen Staatsoberhaupts enorm profitieren.

Zurück ins Jahr 1994: Von Auckland zieht Heinrich Kieber weiter auf die Südinsel von Neuseeland, in die Kleinstadt Nelson, wo er am Nelson Aviation College wieder Theorie büffelt und bei einer Fluglehrerin namens Penny McKay Stunden nimmt: »Henry war sehr umgänglich, sehr aufmerksam und intelligent«, erinnert sich diese. »Aber dann gab es da einige merkwürdige Vorfälle. Er teilte sich eine Wohnung mit einem Studenten. Aus der Wohnung verschwand Geld, und Henry bemühte sich sehr darum, den Fokus auf den anderen Studenten zu richten. Zuerst waren wir geneigt, Heinrich zu glauben. Später, nach einigen weiteren Vorfällen und aufgrund dessen, wie sich Henry benahm, kamen wir zum Schluss, dass Henry der Täter gewesen sein könnte.«

Noch bevor der Verdacht konkret wird, kehrt Kieber mit seinem Nissan King Cab gegen Ende des Jahres auf die Nordinsel von Neuseeland zurück, in den Ballungsraum Hastings/Napier. Im Westen der beiden Städte liegt die Air Academy Hastings. Hier nimmt Kieber Anfang 1995 wieder Flugunterricht. Er will die nötigen Prüfungen ablegen, um endlich in den Besitz des lange ersehnten Pilotenscheins zu gelangen.

Dann allerdings macht ihm ein »schrecklicher Unfall« einen Strich durch die Rechnung: »Zwei Wochen vor meinem dreißigsten Geburtstag (30.3.1965) und auch zwei Wochen vor meiner schwierigsten Pilotenprüfung (Instrumentenflug) in der Flugschule nahe Napier: Um dem Lernstress zu entfliehen, bin ich in den nahen Naturpark (Wald) gefahren, habe dort gelesen, und weil es kalt war, auch Tee gekocht. Eine Schlechtwetterfront hat sich am Radio angekündigt und ich entschied, wieder zur Schule zu fahren und nicht im Reservat zu übernachten. So etwa um 23 Uhr, kurz vor der Parkausfahrt, habe ich dicken schwarzen Rauch im Wagen bemerkt (die Reifen meines mitgeführten Velos brannten schon). Der kleine Gaskocher hat Feuer gefangen und der Rauch war so dicht, dass ich nichts sehen konnte, und obwohl ich das Fahrerfenster hinunterkurbelte, um zu sehen, wohin ich steuerte, war die Kollision mit einem dicken Baum unausweichlich. Ich war (zum Glück) nicht angeschnallt, stieß heftig mit dem Kopf an die Windschutzscheibe. Stieg aus und nahm mit der rechten

Hand den kleinen Feuerlöscher und sprühte in den Wagen. Wäre ich angeschnallt gewesen, hätte ich keine Zeit mehr gehabt, der nachfolgenden Explosion des Gases (es stellte sich heraus, dass das Feuer die Gummileitungen verbrannte und am Schluss das Gas vom Tank frei unter hohem Druck entweichte und sofort sich entzündete). Alles flog in die Luft, und ich kam voll in die heiße Druckwelle: verbrannte (leichten Grades, aber vollständig) meine Augenwimpern, Schnauzhaare und Scheitel und die dünnen Hautstellen an der rechten Hand und Teile am rechten Schenkel. Ich war so geschockt (und zudem verlor ich durch die Druckwelle meine Brille), dass ich so lange im Park herumirrte, bis mich um zirka vier Uhr früh ein erschrockener Lastwagenfahrer (mit Baumstämmen beladen) aufgriff. Die Versicherung bezahlte nach Prüfung nur einen Bruchteil dessen, was der Wagen wert war. Ich habe dann die Instrumenten-Flugprüfung erst viele Wochen später machen können und musste bis zur Verheilung der Wunden untätig in der Flugschule herumsitzen.«[16]

So zumindest schildert es Heinrich Kieber. Die State Insurance Company zahlt Kieber 66.787,12 neuseeländische Dollar für den Totalschaden am Wagen. Auch sonst meint es das Jahr 1995 gut mit Kieber: Er kann die neuseeländische Berufspilotenlizenz mit der Nummer 42179 in Empfang nehmen.

Doch auch in Neuseeland holt ihn die Realität schneller ein als gedacht. Dass bei dem Unfall im Naturpark nicht alles mit rechten Dingen zuging, spricht sich herum. »Dieser Kieber«, überlegt Justine Fisher von der Air Academy Hastings, »der war doch an einem Betrug beteiligt, bei dem er ein Auto abfackelte, um nachher die Versicherungssumme kassieren zu können, nicht?« Jedenfalls hat es der rastlose Kieber eilig, aus Hastings wegzukommen. Am 23. Mai 1995 fliegt Kieber von Neuseeland nach Singapur. Dann verliert sich seine Spur für einige Zeit.

3. SEIN GELD, SEINE WOHNUNG, SEINE YACHT 1995 BIS 1997

»August 1995: Nach mehrjährigem Lebensaufenthalt in Australien/Neuseeland reise ich nach Spanien, um mich endlich persönlich um die Darlehensschuld von Herr Mariano M. zu kümmern.«[17]

Dazu macht sich Kieber auf in die spanische Gemeinde Sitges, die eine halbe Autostunde westlich von Barcelona liegt und mit Port Ginesta den größten Yachthafen Kataloniens beherbergt. Dort in der Marina liegt die 23-Meter-Yacht *Analia*, auf der Mariano M. lebt. Mariano M. steht bei Heinrich Kieber mit einer sechsstelligen Summe in der Kreide, seit die beiden zwei Jahre zuvor von den Spaniern Jesus und José auf der Autobahnraststätte betrogen wurden.

Der dreißigjährige Kieber, der sich in Spanien weiterhin konsequent als der Sohn der milliardenschweren Industriellenfamilie Hilti aus Liechtenstein ausgibt, zieht zum fast doppelt so alten Mariano M. auf die altehrwürdige Yacht aus dem Jahr 1925, die der spanische Immobilienhändler zum Verkauf ausgeschrieben hat. Kieber hat mit dem Einsatz von 245.000 Franken bei dem getürkten Geldwechselgeschäft in der Schweiz seinen Ruf als vermögenden Mann bei Mariano wiederherstellen können. Warum sich ein millionenschwerer Industriellensohn auf dubiose Deals auf einer Raststätte mit Geldkoffern und Pumpgun einlassen sollte, diese Frage stellt sich Mariano M. offenbar nicht. Gier frisst Hirn, dieses Sprichwort gilt wohl auch in diesem Fall.

Auf dem Segelschiff erhält Kieber Besuch von Kai R., seinem besten Freund aus der Zeit an der Schweizerschule, in dessen Familie der Liechtensteiner damals freundschaftlich aufgenommen worden war. Kai R. hat keinen Grund, am familiären Hintergrund von Heinrich Kieber-Hilti zu zweifeln: Heinrich ist für ihn nach wie vor der Sohn des unermesslich reichen Unternehmers. Der Anblick der Yacht bestärkt ihn im Glauben daran.

Und nun wird Kieber tatsächlich zum Yachtbesitzer. Mariano M. schlägt ihm ein Verfahren zur Begleichung seiner Schulden vor: »Um Kieber die Bezahlung seiner Zürcher Investitionen zu garantieren, verkaufte ich ihm das Aktienpaket der AG, welche als Besitzerin der Yacht fungierte. Dies auf das Versprechen hin, dass ich nach getätigtem Verkauf der Yacht den Restbetrag abzüglich der zehn Millionen Peseten, die ich ihm schuldete, erhalten würde.«

Mariano M.s Unternehmen Maritima Sotileza S.L. gehört vom 13. Oktober 1995 an Kieber. Bedeutendster Aktivposten der Firma: die Yacht *Analia*, die rund eine Million Mark wert ist. Da trifft es sich gut, dass Heinrich Kieber in Barcelona seinem alten Klassenkameraden Sebastian Hermann begegnet, bei dem er vor vielen Jahren zum Omelettenessen eingeladen war: »Wir haben uns rein zufällig wiedergetroffen. Ich habe damals als Berater für einen Automobilkonzern gearbeitet. Heinrich wollte das Schiff verkaufen, und ich habe ihn in Kontakt gebracht mit einigen Unternehmern, die ich kannte. Mit einem verstand sich Heinrich sehr gut. Aber der Verkauf ist nicht zustande gekommen, weil die Papiere von dem Schiff nie aufgetaucht sind.«

Parallel zu seinem Leben in Barcelona führt Kieber in Liechtenstein ein zweites Leben. Ein Leben mit anderen, neuen Freunden und Bekannten. Darunter ist auch die hübsche Katharina Hofer*, die Kieber zum ersten Mal auf einem Fest trifft: »Das muss im Herbst 1995 gewesen sein. Seine witzige und spritzige Art faszinierte mich, wie er in hohem Tempo mit ausgeprägter Gestik und Mimik sprach, so dass man nur immer die Hälfte mitkriegte. Er sagte dann irgendwann, er habe da irgendeinen Engpass, ob er nicht für eine Zeit lang bei mir unterkommen könne. Er werde sowieso nur zwei-, dreimal die Woche anwesend sein. Und so bezog er das Zimmer. Er kochte und scheute sich auch nicht, den Abwasch zu erledigen. Wir verbrachten viele lustige, richtig witzige Abende in meiner Wohnung.«

Katharina ist eine zierliche Frau, etwa so alt wie der inzwischen 31-jährige Heinrich Kieber. Über die Monate hinweg, in denen er in ihrer Wohnung aus und ein geht, für ein paar Tage verschwindet und dann wieder auftaucht, entsteht eine halbherzige Beziehung zwischen den beiden. »Obwohl er dauernd so viel redete, gab er kaum etwas von sich preis. Er hat sich immer gewunden. Und wenn ich etwas hinterfragte, redete er einfach noch schneller. Man konnte ihn nie festnageln. Einzig wenn er über seine Zeit im Kinderheim sprach, spürte man etwas mehr von ihm.«

Wenn Kieber sich nicht im Fürstentum aufhält, ist er in Barcelona: »Praktisch den ganzen Winter lebte ich auf dem Boot. Wir machten gegen Bezahlung Ausflüge, und ich verdiente nicht schlecht. Am Steuer war jeweils Mariano M. Mögliche Verkaufsabschlüsse scheiterten an den zu hohen Preisvorstellungen von Mariano – das Boot hat eigentlich einen höheren Wert als seine Geldschuld mir gegenüber.«[18]

Derweil interessiert sich Kieber außerdem für Immobilien. »Heinrich ist zu mir gekommen«, berichtet Helmut R., der Vater von Kai R., »er hätte von meinem Sohn gehört, dass wir die Stadtwohnung verkaufen wollen. Ich fragte ihn, warum er so eine große Wohnung kaufen wolle. Er hat gesagt, er habe Aussichten, eine Bekannte zu heiraten. Er habe schon hundert Wohnungen angeschaut. Unsere Wohnung kenne er. Sie gefalle ihm gut.«[19] Aus Kiebers Sicht liest es sich so: »Helmut R.

bot mir an, in seiner ehemaligen Stadtwohnung in Barcelona gratis einzuziehen. Er wollte sie wegen Geldmangel rasch günstig verkaufen, konnte es aber noch nicht, da seine Exfrau irrtümlicherweise noch im Grundbuch als Mitbesitzerin eingetragen war.«[20]

Kieber und Helmut R. vereinbaren mündlich einen Kaufpreis von 63,6 Millionen Peseten, etwa eine Dreiviertelmillion D-Mark, für die Wohnung. Der Verkehrswert beträgt 53 Millionen Peseten.[21] »Es könnte noch einige Monate dauern, sagte ich ihm. Heinrich hat gemeint, dass ihm das egal sei. Dann hat er uns auf sein Schiff eingeladen. Heinrich habe Schulden seines Vaters namens Hilti eingetrieben und diese Yacht in Zahlung nehmen müssen.«[22] Zu diesem Zeitpunkt, so Helmut R., »hat Heinrich gefragt, ob nicht die Möglichkeit bestehe, dass er die Wohnung schon beziehen dürfe. Er gebe mir einen Scheck, der aber erst nach der Unterfertigung des Kaufvertrags eingelöst werden dürfe.«[23]

»Ich verwendete einen persönlichen Scheck der Bank La Caixa. Das Konto ist ein Fremdwährungskonto, das ich am 5. Januar 1990 eröffnete.«[24] Also zu einer Zeit, als Kieber noch für Swissair tätig war. Mit dem Scheck in Höhe von 223.000 Schweizer Franken als Sicherheit gestattet Helmut R. im April 1996 seinem guten Bekannten Heinrich Kieber, in die schicke 170-Quadratmeter-Wohnung in privilegierter Lage einzuziehen.

In der Wohnung an der Carrer de Roca i Batlle 28 empfängt Heinrich Besuch aus Australien: Sein Freund Elton Martin aus Sydney bereist Europa im Sommer 1996 auf dem Weg zu einer Hochzeit in Irland. Dabei nimmt er die Gelegenheit wahr, seinen liechtensteinischen Freund in Barcelona zu besuchen. Kieber präsentiert ihm das Domizil schon als sein Eigentum, zeigt dem mit der Videokamera bewaffneten Martin den offenen Kamin, welches Zimmer für seinen Dienstboten reserviert sei, und von der Terrasse in der achten Etage genießen sie gemeinsam das sagenhafte Panorama der Stadt. Elton Martin hat sich nicht über Kiebers Lebensstil gewundert, obwohl er ihn nur als den Weltenbummler Kieber und nicht als Millionärssohn Hilti kennt: »So lebt man in Australien. Deshalb konnte er mich mit seiner Wohnung nicht sonderlich beeindrucken.«

Der geplante Wohnungsverkauf wird kompliziert – und auch abenteuerlich. Helmut R. steckt nämlich selbst in Geldschwierigkeiten: »Im August 1996 hat sich diese Situation ergeben mit Frau Hauser von der Firma Hauser Treuhand GmbH. Sie brauchte dringend Geld. Der Grund dafür war, dass in New York ein Prozess wegen eines Anlagebetrugs geführt wird, und zwar gegen Merrill Lynch. Frau Hauser hat ehemalige Kunden gebeten, ihr Geld zu kreditieren, um diesen Prozess finanzieren zu können. Sie hat gesagt, dass ich aus dem Prozessgewinn allenfalls Geld bekommen würde.«[25] Hintergrund dieser Transaktion ist ein Anlagebetrug, dem Helmut R. vor zwei Jahren zum Opfer gefallen ist, bei dem er einen Millionenbetrag verlor: »Mir ist der ehemalige Mitarbeiter von Frau Hauser als Anlageberater empfohlen worden, und ich habe ihm mein gesamtes Vermögen zur Anlage übergeben. Bis ich in Pension ging 1994, 1995, hat sich das Vermögen immer wieder angesammelt. Aber da hat mir meine Schwester mitgeteilt, dass dieser Anleger ein Betrüger sei und wir das ganze Geld verloren hätten. Der Grund, dass ich die Wohnung verkaufte, war auch der, dass ich eben kein Geld mehr hatte. Da ich kein Geld hatte, hat mir Heinrich diesen Scheck über 210.000 Dollar gegeben.«[26]

Helmut R. weist Kieber an, diesen zweiten Scheck nicht auf ihn selbst, sondern auf die Firma Hauser Treuhand auszustellen, damit diese ihn einlösen und den Betrag für die Prozesskosten verwenden kann: »Heinrich hat den Scheck vordatiert auf den 12. September 1996.«[27]

Der 4. September ist ein heißer Spätsommertag in Barcelona. Die Sonne brennt vom wolkenlosen Himmel, und am

Mittag zeigt das Thermometer bereits 28 Grad Celsius an, als Heinrich Kieber und Helmut R. beim Notar an der Avinguda Diagonal 458 eintreffen. Helmut R. wird von seinem Anwalt begleitet. Im Vertrag, den der Notar beglaubigt, haben Kieber und Helmut R. einen niedrigeren Kaufpreis festgeschrieben als die vereinbarten 63 Millionen Peseten.

»Ausgemacht war, dass ein offizieller Kaufpreis von 29 Millionen Peseten im Kaufvertrag steht und der Rest mit Schwarzgeld bezahlt wird. Wäre ein höherer Kaufpreis dringestanden, hätte Heinrich mehr Steuern bezahlen müssen«[28], sagt Helmut R. Sein Anwalt gibt zu Protokoll: »Als sein Anwalt habe ich meinen Mandanten Helmut R. dreimal gefragt, ob er sich der Konsequenzen bewusst sei, wenn er dem Notar den Erhalt der 29 Millionen Peseten bestätigt. Daraufhin antwortete Herr R., dass er das mit dem Herrn Kieber geregelt habe. Er habe das Geld zwar noch nicht erhalten, die Bezahlung werde aber später erfolgen. Das bestätigte auch Herr Kieber selbst, der mir sagte, dass er in Befolgung von Instruktionen seines Vaters entschlossen war, den Kaufpreis erst zu zahlen, wenn die Grundbucheintragung erfolgt sei. Ich habe von dem mündlich vereinbarten Kaufpreis von 63 Millionen Peseten schon vor dem Notariatsakt aus Gesprächen mit meinem Mandanten erfahren.«[29]

»Der Notar hat noch gefragt, ob wir nicht die Schecknummer in den Vertrag einfügen wollen«, so Helmut R. »Da ich aber Vertrauen zu Heinrich hatte, habe ich dies nicht für notwendig erachtet. Heinrich und ich sind dann auch gemeinsam nach Ausfertigung des Kaufvertrags zur Bank gegangen. Dort habe ich den Scheck über 223.000 Franken eingereicht.«

Am Tag nach dem Notariatstermin verlässt Kieber Spanien in Richtung Zürich. Wenige Tage später taucht er auf Mallorca auf, wo er seit wenigen Wochen Eigentümer eines weiteren exklusiven Apartments ist: einer schicken Maisonettewohnung an der Avenida de Joan Miró 123 in Palma mit Blick auf den

Yachthafen. Der Verkäufer ist ein französischer Adeliger, Henri E. C., von dem Kieber die Immobilie zusammen mit den Aktien einer gibraltarischen Gesellschaft namens Lyonsia erwirbt. Kieber, unbeirrt und mutig wie immer, lädt Helmut R. und seine Frau in seine jüngst erstandene Wohnung in Palma ein. Auf der Terrasse genießen die drei die herrliche Aussicht auf den Hafen und feiern den erfolgreich abgeschlossenen Immobilienhandel in Barcelona.

Noch während des Besuchs auf der Baleareninsel erhält Helmut R. einen Anruf von seinem Buchhalter: Der Scheck über 223.000 Schweizer Franken sei geplatzt. »Heinrich hat daraufhin gesagt, es könne nur ein Irrtum der Bank sein, dass dieser Scheck nicht eingelöst worden sei«, erzählt Helmut R.s Ehefrau Salud. »Das haben wir ihm geglaubt, weil wir der Meinung waren, dass der Kläger ein Hilti-Sohn ist, dass er reich ist, dass er Millionär ist.«[30]

Es ist nicht das einzige Zeichen dafür, dass hier etwas gründlich schiefläuft. »Nach einem Toilettenbesuch in Heinrichs Wohnung auf Palma de Mallorca wollte ich meine Hände abtrocknen, und da hingen meine Handtücher! Handtücher aus meinem Haus! Ich fragte Heinrich, wie die den Weg in seine Gästetoilette gefunden hätten. Da erzählte er eine Geschichte, die ging ungefähr so: Er habe etwas in seinem Gepäck vor Bruch schützen müssen und deshalb den Gegenstand mit den Handtüchern eingewickelt, als er mal zu Besuch gewesen sei, und er wollte sie mir zurückgeben, habe es aber vergessen.«

Kieber treibt derweil die Besiegelung des Wohnungskaufs in Barcelona voran: »Ich war um die Umschreibung im Grundbuchamt bemüht und veranlasste das dafür Notwendige. In einer unglaublich kurzen Zeit, nämlich schon am 13. September 1996 wurde ich, Heinrich Kieber, als neuer Eigentümer im Grundbuch eingetragen.«[31] Am 24. September[32] schließlich platzt auch der zweite Scheck. Derjenige, den Helmut R., ausgestellt auf Hauser Treuhand, nach Rorschach in der Schweiz hatte schicken lassen. Nun steht Helmut R. ohne Wohnung und ohne Geld da.

Am 4. Oktober, so Kieber, »absolvieren wir nach erfolgreichen Verhandlungen mit der Familie Jorge G.C. den notariellen Verkaufsvertrag der Wohnung. Normalerweise dauern solche Verkaufsverhandlungen eigentlich lange, aber hier war es ein spezieller Fall: Der Käufer wohnt im selben Haus, einen Stock tiefer, und nicht nur das, der Schwiegervater von Jorge ist der Bauherr des ganzen Blocks gewesen.«[33] Kieber verkauft die von Helmut R. übernommene Wohnung in Windeseile an den Nachbarn im selben Haus. Gemäß notariell beglaubigtem Vertrag ist der Kaufpreis 29,5 Millionen Peseten. Drei Tage später verlässt Kieber Spanien in Richtung Liechtenstein.

Das Jahr steht für Heinrich Kieber unter einem guten Stern: Die beiden Immobiliengeschäfte in Spanien haben ihn reich gemacht, wenn auch nicht auf legalem Weg. Denn auch der Kauf der Aktien der Firma Lyonsia und damit der Wohnung in Palma de Mallorca erfolgte mit einem ungedeckten Scheck. In Liechtenstein wohnt Kieber bei Katharina Hofer. Was er in der Zeit treibt, wenn er wieder für ein paar Tage und Wochen aus ihrem Leben verschwindet, erfährt sie nicht. Ab und zu kann sie ihm einige vage Angaben entlocken: »Er redete von seinem Geschäftspartner in Spanien, der ein Riesenschiff habe. Sie seien dabei, etwas auszuhandeln. Das klang nicht sauber … Ich erinnere mich noch, wie er von einem großen Geschäft schwärmte, das er machen werde. Danach werde er nie mehr arbeiten müssen.«

Erst einmal bringt Kieber seinen neuen Reichtum in Sicherheit. Am Nachmittag des 22. Oktober 1996 betritt Heinrich Kieber die Filiale der Bank für Arbeit und Wirtschaft (Bawag) im vorarlbergischen Feldkirch und eröffnet ein Fremdwährungskonto in Schweizer Franken. Auf dem Kontoeröffnungsformular vermerkt die Bankangestellte handschriftlich, dass der »Kunde wünscht, dass auf dem Kontoauszug sein Name nicht aufscheint – daher nur seine Kto. Nr.«. Die erste Einzahlung tätigt er bei Kontoeröffnung: 440.000 Franken in bar, die er am selben Tag von seinem Konto am Hauptsitz der LGT Bank in Liechtenstein in Vaduz abgehoben hat.

Zwei Tage später wiederholt er das Prozedere. Er lässt sich die restlichen 273.000 Franken vom Konto bei der LGT in bar auszahlen, passiert mit dem Geld die Grenze nach Österreich und zahlt es auf sein neues Konto ein, nachdem er die Herkunft der Mittel durch die Vorlage des Auszahlungsbelegs bei der LGT nachweist. Dabei fügt er an, dass der Großteil der Geldmittel aus einem Immobilientransfer stammt. Er beabsichtige, damit eine Immobilie in Österreich oder in Spanien zu erwerben, erzählt er der Bankangestellten, die die vor ihr liegenden Tausendernoten sorgfältig zählt.[34]

Helmut R. und seine Frau Salud sind derweil in Barcelona auf der verzweifelten Suche nach Kieber, der sie um ihre Wohnung betrogen hat. Sie fahren zum Port Ginesta, wo die *Analia* vertäut ist. Auf dem Schiff finden sie keinen Kieber, sondern lediglich einen älteren Mann, der sich als Mariano M. vorstellt. »Wir sind dann zur Tante von Heinrich gefahren, der Nonne. Er hatte uns mit ihr im Frühjahr bekanntgemacht. Jedenfalls sind wir zum Kloster. Heinrich habe unsere Wohnung verkauft, aber nicht bezahlt. Er sei doch der Sohn von Herrn Hilti. Daraufhin hat die Nonne gesagt, dass das nicht richtig sei.«

Dem Ehepaar R. wird auf einen Schlag klar, dass der sympathisch-tollpatschige Kieber sie eiskalt über den Tisch gezogen und um fast eine Million Mark gebracht hat. Schwester Carmen ist außer sich: »Nie wäre ich auf den Gedanken gekommen, dass er der Familie R. gegenüber so schlecht handeln würde. Die Familie R. hat ihm stets Vertrauen und Unterstützung geboten. Heinrich selbst sprach von der Familie R. als seinen besten Freunden.«[35]

Der Schwester Oberin dämmert, welchen Plan Kieber bei seinem Besuch im Frühling hatte: »Heinrich hatte großes Interesse daran, dass die Familie R. mich kennenlernt, dass sie sieht, dass er eine Tante hat, die Nonne ist. Er tat dies, um bei der Familie R. Vertrauen zu erwecken. Denn sicher bereitete er die Sache mit der Wohnung vor, denn er sagte mir, er habe vor, die Wohnung zu kaufen, ich solle jedoch nichts davon sagen, wenn Familie R. mich besucht.«[36] Helmut R. bittet Schwester Carmen, ihm behilflich zu sein. Ihr gelingt es, telefonisch mit ihrem Neffen in Kontakt zu treten: »›Heinrich‹, sagte ich, ›du musst Familie R. bezahlen, dies ist Raub.‹ Aber er hat nicht auf mich gehört. Als er merkte, dass ich seine Lügen nicht glaubte, rief er mich nicht mehr an und antwortete auch nicht auf meine Anrufe.«[37]

So überraschend ist Kiebers Entwicklung für Schwester Carmen aber nicht. Schon als er als Jugendlicher für fast eineinhalb Jahre in ihrer Obhut gewesen war, hatte er ihr Sorgen bereitet: »Ich war stets wegen seiner Zuneigung zum leicht verdienten Geld besorgt, kleine Entwendungen seit seiner Kindheit, deren Beträge in dem Maße größer wurden, wie auch er erwachsener, und hinter der Lüge Zuflucht suchend. Und diese letzten Jahre ohne zu wissen, wovon er lebte, noch wo er das Geld hernahm. Ich bekam nichts als Ausflüchte und unlogische Antworten. Schon seit langer Zeit halte ich es für sehr notwendig, dass er sich in die Hände eines Fachmannes in Psychiatrie begibt. Ich habe ihm das auch gesagt, aber er ist unfähig, dies zu erkennen. Er braucht eilig eine gute Behandlung. Vielleicht ist es für eine Rehabilitation noch nicht zu spät.«[38]

Helmut R. und seine Frau Salud informieren auch Mariano M., den sie vor wenigen Tagen kennengelernt haben, über den Umstand, dass Kieber ein Hochstapler ist: »Wir haben uns deshalb mit Mariano M. getroffen, weil wir gehofft haben, von ihm Informationen über Heinrich zu bekommen. Mariano M. war zuerst genauso überrascht wie wir, dass Heinrich nicht ein Hilti war.«[39] Die drei verbünden sich und schmieden einen gemeinsamen Plan.

»Wie kam es, dass ich so blöd war, wieder nach Barcelona zu fahren?«, ärgert sich Kieber rückblickend. »Kurzum, ich blieb immer mit Mariano M. per Telefon in Kontakt. Wie ein Wunder erschien es mir, als er mir mitteilte, dass er einen Käufer für das Boot gefunden habe. Für den Verkauf war meine Anwesenheit nötig, da nur ich unterschreiben konnte. Am 30. Oktober fuhr ich los und durchfuhr die ganze Nacht, bis ich im Morgengrauen im kleinen Hafen, in dem *Analia* lag (mit Mariano M. drin), ankam.«[40]

Um 16 Uhr wollen sich Kieber, Mariano M. und die vermeintlichen Bootskäufer im Hotel *Barceló Sants* in unmittelbarer Nähe des Bahnhofs Sants, treffen: »Schon nach kurzer Zeit kam ein Pärchen auf uns zu, in Zivil, stellte sich als Kriminalpolizei vor und verlangte die Ausweise. Zu diesem Zeitpunkt wusste ich noch nicht, dass Mariano M. sich mit Helmut R. ›vereinigt‹ hatte, um mir diese Falle zu stellen.« Heinrich Kieber wird aufgrund der Anzeige von Helmut R. wegen des Verdachts des Betrugs festgenommen und ab 19.50 Uhr von Unterleutnant Julián Lafuente von der Gruppe Wirtschaftsverbrechen der Guardia Civil verhört.[41]

Das Protokoll dieses Verhörs liegt dem Autor vor. Hier ein Auszug:

Lafuente: »Was arbeiten Sie?«

Kieber: »Ich bin von Beruf Handelspilot, übe diesen aber derzeit nicht aus, abgesehen von sporadischen Gelegenheiten. Heute habe ich keine Arbeit und lebe von meinen persönlichen Ersparnissen.«

Lafuente: »Wenn Sie die vorgelegte Kopie des Schecks 0001/140.504-0 der Caixa vom 9. April 1996 über einen Betrag von 223.024,40 Schweizer Franken betrachten, anerkennen Sie die darauf befindliche Unterschrift als die Ihrige?«

Kieber: »Diese Unterschrift ist nicht meine Unterschrift und wurde auch nicht durch mich vollzogen.«

Lafuente: »Wer hat den Scheck mit der Schreibmaschine in allen Teilen ausgefüllt?«

Kieber: »Das war ich, mit einer Schreibmaschine, die ich mir bei der Hafenbehörde von Port Ginesta lieh.«

Lafuente: »Wann erwachte Ihr Interesse für die Wohnung, die Sie Helmut R. abkauften?«

Kieber: »Gegen März dieses Jahres. Um gegenüber Helmut R. zu dokumentieren, dass ich tatsächlich Interesse an dem Erwerb der Wohnung hatte, stellte ich einen Scheck auf das Konto aus, welches ich bei der Caixa besitze. Diesen Scheck übergab ich ohne Unterschrift, denn ich hatte keinen ausreichenden Saldo auf dem Konto, weil ich eine Überweisung vornehmen lassen wollte und weil ich nicht wusste, ob der Kauf zustande kommen würde.«

Lafuente: »Können Sie die Aufenthaltsgenehmigung mit Steuernummer X-0969277-B, ausgestellt am 8. Mai 1990 in Barcelona, von der ich Ihnen hier eine Kopie vorlege, als die Ihrige identifizieren?«

Kieber: »Das ist eine Kopie meiner Aufenthaltserlaubnis.«

Lafuente: »War das die Aufenthaltserlaubnis, die Sie zur Identifizierung beim Notar vorlegten, wo der Kaufvertrag beurkundet wurde?«

Kieber: »Ja.«

Lafuente: »Haben Sie an dieser Aufenthaltserlaubnis irgendeine Manipulation vorgenommen?«

Kieber: »Ja.«

Lafuente: »Was für Manipulationen?«

Kieber: »Ich verlängerte die Gültigkeitsdauer mit Hilfe eines Stempels mit dem Text ›Gültig: 10 Jahre‹, und ich deckte mit Stempelmarken das Datum des Gültigkeitsablaufs ab.«

Lafuente: »Noch was?«

Kieber: »Als ich mich bei der Steuerbehörde anmelden wollte, sagte mir die Beamtin, die mich bediente, dass der Endbuchstabe meiner Steuernummer nach der durch den Fiskus verwendeten Form ein ›B‹ sein müsste anstelle des ›G‹, das vermerkt war. Und da ich glaubte, es handle sich um einen Tippfehler bei der Ausstellung der Karte, entfernte ich mit Tippex den dort befindlichen Buchstaben und ersetzte ihn durch ein ›B‹.«

Lafuente: »Wo haben Sie diese Karte?«

Kieber: »Die habe ich vernichtet.«

Verhörleiter Julián Lafuente staunt über den 31-jährigen Liechtensteiner, der ihm gegenübersitzt und in fließendem Spanisch auf seine Fragen antwortet.

»Er war sehr berechnend. Eine Person, die eine Rolle spielte, die er schon gut kannte, und er ließ sich nicht einschüchtern durch die Polizeipräsenz. Es war, als wüsste er ganz genau, was passieren würde.«

Und so kann Julián Lafuente den mutmaßlichen Betrüger auch mit weiteren Fragen nicht aus der Ruhe bringen.

Lafuente: »Können Sie uns noch Hintergründe zu einem Kaufgeschäft in Palma de Mallorca am 31. Juli 1996 geben, dem Kauf einer Maisonettewohnung sowie von Aktien der Gesellschaft Lyonsia Holdings Ltd.?«

Kieber: »Ich hatte mit dem Besitzer der Aktien der Lyonsia, Henri E. C., vereinbart, dass ich alle Aktien dieser Gesellschaft mit Sitz in Gibraltar zum Preis von 10.000 Schweizer Franken kaufen sollte. Bezüglich der Immobilien vereinbarten wir einen Preis, den ich nicht nennen will. Die Bezahlung erfolgte in Bargeld.«

Exakt drei Monate zuvor, am 31. Juli 1996, war Heinrich Kieber, »Beruf: Company Executive«, zum Direktor der gibraltarischen Firma Lyonsia Holdings Limited (Registernummer 16829) ernannt worden. Darüber möchte Lafuente mehr erfahren und hakt nach.

Lafuente: »Wie wurde das Geschäft dokumentiert?«

Kieber: »Lediglich durch einen schriftlichen Kaufvertrag, denn die Immobilie auf Mallorca gehörte zum Vermögen der Lyonsia. Nach der Übertragung der Aktien an mich ernannte mich Henri E.C. zum alleinzeichnenden Direktor des Unternehmens. Diese Ernennung habe ich im Handelsregister von Gibraltar eintragen lassen.«

Lafuente: »War der vereinbarte Preis für das Geschäft 627.000 Schweizer Franken?«

Kieber: »Nein.«

Lafuente: »Wenn Sie die hier vorgelegte Kopie des Schecks 98301409, ausgestellt in Vaduz am 29. Juli 1996 zugunsten von Omnitrans Ltd., über den Betrag von 627.000 Schweizer Franken ansehen, erkennen Sie irgendeine darauf befindliche Unterschrift als die Ihrige an?«

Kieber: »Nein.«

Lafuente: »Gehört dieser Scheck zu einem Bankkonto von Ihnen?«

Kieber: »Ja. Der gehört zu meinem Konto 229.128.251 bei der Verwaltungs- und Privatbank in Vaduz.«

Lafuente: »Kennen Sie die Gründe, weshalb die Bank, gegen die die Schecks ausgestellt sind, erklärt, dass der Betrag und die Unterschriften gefälscht worden sind?«

Kieber: »Das gründet auf einer Information, welche ich der Bank gab, in dem Sinne, dass ich keinen Scheck über diesen Betrag ausgestellt habe.«

Lafuente: »In welcher Lage befindet sich die Immobilie auf Mallorca, die Sie durch den Kauf der Lyonsia erwarben?«

Kieber: »Ich befürchtete, dass Helmut R. mit seinen Forderungen Erfolg haben könnte. Darum habe ich sie in der zweiten Woche dieses Monats an den Direktor der Banca March, Hauptbüro Palma de Mallorca, verkauft. In diesem Augenblick kann ich mich nicht an den Namen des Käufers erinnern. Der Betrag dieses Verkaufs war der, der in der Urkunde angegeben war, 33 Millionen Peseten.«

Lafuente: »In welcher Lage befinden sich die Aktien der Gesellschaft Lyonsia?«

Kieber: »Sie sind weiterhin auf meinen Namen eingetragen.«

Unterleutnant Julián Lafuente schüttelt den Kopf, während er das Verhör mit dem Liechtensteiner Revue passieren lässt. »Er blieb ruhig, selbst wenn seine Antworten unlogisch waren – auch wie er uns erzählte, es sei reiner Zufall, dass sowohl der Scheck für die Wohnung in Palma wie auch der für die Wohnung in Barcelona gefälscht waren.«

Hier die Passage des Protokolls im Original:

Lafuente: »Erscheint es Ihnen nicht seltsam, dass bei zwei Kaufgeschäften, bei denen Sie der Käufer sind, die Zahlungen durch Schecks erfolgten, die von Ihnen selbst als gefälscht bezeichnet werden?«

Kieber: »Im Prinzip ist das wirklich seltsam.«

Lafuente: »Möchten Sie damit sagen, dass die Verkäufer die Beträge gefälscht haben, um ihre Gewinne zu vergrößern?«

Kieber: »Das weiß ich nicht. Ich kann nicht beweisen, dass es die Verkäufer waren, welche die Schecks gefälscht haben.«

Lafuente: »Möchten Sie Ihrer Aussage noch etwas hinzufügen?«

Kieber: »Als ich von den Anschuldigungen durch Helmut R. erfuhr, wäre ich gerne zur Polizei gegangen, um diese zu klären, aber ich befürchtete, dass bekannt werden könnte, dass ich die Gültigkeit meiner Aufenthaltserlaubnis verlängert hatte.«

Die auf das Verhör folgende Nacht auf Freitag, den 1. November 1996 verbringt Heinrich Kieber in einer Zelle der Guardia Civil. Allerheiligen ist in Spanien ein Feiertag, und Kieber wird erst gegen Mittag dem diensthabenden Haftrichter vorgeführt. Ihm gegenüber bestätigt Heinrich Kieber seine Aussage vom Vortag. Der Anwalt, der den Privatankläger Helmut R. vertritt, verlangt die vorläufige Inhaftierung Kiebers, da es um einen sehr hohen Betrag gehe und der Beschuldigte in Spanien keinen Wohnsitz habe. Die Staatsanwaltschaft hat keine Einwände, Kieber, wie von seinem Verteidiger gefordert, nach der Befragung freizulassen.

Der Richter folgt dem Antrag der Verteidigung und setzt Kieber auf freien Fuß. Nun beginnt zwischen den Beteiligten Kieber, Helmut R. und Mariano M. ein spannendes Spiel. Jeder von ihnen versucht, seine eigenen Interessen durchzusetzen – und den Anschein zu erwecken, den jeweils anderen ins Boot zu holen. Dabei will jeder nur seine eigenen Schäfchen ins Trockene bringen. Mariano M. hat vor einem Jahr alle Aktien der Firma Maritima Sotileza S. L. – zu deren Eigentum die Yacht *Analia* gehört – an Kieber überschrieben, um dessen Darlehen zu garantieren, das Mariano M. bis dato nicht zurückgezahlt hat. Nun versucht er, die Yacht wieder in seinen Besitz zu bringen. »Ich hegte Befürchtungen, dass meine Yacht, deren potenzieller Verkaufspreis ein Zehnfaches der eingegangenen Schuld gegenüber Kieber betrug, Gefahr laufe, beschlagnahmt zu werden. Deshalb sah ich mich zu einer Operation gezwungen.« Kieber ärgert sich rückblickend maßlos über seine eigene Dummheit: »Ich war sogar so blöd, dass ich am Montag, dem 4. November die schon vorbereiteten Verkaufsdokumente beim Notar unterschrieb, die das Boot wieder vollständig in Mariano M.s Besitz brachten, da er mich von der Notwendigkeit überzeugen konnte, einer möglichen Beschlagnahmung wegen der Anzeige von Helmut R. zuvorzukommen.«[42]

Nach den turbulenten Tagen in Barcelona inklusive Gefängnisaufenthalt taucht Kieber, wie immer gut gelaunt, bei Katharina in Liechtenstein auf. Welches Abenteuer er soeben erlebt hat, behält er für sich, ebenso, was er in den kommenden Tagen alles zu tun gedenkt, um sich gegen den lästigen Helmut R. und den ehemaligen Besitzer der Wohnung auf Mallorca, Henri E. C., zu wappnen.

Nachdem er in Spanien von der Guardia Civil auch mit dem Scheck der Verwaltungs- und Privatbank konfrontiert worden ist, den er beim Geschäft auf Mallorca verwendet hat, bringt er das sich noch auf diesem Konto befindliche Geld in Sicherheit: Genau eine Woche, nachdem ihn der Haftrichter in Barcelona auf freien Fuß gesetzt hat, betritt er die Schalterhalle der Verwaltungs- und Privatbank in Vaduz, lässt sich 99.000 Franken von seinem Depositenkonto auszahlen, steckt das Geld in seine Tasche, fährt wieder ins dreißig Busminuten entfernte Feldkirch in Österreich und zahlt den Betrag in bar auf sein jüngst eröffnetes Konto bei der Bawag-Bank ein, womit der Kontosaldo die Marke von 800.000 Schweizer Franken überspringt.

Katharina Hofer weiß nichts von Heinrichs neuem Reichtum. Er verbringt einige Tage und Nächte in ihrer Wohnung, verschwindet plötzlich für drei, vier Tage »auf Geschäftsreise« und erscheint dann ebenso unvermittelt wieder bei ihr. Nachfragen sind zwecklos. Und so macht es der Dreißigjährigen auch wenig aus, als ihr Kieber irgendwann im Herbst 1996 mitteilt, er wolle Schluss machen: »Er wünsche sich, sagte er, eine richtig schön junge Freundin. Wie er das sagte, wirkte er auf mich so unsicher, ungefestigt, ja unreif. Kurz darauf zog er mit seinen paar Tüten voller Habseligkeiten bei mir aus. Da keimte in mir das Gefühl, in den letzten Monaten von ihm ausgenützt worden zu sein.«

Heinrich Kieber treibt die Angst um, dass doch noch jemand seine sorgsam bei der österreichischen Bawag-Bank versteckten Gelder aufspüren könnte. Am 19. November besucht er wieder die Bankfiliale in der denkmalgeschützten Feldkircher Altstadt. Diesmal eröffnet er ein Sparbuch lautend auf österreichische Schilling. Denn, so seine Begründung gegenüber der Angestellten, Schillingguthaben würden deutlich höher verzinst. Nach dem Übertrag vom Fremdwährungskonto beträgt der Saldo des soeben auf Heinrich Kiebers Namen eröffneten Sparkontos 6.656.000 Schilling, rund 945.000 D-Mark.

Damit Unbefugte sich keinen Zugang zu seinem Vermögen verschaffen können, lässt er sich von der Bank eine weitere Sicherheitssperre einbauen, ein persönliches Kennwort: *Teklanika.*

»Teklanika« ist für Kieber ein Name mit hohem Symbolcharakter – und zwar schon seit 1989, als er mit seiner damaligen tschechischen Freundin Jana durch Nordamerika reiste: »Im Denali-Nationalpark in Alaska sagten wir uns, falls wir eines Tages heiraten werden und ein Kind haben sollten, dann werden wir es, wenn es ein Mädchen wird, Teklanika nennen.«[43] Teklanika ist der Name des großen Flusses im Nationalpark. Nur wer das anonyme Sparbuch am Bankschalter vorlegt und das zugehörige Kennwort kennt, kann über das von Kieber ergaunerte Vermögen verfügen.

Nach seinem Auszug bei Katharina sucht Heinrich einen neuen Unterschlupf und meldet sich bei Sozialarbeiter Manfred Greiner in Vaduz. Greiner kennt Kieber seit seinem zehnten Lebensjahr, als dieser mit seinen beiden Schwestern noch im Kinderheim lebte. Der 55-jährige Greiner war damals Leiter des Jugendamtes in Liechtenstein und hat Kieber betreut. Dass sich Kieber auf der Suche nach einer Bleibe bei ihm meldet statt bei seinem Vater, überrascht den Sozialarbeiter nicht: »Heinrich hat immer ein schlechtes Verhältnis zu seinen Eltern gehabt.« Im Wissen darum »habe ich ihn vor Weihnachten für drei Wochen bei mir aufgenommen«.[44]

In Liechtenstein fühlt sich Kieber vor den spanischen Behörden sicher. Jedoch hat er nicht mit der Hartnäckigkeit von Helmut R. und seiner Frau Salud gerechnet. Von Schwester Carmen erhalten sie die Telefonnummer von Kiebers Mutter, die in der Schweiz lebt. Sie konfrontieren die Frau mit den merkwürdigen Geschichten über ihren Sohn und hoffen, von ihr zu erfahren, wo sich Kieber aufhält. Kieber reagiert gereizt darauf, dass seine Familie von seinen Gaunereien und seinem bizarren Doppelleben als Millionärssohn in Barcelona erfährt.

Am 22. Januar 1997 setzt er ein Rundschreiben an Verwandte und Bekannte auf. Ob es jemals verschickt worden ist, lässt sich nicht nachprüfen:

»Ich schreibe dir heute, weil ich über eine beispiellose Rufmordkampagne (vor-)informieren möchte, die ein ehemaliger deutscher Geschäftspartner gegen mich führt. Die ›Motivation‹ bezieht er über seine nachträgliche (!) Unzufriedenheit eines gemeinsamen Vertrags vom September letzten Jahres. Einige von euch wurden schon angerufen. Es wurden Horrorgeschichten erzählt. Ich bitte dich, vor allem auf Fangfragen (sein Auftreten ist äußerst gemein) nicht zu antworten.
Euer Heinrich Kieber«

Nach dem Jahreswechsel gelingt es Helmut R., zumindest fernmündlich mit Kieber in Kontakt zu treten. Die beiden schicken ihre Botschaften per Fax hin und her. Kieber fühlt sich in die Ecke gedrängt: »Du beklagst dich, ich hätte nirgends einen Wohnsitz, bin unangemeldet etc. etc. – Es geht dich doch verdammt noch mal einen Scheißdreck an, wie und wo ich lebe. Seit meinem 16. Lebensjahr lebe ich auf mich allein gestellt und bin ein Einzelgänger geworden. Ich habe vieles erlebt und erleben müssen. Seit über zehn Jahren stehe ich auf finanziell unabhängigen Beinen (da habe ich das Geld aus Barcelona nicht nötig). Im Übrigen bin ich niemandem Rechenschaft schuldig!!!«

In einem anderen Fax an Helmut R., abgeschickt im Fünfsternehaus *Badrutt's Palace* in St. Moritz, blitzt für einen kurzen Moment ein ehrlicher, aber ratloser Heinrich Kieber auf: »Den Versuch zu machen, eine Erklärung dafür zu bringen: warum, wieso, weshalb – kann ich nicht. Man ist dabei wie in Trance …«[45]

Von Kiebers Machenschaften und seinen Auftritten als Hilti weiß in Liechtenstein praktisch keiner. Im Fürstentum kennt man ihn nur als den lustigen, etwas ungelenken und vor allem harmlosen Überlebenskünstler. Damit das so bleibt, gibt Kieber ein weiteres Telefax, das die Absenderkennung *Swisshotel Basel* trägt, an die Familie R. auf: »Ich bitte euch auch, keinen Fax an irgendwelche Faxnummern in Liechtenstein zu senden – ich bin sehr selten dort und habe auch keinen, der für mich Faxe entgegennimmt.« Außerdem, so schließt er die Mitteilung, müsse er »ca. sechs Tage ins außereuropäische Ausland verreisen. Melde mich aber danach sofort bei euch«.

Sozialarbeiter Greiner verrät er das Ziel seiner Reise: Argentinien. »Er wolle sich dort ein Hotel oder eine Pension anschauen oder kaufen. Er hat immer davon gesprochen, dass er sich irgendwo einkaufen will, entweder in Südamerika oder in Australien.«[46] Bevor er gen Süden reist, verabschiedet sich Kieber auch bei seinem Onkel Guntram Vetter in Vaduz: »Er ziehe wieder nach Australien. Auf dem Weg dorthin müsse er einen Stopp in Argentinien machen, Schulden eintreiben.«

Heinrich Kieber ahnt freilich nicht, dass Helmut R. über seine Reisepläne bestens im Bilde ist.

4. IM ARGENTINISCHEN KERKER 1997

»Im Bereich des linken Handgelenks, volarseitig, eine zirka 5 Zentimeter lange Wunde. Die Wunde leicht entzündet, mit gelblichem Sekret bedeckt, drei in sito liegende Wundnähte, die aus Zahnseide oder irgendeinem, bei uns nicht verwendetem Material bestehen«, notiert an diesem Donnerstagmorgen, es ist der 10. April 1997, Assistenzarzt Moser in seinem Untersuchungsbericht. Die Verletzungen, die Heinrich Kieber im Spital in Vaduz präsentiert, sind unübersehbar. An beiden Handgelenken und am Hals untersucht Dr. Moser die Spuren laienhaft vernähter Wunden, darunter eine direkt oberhalb der Halsschlagader, »klaffend, mit weißlichem Pulver verklebt«.

Assistenzarzt Moser hält in seinem Bericht, den er im Anschluss an die Untersuchung verfasst, fest, wie es nach Aussage seines Patienten Heinrich Kieber zu diesen Verletzungen gekommen sei: »Der Patient ist heute Morgen am Flughafen Kloten, Zürich, aus Argentinien angekommen. Laut Bericht hat er dort einen Freund besucht. Der Freund hätte ihm noch Geld geschuldet, deshalb wollte er dieses in Argentinien eintreiben. Dort angekommen, sei er jedoch eingesperrt und am rechten Bein angekettet worden. In Todesangst habe er dann mehrmals versucht, sich das Leben zu nehmen. Gegen die Bezahlung eines Lösegeldes sei er schließlich freigelassen worden.«[47] Bezüglich Kiebers geistiger Gesundheit stellt der Assistenzarzt nach der Untersuchung fest, dass er »zeitlich und örtlich orientiert« sei, »doch agitiert, was auf den Schlafmangel und die Erlebnisse der vergangenen Tage zurückzuführen sein könnte«.

»Ich hatte Heinrich im Februar einen machiavellistischen Plan unterbreitet, bei dem wir uns den Umstand zunutze machen wollten, dass er von der spanischen Polizei gesucht wurde und sich daher verstecken musste«, gibt Mariano M. vierzehn Jahre nach den dramatischen Tagen in Argentinien, inzwischen 75-jährig, zu Protokoll. »Daher lud ich ihn ein, meine Hazienda in Argentinien kennenzulernen, *El Paraíso de San Francisco*, wo er gern für eine Weile Aufenthalt nehmen könne – freilich mit dem Hintergedanken, Kieber dort zurückzuhalten und ihn zu zwingen, das von Helmut R. ertrogene Geld zurückzuerstatten.«

Kieber erscheint das Angebot verlockend: »Anfang 1997 hat mir Mariano erzählt, dass er mir jetzt seine Schuld zurückbezahlen könne, und zwar hätte er auf seiner Hazienda in Argentinien einen Hypothekarkredit beantragt. Ich solle doch bitte rüberkommen, und dort könnte ich es am ersten April auch kriegen. Das sagte er mir im Februar so. Eigentlich habe ich nicht mehr daran geglaubt, dass noch was kommt; trotzdem aber wollte ich Argentinien und seine Farm kennenlernen, von der er mir früher viel erzählt hat.«[48] Mariano M.s Farm liegt in der Einöde der Provinz Buenos Aires. Von der Hafenstadt Bahía Blanca am Atlantik sind es über hundert Kilometer Fahrt auf der Ruta Nacional 33 in Richtung Norden ins Landesinnere. Etwa zehn Kilometer vor der Siedlung Saavedra, am Fuß der Sierra de La Ventana liegt Mariano M.s Estanzia *El Paraíso de San Francisco*, zu der über tausend Hektar Acker- und Weideland gehören.

»Am Mittwoch vor Ostern, den 26. März 1997 kam ich um 7.30 Uhr Lokalzeit in Buenos Aires an, fuhr zum Hotel *Salles*, weil ich wusste, Mariano ist dort – wie er mir am Telefon vorher gesagt hatte.«[49] Das Hotel liegt mitten in der Zwölf-Millionen-Metropole, unweit der Plaza de la República auf der

Avenida 9 de Julio, der über hundert Meter breiten Paradestraße von Buenos Aires. Es dauert noch 36 Stunden, bis Kieber aus Buenos Aires endlich in Richtung Estanzia aufbricht, allerdings ohne Mariano. Der will erst später nachkommen. »Marianos Sohn Marco werde mich abholen. Er sprach auch von einem Empfang für mich wie für einen ›König‹ und er sagte auch, dass er eine Überraschung für mich habe, wobei ich darauf tendierte, dass es sich um meinen 32. Geburtstag handeln sollte, der am kommenden Sonntag stattfand.«[50]

Die angekündigte Überraschung erwartet Kieber bereits, als Marco M. und Kieber die Farm im Schutze der Dunkelheit erreichen: »Der Motor wurde abgestellt, Marco sprang aus dem Auto. Auf einmal kam von hinten ein maskierter Mann mit einer Pistole in der Hand zum Fahrersitz, setzte sich und forderte mich blutrünstig auf, sofort hinauszugehen. Dann rissen zwei andere Männer mit Maskierung die Beifahrertür auf. Sie zerrten mich brutal aus dem Wagen, und da ich ja ziemlich kräftig gebaut bin, war das nicht so einfach. Sie stülpten mir einen Sack über den Kopf, und ich wurde in einen Raum geschleppt und gezogen. Ich hörte, wie ein Elektroschweißapparat in Betrieb gesetzt wurde, und dachte an grausame Folter und habe nur um mein Leben gefleht, damit sie mich nicht umbringen. Es war dann aber so, dass mir ein Eisenring an mein rechtes Bein angeschweißt wurde.« An dem Ring hängt »eine zwei bis drei Meter lange, schwere Stahlkette, die an der Wand eingelassen war«.[51]

»Im März hatte uns Mariano M. mitgeteilt, dass Heinrich Kieber gegen Ende des Monats nach Argentinien kommen werde«, berichtet Helmut R., dem Kieber immer noch 63 Millionen Peseten aus dem Betrug mit seinem Penthouse in Barcelona schuldet. »Als Kieber dann in Argentinien war, erhielten wir von Mariano M. einen Anruf, so dass meine Frau Salud und ich am 1. April nach Argentinien geflogen sind. Ich habe Mariano M. noch gebeten, Kieber von unserem Kommen nichts zu sagen, damit ich einen Überraschungseffekt habe.«[52]

Nach einer 26-stündigen Reise kommt Helmut R. zusammen mit seiner Ehefrau aus Spanien via Buenos Aires und Bahía Blanca auf der Estanzia *El Paraíso de San Francisco* an. Sie werden hier wesentlich herzlicher begrüßt als wenige Tage vorher Heinrich Kieber. Für sie steht eines der zwölf Gästezimmer, alle mit eigenem Bad, bereit, wo sie sich von den Reisestrapazen erholen können. Wenn sie ausgeschlafen haben, wollen sie Kieber mit dem Wohnungsbetrug konfrontieren.

Am darauffolgenden Morgen erkundigt sich Helmut R., noch vom Jetlag gezeichnet, nach Kiebers Verbleib. Der sei angekettet, antwortet Mariano M., der inzwischen ebenfalls auf der Hazienda eingetroffen ist. Helmut R. erschrickt und fordert von Mariano, Kieber aus seinem Gefängnis zu entlassen. Von Fesseln und Einsperren sei nicht die Rede gewesen. Mariano M. weist ihn in die Schranken: Er solle sich hüten, in dieser Gegend seien schon viele Menschen verschwunden.

Heinrich Kieber staunt, als die Tür zu seinem improvisierten Gefängnis im mittelalterlich wirkenden Turm der Estanzia *El Paraíso* aufgeht: »Da stand verdammt noch mal dieser Verbrecher Helmut R. mit seiner Frau Salud und zwei Wächtern mit gezogenen Revolvern und Pistole vor mir im Raum. Ich zitterte am ganzen Leib. Helmut schrie mich auf Spanisch an und dann auf Deutsch.«[53]

Helmut R.: »Ich war sehr böse. Ich habe ihm vorgehalten, was er gemacht habe. Ich sagte ihm, dass wir ihn wie einen Sohn in der Familie aufgenommen hätten – und er uns betrogen habe. Ich war sehr verärgert. Heinrich hat gewusst, dass ich ein Jahr vorher schon einem Betrug zum Opfer gefallen war und dadurch mein ganzes Vermögen verloren hatte und auch deswegen die Stadtwohnung verkaufen musste. Obwohl er wusste, dass ich schon vorher einem Betrug zum Opfer gefallen war, hat er mich noch einmal betrogen!«[54]

Heinrich Kieber: »Ich kniete vor ihm auf dem kalten Boden in meinen kurzen Hosen und sagte: ›Ich habe euch doch nichts getan, und ich flehe um mein Leben.‹«[55]

Helmut R.: »Heinrich war ängstlich und hat gesagt, er habe Geld bei der Bank. Er werde alles, was er uns angetan habe, wiedergutmachen.«[56] – »Mein Mann hat sich nach einer kurzen Zeit beruhigt«, ergänzt Helmut R.s Frau Salud, »weil Heinrich sehr demütig aufgetreten ist.«[57] – »Ich habe ihm gesagt, dass, wenn dieser Betrag auf meinem Konto eingeht, ich die Strafanzeige zurückziehe«, so Helmut R.

Gegen zwölf Uhr mittags beendet Helmut R. das Gespräch mit Heinrich Kieber. Helmut R. und seine Frau finden sich im Esszimmer ein, wo sie mit Mariano M. und seiner Familie speisen. »Nach dem Mittagessen wollte Mariano M. Kieber sprechen«, so Helmut R. »Wir haben Heinrich erst um 18 Uhr wiedergesehen. Als wir ihn sahen, war er sehr nervös und aufgeregt.«[58]

Heinrich Kieber schreibt noch am selben Abend – drei Tage nach seinem 32. Geburtstag – einen Brief an den Filialleiter der Bawag-Bank in Feldkirch, in dem er ihn höflichst bittet, »dringendst folgende Überweisung ab meinem Sparbuch bei Ihnen zu tätigen. Bitte lösen Sie alles auf.« Sowie er den Brief unterschrieben hat, packt ihn die Wehmut: »Auf dem Brief waren auch die genauen Angaben des Kontos und des Losungswortes darauf«: Teklanika, der Fluss in Alaska, an dem Kieber eine fantastische Zeit mit seiner tschechischen Freundin verbracht hatte. »Und ich war nun in dem Raum und musste Teklanika schreiben und nachher meinen eigenen Tod bestimmen.«[59]

Die Faxmitteilung wird jedoch nicht abgeschickt. »Als wir alle schliefen, schlug Herr Kieber das Fenster des Zimmers ein, in dem wir ihn festhielten«, erinnert sich Mariano M., »und versuchte, mit einer der Scherben einen Selbstmord vorzutäuschen, indem er sich Schnittwunden an beiden Handgelenken und am Hals beibrachte. Sie waren, wie wir alsbald feststellten, nicht allzu tief. Das Blut und der nachgerade danteske Anblick erschreckten uns aber doch gehörig.«

Kieber: »Ich lag da, vielleicht fünfzehn bis zwanzig Minuten, und wartete auf den Tod, der kam nicht, aber dafür kamen die Wächter. Jetzt hatten sie natürlich ein Problem. Sie hatten einen halbtoten Gefangenen und kein Geld.«[60]

Kiebers Verletzungen werden vor Ort behandelt. »Ich glaube, von einem Knecht namens Cäsar«, so Helmut R.[61] »Mich wundert«, berichtet Kieber, »mich wundert, dass ich nicht an einer Entzündung gestorben bin, denn dem Knecht seine Hände sahen schwärzer und dreckiger als die eines Kaminfegers aus.«[62]

Als Helmut R. und seine Frau den verletzten und notdürftig bandagierten Kieber wieder in seinem Verlies besuchen, kommen dem die Tränen. »Ich flehte sie an, mich nicht alleine zu lassen und hier wie ein[en] Hund verrecken zu lassen. Sie schworen es mir.«[63]

Helmut R.: »Kieber hat gesagt, er habe so viel Böses getan. Er habe nicht mehr leben wollen. Der böse Heinrich sei jetzt tot, sagte er, er sei weg, und nur noch der gute Heinrich sei da. Er wolle alles gutmachen. Er war dann wie ausgewechselt.« »Wir pflegten ihn«, ergänzt Mariano M., »und empfanden nun sogar Mitleid mit ihm.«

Mariano M.s Angestellte befreien den blutverschmierten und bandagierten Kieber von seiner Fußfessel, entlassen ihn aus seinem Verlies und verlegen ihn in eines der vielen Gästezimmer im Haupthaus, auf dass er rascher genese.

Am darauffolgenden Tag, am 3. April, wird ein neues Fax für die Bawag-Bank vorbereitet, diesmal mit detaillierteren Angaben: 406.000 Schweizer Franken sollen auf Helmut R.s Konto überwiesen werden mit der Angabe: »Verwendungszweck: Zahlung à cto Wohnung C / Roca i Batlle 28, Barcelona«. Weitere 393.000 Franken sollen von Heinrich Kiebers Konto zugunsten einer Firma von Mariano M. überwiesen werden –

»als Kommission«, sagt dieser, »für die von mir geleisteten Dienste«.

»Also erhielt Mariano nicht nur dieselbe Summe wie Helmut, sondern auch obendrein 250.000 Franken geschenkt«, rechnet Heinrich Kieber vor, »da er mir mein Darlehen von 1993 nicht mehr zurückzahlen ›musste‹. Dadurch sahen Helmut und seine Frau ein Ungleichgewicht in der Verteilung der Fangprämie und wollten vermutlich mehr. Helmut wurde also aus meinem Zimmer rausgedrückt, und eine halbe Stunde später kam der Sohn von Mariano herein und sagte zu mir: ›Heinrich, schau, es hat Krach gegeben.‹ Er sagte wahrhaftig, dass Mariano ein so sturer Mensch sei, ein Manipulant, dass er angeblich kurz davor war, Helmut, den Deutschen, mit seiner Frau, auch in den Turm einzusperren, damit er mit mir einen Deal eingeht. Ich habe gefleht: ›Bitte, bitte, werdet einig, sonst gibt es am Schluss noch mehr Blut.‹«

Helmut R. schickt den am Vortag vorbereiteten Überweisungsauftrag am Freitag, den 4. April, um fünf Uhr in der Früh Ortszeit an die Bawag-Bank, »weil wir uns ausgerechnet haben, dass wegen der Zeitverschiebung das Fax am Vormittag in Feldkirch einlangen wird«. Eine Stunde später, in Feldkirch ist bereits Mittagszeit, ruft Heinrich Kieber bei der Bawag-Bank an und lässt sich mit Filialleiter Wilhelm Bröll verbinden: »Das Telefonat mit Herrn Kieber erfolgte in einer Art und Weise, die sich in keiner Form von anderen Kundentelefonaten unterscheidet«, erinnert sich dieser. »Ich konnte auch keinen besonderen Erregungszustand erkennen. Herr Kieber hat mich aufgefordert, die Transaktion gemäß dem Schreiben durchzuführen. Ich erklärte ihm, dass eine Überweisung von einem Sparbuch nicht möglich sei.«

Denn jede Auszahlung erfordert zwingend die Vorlage des Sparbuchs und die Nennung des Kennworts.[64] Doch Heinrich Kieber sitzt fernab in Argentinien auf einer Farm fest. Und das Sparbuch steckt daheim in Vaduz in einer gelben Regenjacke.

Was tun?

Einige Stunden vergehen. In Vaduz neigt sich der 4. April für Manfred Greiner bereits dem Ende zu: »Heinrich Kieber hat dann zwischen 23 und 24 Uhr bei mir angerufen. Er hat mir erklärt, dass er das Sparbuch benötige, und mich in das Gästezimmer geschickt, wo er vor Weihnachten seine Sachen bei mir abgestellt hat. Bei seinem Anruf habe ich nichts Außergewöhnliches bemerkt. Heinrich Kieber kenne ich schon seit Jahren, und ich kann sagen, dass er eigentlich immer nervös ist.«[65] Sozialarbeiter Greiner kann es sich nicht verkneifen hineinzugucken, nachdem er das Sparbuch in der besagten Jacke Kiebers gefunden hat: »Es handelte sich um eine Summe von zirka 800.000 Schweizer Franken! Ich habe mir gedacht: Wie ist er an die Summe gekommen?«[66]

Heinrich Kieber instruiert seinen ehemaligen Betreuer Manfred Greiner in einem weiteren Telefonat am Sonntag, dass ein Mann namens Paul Krümmel* am Montag, den 7. April, gegen 13 Uhr das Sparbuch abholen werde. Krümmel ist der Schwager von Helmut R. und wohnt nur zwei Autostunden entfernt von Vaduz in Ochsenhausen in der Nähe von Memmingen: »Helmut fragte mich, ob ich die Sache im Einverständnis mit Kieber übernehme. Ich habe dann selbst mit Kieber am Telefon gesprochen. Er sprach ganz persönlich und fragte, ob er mich Paul nennen dürfe.«

Damit Greiner keinen Verdacht schöpft, solle Krümmel sagen, dass er das Sparbuch abhole, um es seinem Sohn zu übergeben, der in wenigen Tagen nach Argentinien fliege. Dort werde es Kieber in Empfang nehmen. »Ich fuhr mit dem Sparbuch auf die Bank nach Feldkirch«, erzählt Krümmel. »Heinrich Kieber hatte mir auch das Codewort durchgegeben. Um halb zwei oder dreiviertel zwei bin ich zur Bank gegangen. Dort bin ich zur Sekretärin und habe mich vorgestellt. Sie hat gleich Bescheid gewusst und mich in den ersten Stock zu Direktor Bröll hinaufgeschickt.«[67]

Der Filialleiter der Bank schildert es so: »Am Montag sprach dann ein Herr Doktor Krümmel Ernst August Paul bei uns vor, und zwar am frühen Nachmittag. Er erfüllte alle Voraussetzungen für die Auszahlung der Sparurkunde, das heißt, er verfügte über das Sparbuch und dokumentierte auf der Auszahlung auf Anhieb das richtige Losungswort.«[68]

Damit kann Krümmel über das Guthaben von über sechs Millionen Schilling verfügen. Überweisen kann er es allerdings nicht. Um die beiden Überweisungen in Höhe von je rund 400.000 Franken zugunsten von Mariano M. und Helmut R. veranlassen zu können, muss er erst ein Devisenausländerkonto bei der Bawag-Bank eröffnen. Das zieht sich hin. »Herr Krümmel machte während der doch längeren Gesprächsführung«, sagt Direktor Bröll, »einen seriösen Eindruck, und es schien mir keinerlei Anlass, ihm irgendwie mit Argwohn zu begegnen. Er ersuchte mich, ob er Kopien der Überweisungsaufträge über unser Fax nach Spanien schicken könne, was ich im Hinblick auf die internen Sicherheitsbestimmungen ablehnte. Er ist mit diesen Schriftstücken offensichtlich zur nahe gelegenen Post gegangen.«[69]

»Die Überweisungsbelege benötigten wir für Mariano M., der ein sehr misstrauischer Mensch ist«, so Helmut R. »Es hat ihm schon nicht gefallen, dass mein Schwager die Überweisungen vornimmt.«[70] Doch die Übermittlung gestaltet sich schwierig. »Das Durchgeben der Faxe hat nicht funktioniert«, so Krümmel. »Ich habe auch mit meinem Schwager telefoniert. Ich habe auch bei der Post die Vorwahlen für die einzelnen Bezirke in Argentinien herausgesucht. Dann hat mein Schwager mir gesagt, ich solle das Fax in die nächstgrößere Ortschaft schicken. Ich wusste auch nicht, wo dieser Ort genau liegt. Auf jeden Fall war es dann etwa 16 Uhr, als ich bei der Post fertig war.«[71]

Auf der Estanzia *El Paraíso* warten Heinrich Kieber, Mariano M. und Helmut R. gespannt auf die Vollzugsmeldung aus

Feldkirch. Dann kommt Helmut R. zu Heinrich Kieber ins Zimmer und sagt, »dass dummerweise nur der obere Teil des Faxes angekommen sei, den Krümmel geschickt habe. Und nur mit genau dem Teil von Helmuts Überweisung, und nicht mit dem von Mariano, was natürlich Mariano sehr misstrauisch stimmte. Er dachte, er hätte nichts gekriegt. Es war wieder ein Drama.«[72]

»Mariano M. hat dann die Faxnummer des Postbüros im Ort gegeben«, so Helmut R. »Auf jeden Fall haben wir das zweite Fax von dort aus bekommen, das der Sohn von Mariano M. dort abholte. Nachdem wir das Fax erhalten hatten, waren wir der Meinung, dass damit die Überweisungen getätigt sind und die Angelegenheit erledigt ist.«[73]

Als er die Kopie des Überweisungsbeleges sieht, ist schließlich auch Mariano M. mit dem Ergebnis der Operation Kieber zufrieden: »Da nun alles ein glückliches Ende zu finden schien, stand der Rückreise des Ehepaars R. wie auch Herrn Kiebers nichts mehr im Wege.«

An jenem Tag führen Helmut R. und seine Frau Salud noch ein langes Gespräch mit Heinrich Kieber. Der erklärt, »er wolle nun ein anderer Mensch sein«. Und macht weitere Geständnisse: »Unter anderem hat er uns auch erzählt, dass er einen Versicherungsbetrug in Neuseeland gemacht habe. Er habe ein teures Wohnmobil in Deutschland gekauft. Mit diesem Wohnmobil sei er von Deutschland aus nach Australien und nach Neuseeland gefahren. Dann habe er beim Wohnmobil Gas ausgelassen und es angezündet. Sich selber habe er Verletzungen zugefügt, damit es der Versicherung gegenüber glaubwürdiger wirkt. Das Fahrzeug habe er teuer versichert.«[74]

Am Dienstag, dem 8. April verlässt Heinrich Kieber zusammen mit Herrn und Frau R. *El Paraíso de San Francisco*: »Nach Bahía Blanca hat uns Mariano M. gefahren. Auf dieser Fahrt war Heinrich Kieber sehr nervös. Er hat Angst gehabt, als ein Lastwagen auf der Straße gestanden und die Straße blockiert hat. Er hat gemeint, dass Mariano die Polizei gerufen habe und dass er verhaftet werde.«[75]

Die drei Flugtickets vom Aeropuerto Comandante Espora in Bahía Blanca ins 500 Kilometer entfernte Buenos Aires begleicht Helmut R. um halb fünf Uhr nachmittags mit seiner Kreditkarte. Bei Kieber löst sich allmählich die Spannung: »Ich konnte im Flugzeug nach Buenos Aires nur weinen. Verbrecher Helmut saß auf der anderen Seite des Ganges mit seiner Frau, stumm. Wir sind dann am Abend in Buenos Aires angekommen. Es war schon ein wenig dunkel.«[76]

Mit dem Taxi fährt die kleine Reisegruppe vom Flughafen zum Hotel *Salles*. Dort hat Mariano M. ein Doppel- und ein Einzelzimmer für sie reserviert: »Wir haben, als wir die Zimmer bezogen hatten, zu Heinrich gesagt, er solle in eine Apotheke gehen und sich die Wunden verbinden. Er hatte die Wunden offen, und es sah nicht schön aus. Daraufhin ist er weggegangen.«[77]

Heinrich Kieber: »Ich bin dann zum Hotel raus und dachte, dass sie mir eventuell folgen. Ich ging zum Schein in ein, zwei, drei, vier Apotheken. Als ich dann sicher war, dass mir keiner folgte, habe ich Leute gefragt, wo ich ein Fax senden könne. Ich bin dann sofort, es war Dienstag um 20.30 oder 21 Uhr, zur Hauptstelle der staatlichen Telefongesellschaft von Argentinien gegangen.«[78]

Das Fernsprechamt liegt keinen Dreiviertelkilometer vom Hotel *Salles* entfernt in der Avenida Corrientes, einer Querstraße zur Avenida 9 de Julio. Das größte Hindernis auf dem Weg dorthin stellt die Überquerung der zwanzig Fahrspuren der Avenida 9 de Julio dar. »Bei der Telefongesellschaft gab es eine Möglichkeit, ins Ausland zu faxen. Ich habe mit zitternder Stimme darum gefleht, dass sie mir zwei Blatt Papier und einen Kugelschreiber geben sollen, und ich musste die Faxnummer von Feldkirch erfragen.«[79]

Zuerst ruft der aufgeregte Kieber die argentinische Auskunft an, um die Faxnummer der Bawag-Bank in Feldkirch zu erfahren. »Die Auskunft in Wien sei um diese Zeit nur sehr knapp besetzt, und sie müssten deshalb zurückrufen, wurde mir mitgeteilt. Ich hoffte, dass es schnell geht, damit Helmut nicht merkt, dass ich so lange weg bin.«[80] Als er endlich eine österreichische Faxnummer von der Auskunft erhalten hat, drückt er der Frau am Tresen seine Faxmitteilung in die Hand. »Dann kam aber kein Faxton, sondern eine männliche Stimme. Die Frau gab mir den Hörer in die Hand, und ich habe dann gesprochen. Es war dann tatsächlich die Bawag in Wien. Da dachte ich mir, was macht denn ein Arbeiter der Bawag um zwei Uhr nachts? Es war, soviel ich weiß, ein Nachtwächter, und ich habe ihn nur um eine Faxnummer gebeten.«[81]

Helmut R.: »Wir haben gewartet, bis Heinrich wieder zurückkommt, da wir gemeinsam essen wollten. Ich habe vermutet, dass er sich eventuell beim Hotel abgemeldet hat, weil das Hotel bekannt war und er befürchtete, dass ihn die Polizei holt.«[82]

Kieber: »Ich bin nachher gleich zurück zum Hotel gegangen, und schon waren Helmut und seine Frau beim Eingang des Hotels und fragten, wo ich gewesen sei und was ich gemacht habe.«[83]

Helmut R.: »Er ist gegen 21 Uhr wieder ins Hotel gekommen. Die Erklärung für seine lange Abwesenheit war, dass er keine offene Apotheke gefunden habe.«[84]

Das Ehepaar Helmut und Salud R. sucht gemeinsam mit Heinrich Kieber ein Restaurant auf. Helmut R. fällt während des Mahls auf, dass sich Heinrichs Stimmung wesentlich aufgehellt hat: »Heinrich war nicht mehr ängstlich. Er war fröhlich, ein ganz anderer Mensch. Und er hat uns zum Essen eingeladen.«[85]

Es ist kurz nach sieben Uhr morgens am 9. April, als Wilhelm Bröll sein Haus in Feldkirch-Nofels verlässt, das unweit der österreichisch-liechtensteinischen Grenze liegt. Sein Arbeitsweg zur Bawag-Bank im Herzen von Feldkirchs historischer Altstadt ist kurz. Zehn Minuten später wird er in seinem Direktorenbüro sein. Die Wetterprognosen versprechen für diesen Mittwoch einen sonnigen und milden Apriltag mit leichtem Nordwind für das Rheintal und die Bodenseeregion. Wilhelm Bröll wird nicht viel Zeit haben, das Wetter an diesem Mittwoch zu genießen.

Nach seiner Ankunft in der Bank gibt Direktor Bröll die Sicherheitskombination ein und erledigt Routinearbeiten, bevor er das zweiseitige Schreiben von Kieber im Faxgerät in der Schalterhalle vorfindet.

»Hilfe Ich bin Opfer einer Entführung geworden. Ich habe Verletzungen an den Handgelenken, am Hals u. am unteren Bein. Die Ueberweisungen meines Geldes bei Ihnen wurden von den Verbrechern erzwungen. Es ist Ihnen sicher Aufgefallen, dass meine ›Befehle‹ an Sie komisch waren! Ich flehe SIE an, die 2 Ueberweisungen rückgängig oder zu stoppen. Ich muss zuerst in ein Spital. Achtung – ich bin noch nicht ganz in Sicherheit.«

Direktor Bröll gibt sogleich den Auftrag, die Unterschrift auf dem Fax mit den in der Bank vorliegenden Unterschriftsproben zu vergleichen. Es besteht kein Zweifel: Es handelt sich um Kiebers Signatur.

Daraufhin bricht in der sonst so ruhigen Filiale im beschaulichen Feldkirch Hektik aus: Wilhelm Bröll kontaktiert kurz vor acht Uhr seine Vorgesetzten in Bregenz und Innsbruck und erläutert ihnen die Angelegenheit. Dann ruft er die Zentrale in der Hauptstadt an: »Knapp nach acht Uhr habe ich den stellvertretenden Leiter der Rechtsabteilung, Herrn Magister Fürlinger, in Wien erreicht.«[86] In kurzer Folge wird er an Dienststellen und Vorgesetzte in der Wiener Zentrale weitergereicht.

Keine fünfzehn Minuten später bittet Bröll die Innsbrucker Kollegen, den Transfer nach Möglichkeit zu stoppen. Der allgemeinen Aufregung zum Trotz zwingt sich der Bankdirektor dann dazu, sich ruhig hinzusetzen und einen Aktenvermerk zu verfassen: »Wer ist weiters zu verständigen innerhalb der Bawag und außerhalb der Bawag (Staatsanwaltschaft und etc.). Die Bemühungen hinsichtlich eines Stopps des Geldtransfers laufen. Was geschieht mit dem Geld wenn retour (Gericht hinterlegen)? Sicherstellung der Kameraaufnahmen von der Vorsprache mit Herrn Doktor Krümmel.«[87]

Die große Frage, die Direktor Bröll dabei umtreibt: »Was kann geschehen sein? Kieber ist tatsächlich erpresst worden; Herr Kieber soll wegen der Transaktion gelegt werden; Herr Kieber versucht uns zu legen; etwas, das wir noch gar nicht erahnen?«[88]

Mitten in all der Hektik, gegen 11.30 Uhr, meldet sich überraschend Heinrich Kieber telefonisch in der Bank. Wilhelm Bröll drückt den Lautsprecherknopf und winkt seine Mitarbeiterin herein, um eine Zeugin zu haben: »Herr Kieber machte am Telefon einen absolut verzweifelten Eindruck und wiederholte im Prinzip seine Schilderung gemäß dem Fax.«

Um 12.25 Uhr verschickt die Rechtsabteilung der Bawag in Wien eine Sachverhaltsdarstellung an die Staatsanwaltschaft Feldkirch, an das Landesgendarmeriekommando Vorarlberg und die Einsatzgruppe zur Bekämpfung der organisierten Kriminalität in Wien. Jetzt ist der Fall Argentinien aktenkundig.

Heinrich Kieber ist sich dieser Folgen nicht bewusst, als er nach seinem Gespräch mit Bankdirektor Bröll die argentinische Telefonkabine vor dem Hotel *Salles* hinter sich lässt und den Shuttle-Bus zum Aeropuerto de Ezeiza besteigt. Swissair wird ihn über Nacht nach Zürich bringen. Am nächsten Morgen ist er in Sicherheit.

Während Heinrich Kieber am Vormittag des 10. April von Dr. Moser im Spital Vaduz verarztet wird, warten bereits zwei Polizisten auf ihn. Sie nehmen die Anzeige auf, die in die Untersuchung »Verdacht auf Entführung/Erpressung zum Nachteil Kieber Heinrich« mündet. Die liechtensteinischen Behörden nehmen ihre Vorermittlungen gegen Mariano M., Helmut R. und seinen Schwager Paul Krümmel auf.

Wieder einen Tag später, am Freitag, dem 11. April folgt Kieber der Aufforderung der Polizisten vom Vortag, sich zu melden, um seine Aussage aufzunehmen. Die Darstellung Kiebers vor den Beamten der liechtensteinischen Landespolizei ist geprägt von großer Liebe zum Detail, was seinen Aufenthalt im argentinischen Verlies angeht. Die Abschrift seiner dreieinhalbstündigen Aussage ist zum Schluss über vierzig Seiten lang. Doch beschränkt sie sich im Wesentlichen auf die Schilderung dessen, was ihm in Argentinien widerfahren ist. Kaum einen Satz verschwendet er darauf, zu erklären, wie er in die Sache hineingeraten ist – indem er nämlich Helmut R. um seine Wohnung betrogen hat. »Nach der erforderlichen Anzeige und den weiteren Detailangaben zum Verbrechen war ich sehr befreit. Wie um tonnenschwere Felsen erleichtert, schritt ich aus dem Polizeigebäude Vaduz hinaus in den schönen, warmen und sonnigen Aprilnachmittag.«[89]

In diesen Tagen besucht die ehemalige Swissair-Flugbegleiterin Larissa Kaufmann ihre Mutter in der Gemeinde Balzers, ganz im Süden Liechtensteins. Die beiden sitzen auf dem Balkon, trinken Kaffee und genießen die wärmende Frühlingssonne, als es klingelt: »Es ist nicht unüblich gewesen, dass Heinrich bei meiner Mutter vorbeigekommen ist. Jedenfalls kam er zu uns auf den Balkon und sagte: ›Stell dir vor, ich komme gerade von Argentinien, ich bin gekidnappt worden.‹ Ich: ›Ja, und sonst noch was?‹ Er: ›Doch, schau, ich habe hier Narben.‹ Er hat erzählt, wie er eine Kette um den Fuß gehabt habe, die einbetoniert gewesen sei in der Wand, und man habe ihn quasi bei Wasser und Brot gehalten. Er habe damals 4.000 Franken auf dem Konto gehabt, hat er gesagt, und er habe sich gewundert, warum die diese 4.000 Franken haben wollten, er habe sonst ja nichts, er sei ein Armer. Diese Story zu erzählen dauerte Stunden. Damals hat die Geschichte für mich Sinn gemacht, und ich dachte noch, dass der arme Heinrich schon wieder leiden muss.«

Am Freitag, den 11. April, sind auch Helmut R. und seine Frau Salud zurück aus Buenos Aires. R.s Buchhalter überbringt diesem noch auf dem Flughafen von Barcelona die schlechte Nachricht: Die Überweisung stecke fest, sei blockiert worden.

Helmut R. greift zum Telefon: »Mein Name ist Helmut R. Ich rufe auf Veranlassung von Herrn Bröll von der Bawag in Feldkirch an. Der hat mich gebeten, mit Ihnen über eine Überweisungsangelegenheit zu sprechen.« Verbunden ist Helmut R. mit Karl-Heinz Zinniel von der Abteilung für Auslandszahlung der Bawag-Bank in Wien: »Na ja, schauen Sie, dazu kann ich Ihnen nicht viel sagen. Ich kann Ihnen nur sagen, es gab in diesem Fall eine Strafanzeige, und da kam an unser Haus ein Auftrag, dass das zurückgeholt werden soll.«

»Über eine Strafanzeige?«

»Über eine Strafanzeige.«

»Von wo aus kam diese Strafanzeige?«

»Das weiß ich leider nicht. Wir haben nur den Auftrag gekriegt, das zurückzuholen.«

»Und das Geld ist jetzt blockiert?

»Das ist blockiert, ja.«

Helmut R. verhaspelt sich und beginnt zu stottern. Als er sich wieder halbwegs gefangen hat, versucht er Zinniel, der die Vorgeschichte nicht kennt, seine Beziehung und den Hintergrund der Zahlungen zu erklären. Vermutlich merkt er selbst, wie unglaubwürdig die Story klingt.

Zinniel zeigt sich unbeeindruckt: »Das Geld wird sicher nicht herausgegeben, solange es nicht einen Gerichtsbeschluss gibt. Also das gibt es nicht, dass jetzt jemand kommt und das holt …«

»Gut, in Ordnung, dann werde ich alles unternehmen von hier aus, was notwendig ist.«

Dass Helmut R. sechs volle Jahre um sein Geld wird kämpfen müssen, ahnt er zu diesem Zeitpunkt nicht.

Die Mühlen der Justiz fangen zu mahlen an. Die österreichische Einsatzgruppe Organisierte Kriminalität des Bundesinnenministeriums in Wien hat bereits am Nachmittag des 9. April ein Begehren »um dringende Abklärung des Kieber« an Interpol Vaduz gefaxt – aufgrund der Anzeige wegen Geldwäschereiverdachts, welche die Bawag Stunden nach Kiebers mysteriösem Fax aus Argentinien erstattet hat.

Und das zieht Kreise. Interpol Madrid wird eingeschaltet, denn sowohl Helmut R. als auch Mariano M. haben in Spanien ihren Wohnsitz. Auch bei Interpol Wiesbaden in Deutschland, wo Helmut R.s Schwager Paul Krümmel zu Hause ist, laufen die Drähte heiß. »Der liechtensteinische Staatsangehörige Kieber Heinrich, geb. 30.03.1965, ist hier wegen geringfügigen Vermögensdelikten bekannt. Die Person Krümmel, Ernst August Paul, war hier bis anhin nicht bekannt«, meldet Interpol Vaduz den Kollegen in Wien und Wiesbaden.

Das Wochenende beginnt, und mit ihm geht das schöne Frühlingswetter abrupt zu Ende. Eine Kaltfront zieht von Westen her Richtung Liechtenstein. Die Schneefallgrenze sinkt auf 800 Meter. Knapp zwei Grad zeigt das Thermometer am Samstagvormittag in Vaduz. Im Polizeigebäude, das in einem Gewerbegebiet am südlichen Ortsrand von Vaduz liegt, sind die Beamten dabei, sich ein Bild von den merkwürdigen Ereignissen um Kieber zu erarbeiten. Kurz vor zehn Uhr verschicken sie eine Anfrage an ihre Kollegen in Spanien: »Dringend. An Interpol Madrid. Die liechtensteinische Polizei ermittelt gegen Unbekannt in einem Fall von Erpressung zum Nachteil des Kieber Heinrich. In diesem Zusammenhang haben wir in Erfahrung gebracht, dass Kieber in Ihrem Land eventuell gesucht wird.«

Die Antwort kommt prompt: »Wir informieren Sie, dass der erwähnte Kieber Heinrich bei uns aktenkundig ist. Er ist vom Untersuchungsgericht Nr. 9 in Barcelona zur Verhaftung ausgeschrieben. Aktenzeichen D.P. 2320/96. Wir kennen den Hintergrund für den Haftbefehl nicht.«

Der Wohnungsbetrug in Barcelona! Weil Kieber nicht zu den Ladungen vor Gericht erschienen war und der Verteidiger keinen Aufenthaltsort seines Klienten angeben konnte, verfügte das Untersuchungsgericht schon drei Monate vorher, am 23. Januar 1997, Kiebers vorläufige Inhaftierung.

Eine Ahnung, dass Heinrich Kieber in dieser Sache eine aktivere Rolle spielt, als er in seinen umfangreichen Aussagen zugibt, macht sich am Sonntag bei der diensthabenden Staatsanwältin breit. Deshalb will auch sie das Geld gesichert wissen: »Nachdem die Herkunft des bei der Bawag zugunsten von Kieber liegenden Guthabens nicht geklärt ist und Verdachtsmomente hinsichtlich eines kriminellen Ursprungs ev. Betrug/Geldwäsche vorhanden sind, ersuchen wir über Antrag der Fürstlich Liechtensteinischen Staatsanwaltschaft um dessen Blockierung«, kabelt Interpol Vaduz nach Wien, mit Kopie an das Bundeskriminalamt in Wiesbaden.

Die Polizei in Vaduz vermerkt in der Meldung auch den spanischen Haftbefehl. An die Kollegen in Spanien sendet sie eine Anfrage mit der Bitte um Hintergrundinformationen zum Haftbefehl und nähere Angaben zu Helmut R. und Mariano M. Den Verdacht, dass Kieber nicht nur unschuldiges Opfer ist, nährt bei Polizei und Staatsanwaltschaft auch eine alte Anfrage aus Neuseeland, die die Beamten bereits vor über einem Jahr ablegten: Im Februar 1996 hatte Interpol Neuseeland in Vaduz um Hinweise zu Kiebers Wohnsitz gebeten – vergeblich, denn obwohl er immer wieder in Liechtenstein auftauchte, war Kieber im Fürstentum nicht gemeldet. Jetzt will die Polizei in Liechtenstein mehr darüber erfahren und stellt Nachfragen.

Die Antwort aus Wellington folgt am darauffolgenden Montag: »Heinrich Kieber hat keinen Eintrag im Strafregister in Neuseeland, aber er ist ausgeschrieben zur Vernehmung im Zusammenhang mit einem unberechtigt gestellten Versicherungsanspruch bei der State Insurance Company. Kieber wurde die Summe von NZ $ 66.787,12 ausbezahlt.«

Auch Heinrich Kieber ist an diesem kalten Aprilwochenende aktiv. Er hat Unterschlupf gefunden bei einem alten Freund in Vaduz und verfasst auf dessen PC ein eng bedrucktes zweiseitiges Schreiben, das er an die Polizei und die Bawag-Bank richtet und noch am Sonntag per Fax verschickt:

> »Obwohl mir das Geld nicht mehr wichtig erscheint, weil ich einfach überglücklich bin, dass ich wahrhaftig lebendig aus der Tragödie gekommen bin, überkommt mich persönlich eine innere Befriedigung, dass die zwei Herren, nachdem sie meinem Leben so einen brutalen Schlag versetzt haben (von dem ich noch nicht weiß, was für ein seelischer und eventuell körperlicher Schaden mir bleibt), ihr Hauptziel (mein Geld) allein dank der Bawag nicht erreichen konnten. Ich bitte die liechtensteinische Polizei höflichst, eine schriftliche Kopie meiner dreieinhalbstündigen Aussage den österreichischen Kollegen und auch der Bawag zu übermitteln. Ich spüre, dass erst nachdem die betreffenden Stellen meine vollständige Aussage gelesen haben, sie nachvollziehen können, wie brutal seelisch und körperlich die begangene Tat an mir war.«

Über faktisch existierende Ungereimtheiten, offene Fragen und gegen ihn sprechende Fakten geht Kieber in seinen ausschweifenden Erzählungen hinweg, springt in enormem Tempo von einem Gedanken zum nächsten, ohne den vorangegangenen zu Ende zu formulieren; eröffnet eine neue Front, hüpft vom dritten zum fünften Gedanken und zurück zum vierten. Im direkten Gespräch ist Kieber unschlagbar. Mit dieser Strategie hat er sich bisher erfolgreich durchs Leben geschwindelt. Zum ersten Mal jedoch ist er tief in einer Geschichte verstrickt, die er mit seiner Gabe, schnell und viel zu sprechen, nicht lösen kann. Mit den Behörden muss er in ritualisierter und schriftlicher Form kommunizieren, Eingaben verfassen und Gegendarstellungen formulieren. Gelesen entfalten seine Erklärungen nicht die beabsichtigte Wirkung, weil nicht mehr er das Tempo der Kommunikation bestimmt. Seine hastig, mit vielen Fehlern und ohne Reflexion niedergeschriebenen Gedanken sind im besten Fall anstrengend und oft wirr, wie ein unredigiert wiedergegebener Ausschnitt aus seinem Fax vom 12. April illustriert:

»Wie ich bei der FL-Polizei zur Aussage gebracht habe, schuldete Mariano M. mir seit Jahreswende '92/'93 ein persönliches Darlehen, dass ich ihm in Zürich übergeben habe und im März '93 (das genaue Datum muss ich im Dokument nachschauen) bei meinem letzten Besuch in Spanien in jenem Jahr genau schriftlich festgelegt wurde (Betrag in CHF, Zins etc.). Die Jahre vergingen, und nicht einen Franken (der gegenüber der Span. Peseta immer teurer wurde) habe ich erhalten. Den original Darlehensvertrag (1993) und den Fax mit der Einladung habe ich noch in meinem Besitz. Den Originalbrief (des Faxes) habe ich mit nach Argentinien genomen, wurde natürlich während meiner Gefangenschaft dort entfernt!!«

Weitere Nachrichten Kiebers gehen bei Staatsanwältin Willi und Untersuchungsrichter Paul Meier ein. Im Mai schreibt er: »Aufgrund was wirklich in Argentinien vorgefallen war (eben so wie ich es detailliert bei der Polizei in Vaduz am 11. April auf Band gesprochen habe), wundert es mich nicht, dass Herr Helmut R., von sich selbst aus, sich der Polizei hier schriftlich ›… erklaert hat‹.« Und im Juni: »Als Opfer der Geschehnisse vom 26. Maerz bis 9. April '97 weiß ICH ganz genau was geschehen ist und habe es Ihnen in vielfaeltiger Weise Aktenkundig gemacht.«

Nun schränkt das Untersuchungsgericht Nummer 9 in Barcelona Kiebers Aktionsradius massiv ein: »Mit großer Traurigkeit und Überraschung habe ich erfahren, dass aus dem spanischen ›Vorführbefehl‹ ein internationaler Haftbefehl wurde. Schon komisch, dass gerade jetzt, wo ich Schlimmstes in Argentinien dank der Familie R. erleben musste und ich Anzeige erstattet habe, sie die spanischen Behörden für so was überzeugen konnten.«

Tatsächlich ist dies bereits der zweite internationale Haftbefehl, den Kieber am Hals hat. Schon drei Wochen vor dem Gericht in Barcelona hat ihn das Untersuchungsgericht Nummer 1 von Palma de Mallorca international ausschreiben lassen, wegen des Deals im Zusammenhang mit der gibraltarischen Firma Lyonsia und der zugehörigen Wohnung auf Palma. Für den ruhelosen Kieber heißt das, dass er nicht mehr gefahrlos ins Ausland reisen kann. Denn bei jedem Grenzübertritt läuft er Gefahr, dass seine Personalien überprüft, er verhaftet und nach Spanien ausgeliefert wird. Einzig in seinem Heimatland Liechtenstein ist er vor einer Auslieferung geschützt.

Der Weltenbummler Heinrich Kieber kann sich nur noch im 160 Quadratkilometer kleinen Liechtenstein sicher bewegen. Ein Land, so klein, dass der begeisterte Fahrradfahrer Kieber es in gerade mal einer Stunde von Süden nach Norden durchqueren kann. Allenfalls kleine Ausflüge in die benachbarte Schweiz kann er sich erlauben, da die Grenze zwischen den beiden Ländern nicht bewacht wird. In eine Polizeikontrolle darf er aber, wenn er im Ausland ist, nicht geraten – denn dann riskiert er eine Auslieferung.

Im Laufe des Sommers werden Zeugenaussagen in der Argentiniensache aufgenommen. Heinrich Kieber hat sich der Untersuchung als Privatbeteiligter angeschlossen, was ihm umfassenden Einblick in die Akten ermöglicht. Im September richtet er ein mit »Kurzmitteilung« bezeichnetes Fax an Staatsanwältin und Untersuchungsrichter. Das Schreiben umfasst fünf eng bedruckte Seiten. Seine Wirkung auf Außenstehende ist ihm durchaus bewusst, jedenfalls zeitweise: »Ich bin wie ich bin«, heißt es gegen Ende des Schreibens. »Ich weiß, dass ich auf Leute, die mich neu kennenlernen, einen nervösen Eindruck machen kann – teils wegen meinem schnellen Sprechen, teils wegen meinem schnellen Agieren. Ich bitte die Untersuchungsbehörde, meine Art und Weise, wie ich kommuniziere, falls es eher als ›negativ‹ betrachtet wird, nicht in Ihre Schlussfolgerungen miteinzubeziehen.«

Rückblickend schreibt Kieber: »In den verbleibenden Monaten des Jahres 1997 war ich praktisch ein Dauerbesucher beim Landgericht Vaduz gewesen. Drei- bis viermal pro Monat habe ich, oft ohne Termin, beim Untersuchungsrichter angeklopft und höflich gefragt, wie der Stand der Dinge sei.«[90] Kieber ersetzt Qualität durch Quantität: »Ohne Übertreibung kann ich fest behaupten, dass ich als Opfer (nicht nur in der Rolle als Privatbeteiligter am Prozess) alles nur Denkbare und Menschenmögliche gemacht habe, um der Staatsanwaltschaft und dem Untersuchungsrichter bei ihrer Arbeit zu helfen. Wenn man es genau nimmt, habe ich die Arbeit der Staatsanwaltschaft getan. Ich habe im Jahr Hunderte von Seiten niedergeschrieben, Akten angefertigt und Fotos gemacht.«[91]

Es ist eine Sammlung mit höchst befremdlichen Motiven, die er für die Behörden fotografisch nachstellt: Kieber mit einem Sack auf dem Kopf (mit der Bildlegende: »Nachdem ich aus dem Wagen gezerrt wurde, stülpte man mir einen Getreidesack über den Kopf«); Kieber mit einer Fessel um den Fuß, daran eine massive Eisenkette (»Ich stach mir mit den unteren Ecken des Rings in das Fleisch«); Kieber mit einem Kissen vor dem Gesicht auf einem Campingbett liegend (»Diese Position musste ich jeweils einnehmen, wenn sich Besuch von Bewachern ›angekündigt‹ hat«).

Die nachgestellten Fotos sind ihm noch nicht »Beweis« genug. Wie es der Zufall will, lernt er die Grafikerin Sabine Bockmühl aus Liechtenstein kennen: »Ich war zu der Zeit mit einer Comic-Arbeit im Rahmen eines Stipendiums beschäftigt«, erzählt sie, »als mein Exmann eines Tages Henry mit nach Hause brachte. Er hatte ihn irgendwo aufgelesen und war mit ihm ins Gespräch gekommen. So war eins zum andern gekommen. Er brauche Zeichnungen fürs Gericht, sagte Henry. Er hatte ein Manuskript dabei und wollte ein paar Szenen der Geschichte gezeichnet wissen. Ich habe dann Ja zum Auftrag gesagt, weil ich gedacht habe, das ist die unglaublichste Räubergeschichte, die mir je widerfahren ist. Bei der Arbeit war es immer zwiespältig. Die Welt ist groß, und schlimme Geschichten geschehen. An manchen Tagen habe ich gedacht: Mein Gott, der arme Kerl, so furchtbar. An anderen Tagen: Ja, also, wenn man in solch eine Geschichte gerät, hat man selbst auch was dazu beigetragen. Am Ende habe ich es ihm nicht mehr ganz abgenommen, dass er nur das unschuldige Opfer war und die anderen die Bösen. Es klang bei ihm oft nach Schwarz-Weiß-Malerei.«

Damit Sabine Bockmühl die Szenen möglichst realistisch umsetzen kann, steht Kieber der Grafikerin Modell: »Henry hat sehr auf diese Detailgenauigkeit bestanden: ›Da war das Fenster, da war die Treppe, da war die Kette, die hat so ausgesehen, und da war das Stromgerät, und da musste ich mich hinlegen, und auf der Matratze war ein Blutfleck.‹ Das musste alles wirklich ganz genau so stimmen, wie er es im Kopf hatte. Und damit das auch realistisch rüberkommt, das weiß ich noch, da musste ich ihn für die Szene ›Flehen um Freilassung‹ fotografieren, wie er bei uns im Wohnzimmer kniete. Dabei hatte er die Hände wie zum Gebet erhoben. Ich habe die Fotos gemacht und dachte: ›In welchen schrägen Film bin ich da reingeraten?‹«

Darüber hinaus gibt Kieber einen Nachbau seines Verlieses in Argentinien in Auftrag. Liebevoll sind in der Gefängnisminiatur alle Details seines Kerkers nachgebildet: das Bett auf dem Steinboden im runden Hauptraum, rechts davon das Nachtkästchen, die rote Fassung der Wandlampe mitsamt eingedrehtem Glühlämpchen, ein kleines U-Häkchen in die Wand eingelassen und daran ein filigranes Kettchen. Auch der Umgebung seines Verlieses schenkt er die nötige Beachtung: Dahinter stehen Modellbahnerbäumchen in Reih und Glied. Die Wiese, auf der die Plastikkühe grasen, ist sorgfältig umzäunt.

Zeit, seine Version der Ereignisse in epischer Länge bei den Behörden zu platzieren, hat er zur Genüge. Kieber hat beim liechtensteinischen Amt für Soziale Dienste einen Antrag auf Unterstützung gestellt. Untergebracht ist das liechtensteinische Sozialamt im Zentrum der Gemeinde Schaan im Obergeschoss des Postgebäudes. Vor dem nüchternen Betonbau aus den 1960er Jahren halten die Postbusse, die Liechtenstein mit den Bahnhöfen Sargans und Buchs in der Schweiz und Feldkirch in Österreich verbinden und die für regen Publikumsverkehr rund um das Haus sorgen. Der ideale Ort für das Amt. Denn im kleinen, reichen Liechtenstein will sich niemand beim Antrag auf Stütze erwischen lassen.

Kieber gibt sich vor dem Sachbearbeiter des Amtes mittellos. Dass der 32-jährige Junggeselle zu dem Zeitpunkt mindestens ein Dutzend Bankkonten hat, hängt er nicht an die große Glocke. Darunter sind ein Konto bei der spanischen Banco Atlántico, eines bei der Banco Sabadell, eines bei La Caixa, drei Konten bei der VP Bank in Vaduz, ebenfalls drei Konten bei der LGT Bank in Liechtenstein, zwei bei der Liechtensteinischen Landesbank und eines bei der ANZ-Bank in Neuseeland. Und dann ist da auch noch das Konto bei der Bawag-Bank in Österreich, auf dem Kieber über 800.000 Franken liegen hat – allerdings kann er auf die nicht mehr zugreifen.

Das Sozialamt weist Kieber für eine Übergangszeit eine Unterkunft im Liechtensteinischen Betreuungszentrum St. Martin in Eschen zu, einem Altersheim. Eschen ist ein schmuckes

Dorf mit rund 3500 Einwohnern am Südfuß des sanft gewellten Eschnerbergs, an dessen Hängen Weinbau betrieben wird. Im St. Martin, direkt neben der Pfarrkirche gelegen, freundet sich Kieber mit den betagten Bewohnern an. Die alten Leute freuen sich über das unbändige Leben, das der quirlige junge Mann in ihre träge vor sich hintröpfelnden Tage bringt.

Später schreibt Kieber darüber: »Ich kann nur jedem empfehlen, wenigstens einmal sich das Leben in einem Altersheim genau anzuschauen; ich versichere euch, ihr werdet ganz anders über alte Menschen und speziell euer eigenes Älterwerden nachdenken. Nicht dass es an Geld je mangelt, aber auch in einem so reichen Land wie Liechtenstein ist das Seniorenheim ein (geistiges) Abstellgleis für viele.«[92]

Ist Heinrich Kieber nicht mit seinen Eingaben bei Gericht beschäftigt, hilft er im Lebensmittelladen seines Onkels Guntram Vetter aus und hält Ausschau nach einem Job. In dieser Zeit kreuzen sich die Wege von Heinrich Kieber und Gerlinde Böhler*. Böhler arbeitet in einem Personalvermittlungsbüro: »Das Arbeitsamt teilte mir Heinrich zu. Ich sollte eine passende Stelle für ihn finden. Bei seinen Terminen hat er mir seine Schnittwunden und Fesselspuren gezeigt, die in Südamerika entstanden seien. Dort sei er gewesen, um Schulden von einem Bekannten einzutreiben. Der Bekannte und er hätten in Spanien ein Touristenschiff gehabt, und dann sei irgendwie, glaube ich, die Mafia ins Spiel gekommen. Ich stellte mir vor, er hatte irgendwas mit Drogen zu tun. Daraufhin musste ich ihm sagen, dass ich ihm aufgrund der Ereignisse, die er mir geschildert hat, keinen Bürojob vermitteln könne. Das wäre unverantwortlich dem künftigen Arbeitgeber gegenüber.«

5. NEUE FREUNDE – NEUES GLÜCK
1998 BIS 1999

Guntram Vetters Delikatessengeschäft am Altenbach ist ein beliebter Treffpunkt in Vaduz. Vom Ortszentrum sind es zweihundert Meter die steile Altenbachstraße hoch in Richtung historischer Ortskern und Schloss Vaduz. Im Hinterzimmer von Vetters Ladenlokal ist eine kleine Gaststube für den Verzehr vor Ort eingerichtet. In der trifft sich tagsüber, vorzugsweise aber auch nachts, ein Grüppchen Liechtensteiner zum Kartenspiel. »Ich bin oft um Mitternacht ins Bett«, so Guntram Vetter, »und wie ich um sechs Uhr in der Früh wiederkam, saßen die immer noch da hinten.«

Einer von Vetters Stammgästen ist Hubert Gärtner*, der mit Anwälten und Inhabern von Handwerksbetrieben dem Kartenspiel frönt. Gärtner ist ehemaliger Angestellter der Liechtensteinischen Landesbank, der sich vor einigen Jahren als Vermögensverwalter selbständig gemacht hat. Viele Kunden hat er von seinem ehemaligen Arbeitgeber mitgenommen. Seine Klienten empfängt er in einem Büro, das nur einen Steinwurf von Vetters Ladenlokal entfernt liegt. Zu den Insignien des Wohlstandes gehören für Gärtner und seine Kartenfreunde edle Zigarren, erlesene Weine – oder, wenn Frauen anwesend sind, auch Champagner – und teure Wagen, vorzugsweise Sport- oder Geländewagen der Preisklasse ab 100.000 Franken. Seinen Reichtum stellt Gärtner ungeniert zur Schau.

Offenbar gehen die Geschäfte glänzend, bei Gärtner ebenso wie bei den liechtensteinischen Treuhändern und Banken. Der

Fall des Eisernen Vorhangs hat neue Märkte entstehen lassen. Märkte, in denen sich sehr schnell sehr viel Geld verdienen lässt – das diskret angelegt werden möchte. Auch in diesen Ländern hat sich Liechtensteins Reputation als absolut verschwiegener Finanzplatz herumgesprochen. »Das Geschäftsjahr 1997 haben alle fünf Banken mit einem wiederum hervorragenden Ergebnis abgeschlossen«, frohlocken die von Berufs wegen eigentlich zurückhaltenden Mitarbeiter des Amtes für Volkswirtschaft in ihrer jährlichen Bankstatistik.

Insgesamt verwalten die 1400 Angestellten der liechtensteinischen Banken 1997 Kundenvermögen in Höhe von rund 80 Milliarden Schweizer Franken. Der jährliche Reingewinn der liechtensteinischen Banken hat sich seit 1990 auf über 300 Millionen Franken verfünffacht.[93] Und auch die Finanzen des Landes Liechtenstein kennen nur eine Richtung: aufwärts. Das Fürstentum schließt das Fiskaljahr 1997 mit einem Ertragsüberschuss von 51 Millionen Franken ab. Das Reinvermögen des kleinen Landes steigt auf 577 Millionen Franken. Pro Kopf der Bevölkerung macht das eine Reserve von rund 18.000 Franken.[94]

Heinrich Kieber sucht in der Gaststube von Guntram Vetters Laden die Nähe zum Neureichen Hubert Gärtner: »Hubert hat Heinrich gestopft«, so Vetter. »Der hat ja mit Geld nur so um sich geschmissen. Er hatte ja auch drei Reitpferde.« – »Heinrich hat im Laden vom Vetter gejammert, er habe keine Arbeit«, erinnert sich Gärtner: »Ich habe ihm dann eine Existenz geboten, und er lebte auf meine Kosten.« Fortan fährt Kieber, der keinen Alkohol anrührt, die teuren Sportwagen mitsamt dem betrunkenen Chef nach Hause, wenn dieser im Reitclub über die Stränge geschlagen hat, macht Botengänge, chauffiert Gärtners Tochter und ihr Pferd zu Turnieren und speist mit seinem neuen Chef im legendären Restaurant *Real* im Zentrum von Vaduz.

Das Lokal von Felix Real ist eine Institution in Liechtenstein.

Real, geschult im Pariser *Maxim's*, hat den Dorfbewohnern aus Vaduz und Liechtenstein nach dem Krieg beigebracht, was guter Geschmack ist. Bei Felix Real und seiner Frau Resi geht die Welt aus und ein. Hier haben Zarah Leander und Gracia von Monaco gespeist, Prinzessin Diana und Ingemar Stenmark. Im Zentrum von Vaduz bewirtet das Ehepaar Real Liechtensteins Staatsgäste, Fürst Hans-Adam und Fürstin Marie sind gerngesehene Gäste. Hier halten Treuhänder und Banker ihre wichtigen Kunden mit den Kreationen aus der hochgelobten Küche und den Schätzen aus Felix Reals Weinkeller bei Laune. Auch Vermögensverwalter Hubert Gärtner verwöhnt seine Klienten vorzugsweise im *Real*. Aber nicht nur die: »Es ist immer wieder vorgekommen, dass ich mit Kunden im *Real* zu Tisch war, als Heinrich plötzlich auftauchte, sich dazusetzte und sich selbst einlud.«

Ende 1997 vermiest das Nachrichtenmagazin *Der Spiegel* den Liechtensteinern die scheinbar ewig währende Party. Das Titelthema der Ausgabe vom 15. Dezember ist ihr Steuerparadies, mit der Schlagzeile: »Wie die reichen Deutschen ihr Geld vor der Steuer verstecken.« Ausgangspunkt der *Spiegel*-Geschichte, die intime Einblicke in das äußerst verschwiegene Geschäft mit Stiftungen und Trusts gibt, sind gestohlene Kundendaten aus dem Treuhandbüro Dr. Dr. Batliner & Partner in Vaduz. Namensgeber und Firmengründer Herbert Batliner gehört zu den Pionieren des Treuhandgeschäftes in Liechtenstein und ist damit reich geworden. Das Vermögen des Kunstsammlers wird auf 100 bis 200 Millionen Franken geschätzt.[95] Seine Verbundenheit zum Fürsten von Liechtenstein ist legendär. Als 1993 die Hochzeit von Erbprinz Alois mit Ihrer Königlichen Hoheit Herzogin Sophie in Bayern anstand, übernahm Batliner das Präsidium des Organisationskomitees.

Batliners Treuhandbüro liegt keine 500 Meter Luftlinie von Vetters Lebensmittelladen im Zentrum von Vaduz entfernt, direkt an der Äulestraße. Nebenan befindet sich eine Parkhaussünde, in der zweiten Reihe das abbruchreife Gerichtsgebäude, ein ehemaliges Schulhaus, zu dessen regelmäßigen Besuchern in diesen Tagen Heinrich Kieber gehört. Das Treuhandbüro Dr. Dr. Batliner verwaltet mehrere Tausend Stiftungen und sorgt, vom liechtensteinischen Gesellschaftsrecht dazu verpflichtet, dafür, dass absolut niemand erfährt, wer welche Vermögenswerte in die jeweilige Stiftung eingebracht hat und wer deren Nutznießer sind. Deutsche Steuerfahnder spitzen bei den Reizwörtern »Stiftung« und »Liechtenstein« die Ohren und vermuten – wie ihre Erfahrung lehrt – ein Steuerdelikt. In Liechtenstein hingegen rühmt sich das Staatsoberhaupt Fürst Hans-Adam II. der Steueroase inmitten der Steuerwüsten. Für rund hundertfünfzig Mandanten aus Deutschland ist es mit der Publikation des *Spiegel* vorbei mit der Steueroase. Deutsche Zahnärzte, Architekten, Unternehmer und Prominente wie der Springreiter Paul Schockemöhle müssen sich auf den Besuch der Steuerfahndung einstellen.

Der Ursprung des Datenlecks liegt in der Kündigung von Klaus L., einem Mitarbeiter mit einem Alkoholproblem aus der EDV-Abteilung des Büros Batliner. Aus Rache kopiert der Gekündigte die brisanten elektronischen Kundendaten vom System seines Arbeitgebers.

Das *Liechtensteiner Vaterland* benennt daraufhin den Stein des Anstoßes: »Der eigentliche Skandal aus der Sicht liechtensteinischer Treuhänder ist die Tatsache, dass ehemalige Mitarbeiter dem deutschen Nachrichtenmagazin Geschäftsgeheimnisse preisgegeben haben. Es geht nämlich keineswegs um Gelder, die nach liechtensteinischem Recht in einem strafrechtlichen Zusammenhang stünden, sondern lediglich um normale ›Offshore‹-Gelder.«[96]

Der bestohlene Herbert Batliner kann der Sache in einem Interview mit dem *Spiegel* aber dennoch Gutes abgewinnen, schließlich ist schlechte Werbung auch Werbung: »Ich sehe bisweilen die Fernsehsendungen mit Reich-Ranicki. Da werden ja oft Bücher verteufelt und verrissen. Ich habe inzwischen erfahren, dass gerade diese Bücher besonders oft gekauft werden.«[97] Für Treuhänder Batliner bleibt es unterm Strich dennoch »eine der größten menschlichen Enttäuschungen meines Lebens, dass ehemalige Mitarbeiter meines Hauses, die jahrelang mein Vertrauen besaßen, Datenbestände entwendet haben. Wir überprüfen derzeit die Folgen und haben die Sicherheitssysteme verschärft. Auch andere Treuunternehmen machen das jetzt.«[98]

Aber offenbar nicht alle, wie sich bald zeigen wird.

Für Heinrich Kieber hat derweil »die Verfolgung und Bestrafung« von Helmut R. und seiner Frau Salud Priorität: »Ich habe all mein Denken, meine Energie, meine Kraft und Zeit auf dieses Ziel konzentriert. Ich verfiel in eine noch größere Schreibwut und nahm jede einzelne Aussage, die ich von den Tätern hatte, unter die Lupe und stellte eine ausführliche schriftliche Mappe zusammen, die über 1,6 Kilogramm wog. Darin zeigte ich dem Untersuchungsrichter und der Staatsanwaltschaft die unzähligen Widersprüche auf.«[99] Die Verbissenheit, mit der Kieber in der Argentiniensache kämpft, verbirgt er Außenstehenden gegenüber erfolgreich – genauso wie er seine unterschiedlichen Lebenswelten in Spanien, Australien und Liechtenstein voneinander abschottet. Nach außen hin ist Heinrich Kieber derselbe liebenswürdige fröhliche Kauz wie immer.

Vermögensverwalter Hubert Gärtner ist offenbar mit Kiebers Leistungen als Chauffeur für sich und seine Rennpferde zufrieden und macht Kieber ein Angebot: »Für nur 700 Franken pro Monat könne ich in eine Dreizimmerwohnung in einem Neubau in Balzers einziehen, wenn ich ein Auge auf das Mehrfamilienhaus halte.«[100] Ab dem Frühjahr 1998 kümmert sich der mittlerweile 33-jährige Kieber um die Anlage und führt Kaufinteressenten durch die Wohnungen. Das Mehrfamilienhaus mit den sieben Wohnungen liegt in Balzers, der südlichsten Gemeinde Liechtensteins, wo der Föhnwind so stark über die St. Luzisteig bläst, dass die Dachpfannen gegen das Wegfliegen gesichert werden müssen.

Der luxuriös ausgestattete Wohnblock, auf den Kieber aufpasst, liegt an der Neuen Churerstraße, am Fuße der 1900 Meter hohen Mittagspitze und nur wenige Hundert Meter von der kaum wahrnehmbaren Grenze zur Schweiz entfernt. Entspannt sich Kieber am Pool auf der Dachterrasse, hört er das Knattern von Maschinengewehren und den Einschlag von Granaten. In den Militäranlagen der Schweizer Armee auf St. Luzisteig werden Rekruten ausgebildet. »Ich lernte meinen neuen Wohnort Balzers besser kennen und erlebte dort sowie im Nachbarort Triesen neue, wunderbare Freundschaften. Von meinem Drama in Argentinien sowie dem juristischen Kampf wussten sie alle nichts.«[101]

Einer seiner neuen Freunde ist Michael Konzett, der aus Triesen stammt: »Henry kennt keine Berührungsängste und geht offen auf die Leute zu. Wie sich die Begegnung damals ergeben hat, weiß ich nicht mehr, vermutlich durch gemeinsame Bekannte. Er, ich und andere Freunde sind oft ins Kino, auf ein Konzert oder spontan ins Restaurant gegangen. Henry war kein Ausdauertyp. Meistens sank seine Formkurve nach 22 Uhr. Ich denke, das hängt mit seinem Schnellsprechen zusammen. Das ist ja auch eine Art Hochleistungssport, der ziemlich an den Kräften zehren kann. Das war auch sein deutlichstes Merkmal: extrem schnell und viel zu erzählen. Mit seinem Tempo hat er immer alle überfahren. Diese Eigenschaft hat sicher den stärksten Eindruck auf die Leute gemacht. Dadurch hat man ihn auch unterschätzt und ihn als Pausenclown abgetan oder nicht ganz ernst genommen. Dass dahinter ein sehr intelligenter Kopf steckt, ist oft untergegangen.«

Kieber richtet sich in Liechtenstein ein, genießt und pflegt sein soziales Umfeld, fühlt sich im gemütlichen Dorf Balzers wohl und führt ein – für seine Verhältnisse – durch und durch bürgerliches Leben. Im Sommer 1999 fällt ein erstes Urteil im Zusammenhang mit der Argentiniensache – das Bezirksgericht Feldkirch urteilt gegen den klagenden Helmut R. Der betrogene Helmut R. hatte einen Prozess angestrengt, um die Freigabe des Vermögens zu erwirken, das bei der Bawag-Bank blockiert wurde. Helmut R.s Antrag wird vom Gericht mangels Rechtsanspruch auf das Geld abgewiesen. Einen Rechtsanspruch auf die gesperrten Gelder, so das Gericht, könne Helmut R. erst geltend machen, wenn er mit einer Zivilklage im Wohnsitzland Kiebers obsiegen würde. Das Konto mit über 800.000 Schweizer Franken bleibt deshalb bis auf weiteres gesperrt.

Wann immer es das Wetter während des Sommers 1999 zulässt, ist Heinrich Kieber im Schwimmbad Mühleholz in Vaduz, wo er im Fünfzig-Meter-Becken seinen täglichen Kilometer schwimmt. Dass er neugierig ist und überall seine Nase hineinsteckt, weiß auch das Personal des Freibads, und man erlaubt sich einen kleinen Scherz: Auf Kiebers Dauerkarte steht statt seines Namens nur »Schwimmbadinspektor«.

Im Freibad lässt Heinrich Kieber auch keinen Versuch aus, mit Frauen zu flirten. »Henry hat sich sehr für Frauen interessiert und war auch recht charmant«, erzählt Michael Konzett: »Er hatte seine Methoden, Leute auszufragen, und zwar in kürzester Zeit. Danach wusste er genau, ob es sich lohnt, noch mehr Energie zu investieren. Im Schwimmbad hat er natürlich zuerst die Figur taxiert. Und wenn die gepasst hat und die Frau im Wasser war, ist er gleich zu ihr hingeschwommen und hat sie nach ›Manfred‹ gefragt: Wie es dem Manfred gehe, er hätte ihn schon lange nicht mehr gesehen, sie seien ja früher Arbeitskollegen gewesen, und sie habe doch damals bei der Firma so und so gearbeitet. Bis die Frau irgendwann verwirrt fragte: ›Sorry, aber wer ist Manfred?‹ Und Kieber darauf: ›Na, dein Freund!‹ Worauf die Frau dann zum Beispiel antwortete, dass sie gar keinen Freund habe und nicht bei der Firma so und so arbeite, sondern bei der Firma XY; er müsse sie verwechseln. So sammelte er viele für ihn wertvolle Informationen. Diese Infos hat er den völlig überrumpelten Frauen in zwei, drei Minuten entlockt. Er wusste dann immer, wo er ein paar Tage später nachhaken konnte. Aber so richtig geklappt hat es mit ihm und den Frauen nie. Einerseits hatte er sehr hohe Ansprüche. Andererseits, interessierte sich dann wirklich jemand für ihn, hat er meistens wieder einen Schritt zurück gemacht. Denn eigentlich wollte er sich nicht festlegen oder binden.«

Auch Larissa Kaufmann, die ehemalige Stewardess, die Kieber zu Swissair-Zeiten kennenlernte, gehört zum Freundeskreis um Michael Konzett: »Ich hatte Heini nach Swissair aus den Augen verloren. Und dann, schwups, war er plötzlich wieder hier in Liechtenstein.«

Die attraktive und sympathische Frau aus Balzers – blond, schlank und mit einem gewinnenden Lächeln – passt perfekt in Heinrich Kiebers Beuteschema. Aber, hält sie fest, »Heini war für mich ein Kumpel. Er ist lustig, amüsant, und ich habe viel mit ihm gelacht. Er hat einen Humor, der mich anspricht. Es gab überhaupt keine Basis, dass er von mir etwas wollte als Frau. Ich habe es überhaupt nicht so empfunden, dass er versuchte, bei mir zu landen. Er hätte auch keine Chance gehabt. Auf meine Freundinnen hat er eher abstoßend gewirkt. Im Sinne von: den erträgt man ja nicht, weil er so schnell und viel gesprochen hat. Das war für viele Menschen, kann ich mir vorstellen, zu viel.«

Gegenüber vom Feinschmeckerlokal *Real* in der Fußgängerzone von Vaduz befinden sich die Büros der LGT Treuhand AG. Im Spätsommer 1999 werden im Untergeschoss des Bürogebäudes der LGT Treuhand temporäre Bildschirmarbeitsplätze eingerichtet und Hochleistungsscanner in Betrieb genommen. Denn hier sollen im Herbst die Grundlagen für das papierlose Büro im Treuhandunternehmen umgesetzt werden.

Die LGT Treuhand AG gehört zur LGT Group, dem Finanzimperium des Fürsten von Liechtenstein. Nach dem Hausgesetz der Familie Liechtenstein, das im Fürstentum seit 1993 Verfassungsrang genießt, vereinigt der regierende Fürst die Funktion des Staatsoberhauptes, des Regierers des fürstlichen Hauses und des Vorsitzenden der Fürstlichen Stiftungen auf sich. Die Fürst von Liechtenstein-Stiftung hält die wesentlichen Vermögen des Fürstenhauses, darunter die LGT-Gruppe, verschiedene land- und forstwirtschaftliche Betriebe in Ostösterreich, zwei Kellereien, Liegenschaften in bester Lage in Wien sowie eine der bedeutendsten privaten Kunstsammlungen der Welt. Zahlen veröffentlicht die Stiftung keine. Das Schweizer Wirtschaftsmagazin *Bilanz* schätzt das Vermögen der Fürst von Liechtenstein-Stiftung auf rund sechs Milliarden Schweizer Franken.

Die LGT-Gruppe ist die größte Finanzgruppe in Liechtenstein, und LGT Treuhand ist eine der bedeutendsten Treuhandfirmen. Sie betreut rund 1400 vermögende Kunden, die die außerordentliche Diskretion des liechtensteinischen Finanzplatzes in Anspruch nehmen. Fast die Hälfte der Klienten der Treuhandfirma hat ihren Wohnsitz in Deutschland.[102] Mit dem Projekt Papierloses Büro bei der LGT Treuhand soll das Handling der zum Teil telefonbuchdicken Dossiers vereinfacht werden.

Umgesetzt wird es durch die Schweizer Firma Conex. Sie ist von der LGT Treuhand damit beauftragt, sämtliche Akten mit Hunderttausenden von Dokumenten elektronisch verfügbar zu machen. Dazu gehören alle internen Memos, Aktenvermerke, Faxmitteilungen, aber auch Kontoauszüge und Stiftungsurkunden der Klienten der LGT Treuhand AG. Wer diese Akten in Händen hat, kann die Geldflüsse der reichen Klientel entschlüsseln und bekommt das System Liechtenstein erklärt. Einmal in solchen Dossiers stöbern zu dürfen ist der Traum eines jeden deutschen Steuerfahnders.

Die Firma Conex heuert für die Arbeiten rund dreißig Personen an. Diese sind in den Kellerräumen der Treuhandfirma während mehrerer Monate damit beschäftigt, die Akten der Klienten aufzubereiten, so dass sie von den Hochgeschwindigkeitsscannern verarbeitet werden können. Sämtliche Mitarbeiter, die die Firma Conex für diese recht eintönige und gleichzeitig hochsensible Arbeit einstellt, müssen einen aktuellen Strafregisterauszug vorlegen.

Eines Tages im Oktober 1999 besucht Heinrich Kieber freudig aufgeregt den Lebensmittelladen seines Onkels Guntram Vetter in Vaduz und teilt ihm strahlend mit, er habe jetzt einen Job bei der LGT. Vetter kann nicht glauben, was Kieber ihm erzählt: »Da habe ich geantwortet: ›Bist du jetzt komplett übergeschnappt? Warum sollten die dich anstellen? So blöd können doch nicht mal die sein, dass sie *dich* einstellen?!‹«

6. DER BOCK IST DER GÄRTNER
1999 BIS 2002

Eines Morgens im Herbst 1999 begegnet Personalberaterin Gerlinde Böhler Heinrich Kieber direkt vor der LGT: »Ich fragte, wie es ihm gehe. Da zeigte er auf das Haus und antwortete, er habe jetzt eine Stelle bei der LGT, und fügte hinzu: ›Über Beziehungen kommt man zu guten Jobs.‹ Nachdem wir uns verabschiedet hatten, dachte ich noch: Hoffentlich geht das gut.« Böhler hatte Kieber bekanntlich keine Stelle in einem Büro vermitteln wollen, weil ihr das zu riskant erschien angesichts seiner abenteuerlichen Schilderungen seiner Erlebnisse in Argentinien und Spanien.

Kieber hat zwar keine Erfahrung im Finanzsektor: »Als ein aufgeweckter, immer mit offenen Augen durchs Leben fliegender Liechtensteiner, waren mir aber die ›Finessen‹ des heimischen Finanzsektors absolut bekannt. Nach ein paar kurzen Telefonaten und Abklärungen sah ich eine hypothetische Möglichkeit, mich bei der LGT via Conex zu bewerben.«[103] Denn mit Hilfe seiner berüchtigten Befragungsmethoden hat er von Karin Senti* erfahren, dass Stellen bei der LGT Treuhand zu besetzen sind. Die junge Frau ist Mitarbeiterin bei der LGT Treuhand und hat eine Wohnung an der Neuen Churerstraße 27 in Balzers bezogen – in dem Haus, in dem Vermögensverwalter Hubert Gärtner Kieber günstig wohnen lässt, wofür dieser im Wohnblock als Hauswart tätig ist.

Als aufmerksamen Hauswart hat Karin Senti Kieber allerdings nicht in Erinnerung: »Ein Bein ausgerissen hat er sich jedenfalls nicht. Ich bin 1999 in die Wohnung direkt unter Kieber eingezogen.« Der Hauswart bleibt ihr aus anderen Gründen im Gedächtnis haften: »Es konnte vorkommen, dass er unangemeldet in meine Wohnung platzte – einmal, da stand das Essen schon auf dem Tisch, da kam er rein und griff in die Schüssel – einfach so. Er war schon ein komischer Vogel.«

»Der Reiz für mich lag bei diesem Job daran, abgesehen von einem Bombenlohn, dass es die Möglichkeit zur Teilzeitarbeit gab«, schreibt Kieber. »Wie alle neuen Mitarbeiter musste auch ich einen aktuellen Strafregisterauszug vorlegen. Dieser war natürlich sauber, da ich keine Vorstrafen hatte. Weder dort noch anderswo.«[104] Die von der Firma Conex befristet engagierten Mitarbeiter mussten dazu einen Auszug aus dem Betreibungsregister – vergleichbar der deutschen Schufa-Auskunft – vorlegen und wurden von der LGT-Compliance interviewt, bevor sie ihre Arbeit mit den geheimen Kundendaten beginnen durften.

Während Kieber zusammen mit Studenten und Hausfrauen Tausende von Akten von Heftklammern befreit und sie durch die Scanner jagt, bricht über Liechtensteins Finanzplatz der nächste Skandal herein. Und wieder ist es der *Spiegel*, der am 8. November 1999 Unerhörtes aus der diskreten Welt der liechtensteinischen Treuhänder zu berichten weiß: »In den Giftschränken der entscheidenden Ressorts des Schröder-Kabinetts liegt ein Dossier, das der Präsident des Bundesnachrichtendienstes (BND) ablieferte. Das Geheimpapier liest sich, als sei die Schreckensvision aller seriösen Regierungen schon Realität: Ein ganzes Land, mitten in Europa, soll sich den Kriminellen in aller Welt als Handlanger andienen – eben das Fürstentum Liechtenstein.«[105]

Die in der BND-Akte erhobenen Vorwürfe, welche sich im Wesentlichen auf die Aussagen eines in Deutschland verurteilten Anlagebetrügers stützen, sind drastisch: Der ehemalige liechtensteinische Regierungschef Hans Brunhart habe Verbindungen zur südamerikanischen Drogenmafia und organisiere Treffen mit deren Finanzmanager; der abgetretene Polizeichef pflege Beziehungen mit dem kolumbianischen Medellín-Kartell; liechtensteinische Richter begünstigten Verwandte. Liechtenstein ist in heller Aufregung. Der BND-Bericht ist großes Gesprächsthema an Küchen- und an Stammtischen – wie auch im Pausenraum der LGT Treuhand, wo Heinrich Kieber seine Croissants isst.

Die liechtensteinische Regierung setzt mit dem Österreicher Kurt Spitzer einen Sonderstaatsanwalt ein, der den Vorwürfen im BND-Bericht auf den Grund gehen soll. Bis es so weit ist, nutzt Fürst Hans-Adam die Gunst der Stunde und instrumentalisiert die Krise, um den Umbau des Staates nach seinen Vorstellungen voranzutreiben. Dazu muss er nur weiter die Politik diskreditieren – und kann so, wieder einmal, genüsslich Rache nehmen für die Demütigung aus dem Jahr 1992, als er von seinen Untertanen ausgepfiffen wurde und sich Regierung und Parlament beugen musste. Ganz unverblümt schimpft der Monarch nun Regierungsmitglieder und Parlamentsabgeordnete Oligarchen und droht damit, die Regierung zu entlassen und Notrecht auszurufen. Er könne doch »nicht einmal ausschließen, dass der Regierungschef mit dem organisierten Verbrechen zusammenarbeitet«, lässt er das Schweizer Boulevardblatt *Blick* wissen.[106] Damit schwächt der Fürst bewusst die Position der Regierung, die seinen Verfassungsvorschlägen nichts abgewinnen kann.

Bei seiner alljährlichen Thronrede vor dem Parlament im Februar 2000 fordert Fürst Hans-Adam ultimativ die Änderung der liechtensteinischen Verfassung nach seinen Wünschen. Mit einer neuen Verfassung aus seiner Feder würden dem Volk mehr Rechte eingeräumt und der demokratische Rechtsstaat gestärkt. Eine der zentralen Forderungen des Fürsten: Die Justiz müsse von der Politik unabhängiger werden. Darum solle künftig der Monarch die Richter wählen: »Wenn man irgendwo Verantwortung mit gutem Gewissen übernehmen will, dann braucht es entsprechende Kompetenzen.«[107] Es wird noch drei Jahre dauern, bis der Fürst am Ziel ist und eine Verfassung nach seinem Zuschnitt erhält.

Es ist eine der meistgestellten Fragen rund um Heinrich Kieber und die LGT: Weshalb ließ die Treuhandfirma den Mann mit dem abenteuerlichen Lebenslauf überhaupt in den Keller mit den hochsensiblen Dokumenten?

Tatsächlich ist, wie Kieber selbst sagt, sein liechtensteinischer Strafregisterauszug zu diesem Zeitpunkt blütenweiß. Nicht mal eine Voruntersuchung läuft gegen ihn. In der ersten Phase als Mitarbeiter von Conex muss Kieber bei der LGT Treuhand lediglich Berge von Akten scannen. Zeit, sich detailliert mit dem Inhalt auseinanderzusetzen, haben weder er noch die anderen Mitarbeiter. Die Gefahr, Geheimnisse aus der Firma zu tragen, wird durch den Wachdienst, der an den Personaleingängen postiert ist, verhindert. Dazu kommt: Kieber bringt eine wichtige Qualifikation für den Job mit. Er ist Liechtensteiner. In der Finanzbranche im Fürstentum gilt die Faustregel: Bei gleicher Qualifikation erhält der Liechtensteiner respektive der lange in Liechtenstein wohnhafte Bewerber den Zuschlag. Von diesen Mitarbeitern erwartet man bei satten Löhnen im Gegenzug Loyalität. Schließlich, so sagt der Volksmund, scheißt der Vogel sich nicht ins eigene Nest.

Nachdem alle Dokumente gescannt und dem richtigen Mandat zugeteilt worden sind, müssen sie verschlagwortet werden. Für diesen Job hat sich Kieber durch seinen soliden Einsatz beim Scannen qualifiziert: »Um dies überhaupt fachgemäß auszuführen, mussten ich und meine dafür geschulten Teammitglieder alle einzelnen Dokumente durchlesen und dann entsprechend den Belegartenkarten abschließend unter der Mandatsnummer elektronisch speichern.«[108] Der mehrsprachige Kieber, gesegnet mit einer extrem raschen Auffassungsgabe, ist für diesen Job prädestiniert. Schneller und zuverlässiger vermag niemand die Dokumente zu indexieren, die in Deutsch, Englisch, Spanisch, Französisch oder Italienisch verfasst sind. Was er dabei lernt, erklärt Kieber selbst: »Der Treuhandkunde wählt zum Beispiel eine rechtlich eigenständige Liechtensteiner Stiftung aus, indem er diese durch die Treuhand gründen lässt. Der Stiftungsrat eröffnet im Namen der Stiftung dann die Bankkonten. Der Treuhandkunde transferiert sein Schwarzgeld auf die Konten der Stiftung. Dies natürlich auf hochkomplizierten und raffinierten Umwegen, so dass ein Bezug zwischen ihm und der Stiftung nicht nachvollzogen werden kann. Also der berühmte ›Paper Trail‹ (nahtlose Nachvollziehbarkeit jeder Transaktion) wird unterbrochen. Prinzipiell bleibt er (und andere, die der Stifter nach Gutdünken benennen kann) Kraft dem sogenannten Beistatut Begünstigter der Stiftung und somit aller Gelder und sonstiger Aktiven, die der Stiftung gehören. Oft ist es so, dass die Stiftung direkt oder mittels unterliegender Offshore-Firmen (andere rechtlich eigenständige Gesellschaften aus Liechtenstein oder anderen Steuerparadiesen) neben den meist beträchtlichen Bankkonten auch Immobilien, Patente, Bilder, Yachten und dergleichen besitzt und kontrolliert. All diese ›Besitztümer‹ einer Stiftung produzieren eine Flut an Papier, die im Akt landet.«[109]

Dass er sich nichts sehnlicher wünscht, als selbst ein vermögender Kunde seines Arbeitgebers zu sein, und deshalb die Details über die Stifter, Gesellschaften und deren Vermögen aufsaugt wie ein Schwamm, lässt Kieber sich nicht anmerken.

Wenige Wochen nach Ausbruch der BND-*Spiegel*-Affäre und mitten in der innenpolitischen Auseinandersetzung kommt ein weiteres Skandalelement dazu: Sukzessive wird die illegale Spendenpraxis der CDU unter Helmut Kohl in den 1990er Jahren publik. Spuren zu den schwarzen Kassen der CDU führen unter anderem zur Stiftung Norfolk ins Büro des Liechtensteiner Treuhänders Herbert Batliner, einem Wanderfreund Helmut Kohls.[110]

Auslöser der Affäre ist ein Anfang November 1999 ausgestellter Haftbefehl gegen den ehemaligen CDU-Schatzmeister Walther Leisler Kiep wegen des Verdachts auf Steuerhinterziehung. Kiep wird vorgeworfen, vom Rüstungslobbyisten Karlheinz Schreiber eine Million D-Mark als Spende für die CDU erhalten und nicht im Rechenschaftsbericht der Partei angegeben zu haben. Ende November 1999 räumt der ehemalige CDU-Generalsekretär Heiner Geißler ein, dass die Partei schwarze Konten geführt habe. Die schwarzen Kassen stürzen die Christdemokraten in eine der schwersten Krisen ihrer Geschichte – und stellen sicher, dass Liechtenstein und sein Finanzplatz weiter ein Topthema in den deutschen Medien bleibt.

Im Fürstentum reagiert man, aufgerieben zwischen internen Konflikten und dem politischen und medialen Dauerfeuer aus Deutschland, zunehmend dünnhäutig. Im österreichischen Magazin *Profil* keilt der Fürst in Richtung Norden: »Das sind Methoden wie im Dritten Reich. Allerdings haben wir schon drei deutsche Reiche überlebt, wir werden hoffentlich auch das vierte überleben.«[111] Die Regierung Liechtensteins wiederum reicht Unterlassungsklagen gegen den *Spiegel* und das ZDF ein wegen der im BND-Bericht erhobenen und durch die Medien kolportierten Geldwäsche-Vorwürfe gegen Liechtenstein – ohne Erfolg.

Bundesfinanzminister Hans Eichel prügelt weiter ungeniert auf Liechtenstein ein. An einem EU-Finanzministertreffen in Brüssel bezeichnet er das Fürstentum als die »Made im Speck«. Man müsse sich die Frage stellen, ob im Europäischen Wirtschaftsraum nicht gewisse Verhaltensregeln dazugehörten.[112] Der französische Finanzminister sekundiert Eichel und bringt die Hoffnung zum Ausdruck, dass EU, G7 und OECD die der Geldwäsche verdächtigten Länder an den Pranger stellen und Sanktionen beschließen. Es erstaunt wenig, dass kurz darauf die Arbeitsgruppe »Maßnahmen zur Geldwäschebekämpfung« (Financial Action Task Force, FATF) der G7-Staaten damit droht, Liechtenstein auf die Schwarze Liste der in Geldwäschefragen nichtkooperativen Länder zu setzen – das putzige Fürstentum aus der Mitte Europas in schlechter Gesellschaft mit Nigeria, Myanmar, der Republik Nauru oder den Cook Islands.

In der Juni-Sitzung des liechtensteinischen Landtags macht man sich ernsthafte Sorgen um die Zukunft Liechtensteins, so auch der Abgeordnete Peter Sprenger, von Beruf selbst Treuhänder: »In den letzten Monaten ist unser Land aus verschiedensten Gründen harter Kritik ausgesetzt gewesen. Die Art und Härte, die Dauer und die Intensität lassen es nicht als übertrieben erscheinen, von der schwersten Krise unseres Finanzplatzes seit dem Zweiten Weltkrieg zu sprechen.«[113] Seine düstere Einschätzung hängt auch damit zusammen, dass vor wenigen Wochen ein Abgeordneter des Landtags nach Aufhebung seiner Immunität aus dem Plenarsaal heraus verhaftet wurde, dazu noch ein halbes Dutzend weiterer Personen. Den Beschuldigten werden Geldwäsche, gewerbsmäßiger Anlagebetrug, organisierte Kriminalität und Untreue vorgeworfen.[114]

Es geht Schlag auf Schlag. »Nun ist es amtlich«, titelt das *Volksblatt* am 23. Juni 2000: »Die Financial Action Task Force on Money Laundering (FATF) setzte uns mit 14 anderen Staaten auf die ›Schwarze Liste‹. Als Grund wird mangelnde Zusammenarbeit im Kampf gegen die Geldwäsche angegeben.« Liechtenstein wird für ein Jahr auf der rufschädigenden Liste verbleiben. Keine Woche nach der Stigmatisierung durch die FATF veröffentlicht die Organisation für wirtschaftliche Zusammenarbeit und Entwicklung (OECD) eine Schwarze Liste, auf der 35 Länder und Territorien verzeichnet sind, die mit unlauteren Mitteln Unternehmen und reiche Privatpersonen anlockten, um ihnen Steuern zu ersparen. Darunter Monaco, Gibraltar, Andorra – und Liechtenstein.

Sonderstaatsanwalt Kurt Spitzer liefert im August 2000 seinen Abschlussbericht zum BND-Rapport über Liechtenstein und konstatiert, dass die darin enthaltenen Vorwürfe im Wesentlichen haltlos seien. BND-Aufseher Ernst Uhrlau wird gar Alt-Regierungschef Brunhart persönlich im Kanzleramt empfangen, um für die zu Unrecht erhobenen Anschuldigungen um Entschuldigung zu bitten.[115] Zentrale Erkenntnisse in Spitzers Abschlussbericht sind, dass die liechtensteinische Justiz unterbesetzt sei, Fälle verschleppt würden oder wegen Arbeitsüberlastung liegenblieben, bei vielen Treuhändern das Unrechtsbewusstsein unterentwickelt sei und Liechtenstein Rechtshilfe nur quälend langsam gewähre. Von den massiven Vorwürfen gegen den verhafteten Parlamentarier bleibt vor Gericht nicht mehr viel übrig. Der Anwalt wird vom fürstlichen Obergericht wegen Verletzung der Sorgfaltspflicht bei der Annahme von Kundengeldern zu einer bedingten Geldstrafe von 42.000 Franken verurteilt.[116]

Im Fürstentum arbeitet die Politik fieberhaft daran, das negative Image des Geldwäscherparadieses für Drogenbarone und Dritte-Welt-Diktatoren loszuwerden und von den Schwarzen Listen herunterzukommen. Liechtenstein verschärft in Rekordzeit das Sorgfaltspflichtgesetz und Geldwäschestrafbestimmungen, unterzieht das Rechtshilfegesetz einer Totalrevision, womit die Verfahren beschleunigt werden, und stockt die Abteilung Wirtschaftspolizei auf, die bisher nur aus einer Person bestand, die einen Teil ihrer Arbeitszeit für Wirtschaftsdelikte aufwendete. Heute arbeiten neun Polizisten im Kommissariat Wirtschaftskriminalität.

Während ganz Liechtenstein gebannt die weitere Entwicklung der BND-*Spiegel*-Affäre und des innenpolitischen Kräftemessens zwischen Fürst und Politik verfolgt, bringt Helmut R. vor dem Landgericht Vaduz eine Zivilklage gegen Heinrich Kieber ein. Das Gericht möge feststellen, dass Kieber ihm 63 Millionen Peseten zuzüglich fünf Prozent Zinsen schuldig sei für die in Barcelona erschlichene Wohnung. Mit einem Urteil zu Gunsten Helmut R.s soll es endlich möglich werden, auf das blockierte Vermögen Heinrich Kiebers bei der Bawag-Bank in Feldkirch zuzugreifen.

Kieber wird zusehends nervös: »Die Hauptverhandlung wurde auf den 20. Juni 2000 festgesetzt. Je näher der Gerichtstermin kam, umso aufgewühlter wurde ich. Nicht wegen dem Inhalt des Zivilprozesses, da waren wir, mein Rechtsanwalt und ich, uns zu tausend Prozent bombensicher, dass Helmut diesen Prozess hochgradig verlieren würde. Man muss es sich vorstellen: Es würde das erste Aufeinandertreffen von uns beiden seit Argentinien sein. Mein monumental aufgestauter Hass auf meine Peiniger, mit dem ich seit Argentinien alleine leben musste, würde auf seine Quelle treffen.«[117]

Seiner Wut lässt Kieber Wochen nach der Hauptverhandlung in einer E-Mail an Helmut R. freien Lauf – hier unredigiert wiedergegeben:

> »he du arschloch – diesemal bist du davon gekommen – ich bereue es zutiefst, dass ich mich beherrscht habe !! Ich hätte dir die eier abschneiden sollen und deine frau damit ersticken sollen. na, hast mir nicht getraut in die augen zu schauen ... Du verflixter mörder, du abschaum dieser erde ...
> bitte bleib noch so lange in guter gesundheit, bis ich dich der grausamsten vergeltung, die es gibt, zuführen kann.
> Familie R. + Co. – nie und nimmer erkommt ihr meiner rache.
> der teufel«

Von dieser dunklen Seite Kiebers ahnen seine neuen Freunde zu Hause nicht das Geringste. Nach außen hin ist Heinrich Kieber wie immer: witzig, einnehmend, laut, fröhlich. Der ausgeprägte Einzelgänger Kieber fühlt sich an seinem neuen Wohnort in Balzers wohl und beginnt am Dorfleben teilzunehmen. Er bewirbt sich im Frühling 2000 als Darsteller bei der Liechtenstein Musical Company (LMC). Der Verein führt alle zwei Jahre ein großes Musical im Gemeindesaal von Balzers auf. Neben einigen professionellen Künstlern werden insbesondere künstlerisch interessierte Laiendarsteller aus Balzers und den umliegenden Dörfern für die Produktionen rekrutiert. In diesem Herbst wird die LMC das Stück *Joseph and the Amazing Technicolor Dreamcoat* aufführen.

Einer der Laiendarsteller, der bei der Musicalproduktion mitwirkt, ist Emanuel Nipp aus Balzers: »Das war im Frühling beim Casting, als ich Henry zum ersten Mal traf. Er war immer ganz ungeniert, behauptete, er sei Buschpilot, und sein Auftreten klang immer nach was Besonderem. Bei den Proben zu *Joseph* dachte ich mir dann: Doch, der ist nicht schlecht. Henry und ich haben immer vor den Vorstellungen Programmhefte verkauft. Mit seinem Mundwerk verkaufte er jedes Mal doppelt so viel Hefte wie ich.«

Emanuel Nipp spielt, wie auch Heinrich Kieber, im Musical einen der Brüder Josephs. Einen weiteren Bruder von Joseph spielt Rechtsanwalt und Treuhänder Ernst Walch, der ein Jahr später, im Frühling 2001, zum liechtensteinischen Außenminister ernannt wird. Der erinnert sich: »In der einen Besetzung spielte ich Vater Jakob, in der anderen war ich einer der Brüder Josephs. Nun, ich kenne aufgrund meiner politischen Tätigkeit und meiner Tätigkeit in der Pfadfinderei und im Volleyball und anderswo sehr viele Menschen in Liechtenstein, aber Henry kannte ich nicht. Er war ein sprachgewandter, interessanter junger Mann, sehr umgänglich. Aber etwas Konkretes hat man nicht erfahren: Was er arbeite? Ja, er arbeite hier irgendwo. Was er vorher gemacht habe? Verschiedene Dinge, und er sei oft im Ausland gewesen. Im Nachhinein würde ich sagen, er war in seinen Aussagen unverbindlich.«

Auf der Premiere des Musicals *Joseph* am 2. September 2000 erhalten Heinrich Kieber, Emanuel Nipp, Ernst Walch und die vielen anderen Darsteller den Lohn für ein halbes Jahr intensiver Proben, wie der Berichterstatter des *Liechtensteiner Vaterlandes* festhält: »Als sich der Vorhang nach zweieinhalb Stunden senkte, geriet das mehr und mehr aus dem Häuschen geratene Publikum schier in Ekstase. Nach dem Showdown gab's Blumen für die Hauptakteure, unter dem Jubel der Gäste mit Küsschen für die Landesfürstin, die ebenso wie Fürst Hans-Adam II. den Abend begeistert verfolgt hat.«

Und noch ein weiteres Mal tritt Kieber in diesem Sommer vor Publikum in Erscheinung. Im Juni 2000 öffnet die Expo in Hannover ihre Tore. Zum ersten Mal seit Brüssel 1958 ist das kleine Fürstentum wieder an einer Weltausstellung beteiligt. Mit der lange vor dem Ausbruch der BND-*Spiegel*-Affäre beschlossenen Teilnahme an der Expo Hannover sollte Liechtensteins Bild in der Welt und insbesondere in Deutschland poliert werden – allerdings haben die Verantwortlichen Zweifel, ob das in der angespannten Situation überhaupt gelingen kann. Wenig erstaunlich, müssen sich die Angestellten des Liechtenstein-Pavillons bissige Fragen gefallen lassen: »Erlaubt die Expo so ohne weiteres, dass Sie hier für Ihre Geldwaschanlage Werbung machen?« Oder: »Wie ist es möglich, dass ein kriminelles Land wie Liechtenstein einen Pavillon an der Expo hat?«[118]

Liechtenstein präsentiert sich der Welt in Hannover mit einem sieben Meter hohen, weiß leuchtenden Quader mit dreizehn Meter Kantenlänge – dem »Liechtenstein«. Die Innenwände des »Liechtensteins« sind mit 300 überlebensgroßen Porträts von Liechtensteinern ausgekleidet. Die Pavillonbesucher werden sozusagen von einem knappen Prozent der Bevölkerung des Fürstentums begrüßt, darunter Fürst Hans-Adam – und Heinrich Kieber.

Kieber, zufrieden von der hinterleuchteten Wand in Hannover lächelnd, im Kreise seiner Landsleute. Der Rastlose, so erweckt es den Anschein, ist dabei, zur Ruhe zu kommen.

Aber seinen Fall verliert er nicht aus den Augen. Nachdem Sonderstaatsanwalt Kurt Spitzer seinen Abschlussbericht im August 2000 vorgelegt hat, in dem er den schwachbrüstigen Justizapparat Liechtensteins und die in vielen Fällen mehrere Jahre lange Verfahrensdauer bemängelt, gibt er wie geplant sein Amt ab. Die liechtensteinische Regierung wählt den Tiroler Robert Wallner zum neuen Leitenden Staatsanwalt im Fürstentum Liechtenstein. Er tritt sein Amt am 1. September 2000 an und führt die Arbeit Spitzers fort. Am Tag danach öffnet die Liechtensteinische Industrie-, Handels- und Gewerbeausstellung (LIHGA) in Schaan für zehn Tage ihre Tore. Während der Messewoche führt die lokale Radiostation auf der Bühne des großen Ausstellungszelts Live-Interviews vor Publikum durch. Einer der Interviewgäste ist der soeben ernannte Leitende Staatsanwalt Wallner: »Ich habe *Radio Liechtenstein* während der LIHGA ein am Vortag angekündigtes Interview gegeben. Wie ich von der Bühne runterkam, ist ein größerer, etwas aufgeregter, aber doch höflicher Mann auf mich zugekommen und hat sich als Heinrich Kieber vorgestellt. Ihm sei großes Unrecht geschehen, und ich möge ihm helfen. Dass jemand so auf einen zukommt, kommt nur ganz selten vor.«

Als einen »emotionalen Dämpfer« empfindet Kieber den unerwarteten Tod seines Vaters Anfang 2001. »Ein Jahr zuvor erhielt er die Diagnose Krebs. Ich hatte nie eine sehr innige Beziehung zu ihm, aber seit meiner Rückkehr aus Südamerika sahen wir uns regelmäßig, jeden Monat drei- oder viermal. Wir gingen essen oder einfach einen Kaffee trinken.«[119] Mit dem Tod des Vaters hat Heinrich Kieber keine engen Angehörigen mehr in Liechtenstein, auf die er in irgendeiner Form Rücksicht nehmen müsste. Seine Mutter sowie seine beiden Schwestern leben im Ausland.

Währenddessen gerät Kiebers Gönner Hubert Gärtner in Schwierigkeiten. Ende September 2000 hat Vermögensverwalter Gärtner bei fünf Stiftungen, bei denen er als Stiftungsrat fungiert und zeichnungsberechtigt ist, sechs Millionen Schweizer Franken abgehoben, um damit ein Loch bei einer sechsten Stiftung zu stopfen. Bei dieser sechsten Stiftung hat Gärtner Millionenbeträge veruntreut – auch um damit seinen kostspieligen Lebensunterhalt zu bestreiten, darunter eine 45.000-Franken-Reise mit seinen Kindern aus erster Ehe nach Amerika und Helikopterflüge von Liechtenstein aus nach Deutschland, um Reitturniere zu besuchen. Gärtners Machenschaften fliegen auf, die Polizei verhaftet ihn und nimmt bei der Gelegenheit auch Heinrich Kieber mit zur Einvernahme. Denn Kieber ist – neben seiner Teilzeitarbeit bei der LGT Treuhand – nach wie vor als Bote und Mädchen für alles bei Gärtner tätig und wohnt mit Gärtners Segen weiterhin günstig im Haus an der Neuen Churerstraße in Balzers.

»Henry hat von einem Tag auf den anderen mit Gärtner gebrochen«, sagt Sandro Bertini*, der seit rund zwei Jahren eng mit Kieber befreundet ist. »Henry meinte, er wolle mit Gangstern nichts zu tun haben.« Kieber wittert eine Chance, die eigene Position vor Gericht zu verbessern: »Vor der Verhandlung hat Kieber meinen Mandanten in einem Brief ans Gericht angeschwärzt, darin listete er weitere angebliche Vergehen Gärtners auf«, sagt Hubert Gärtners damaliger Verteidiger Peter Wolff.

Nachdem das Projekt Digitalisierung der Akten bei der LGT Treuhand abgeschlossen ist, wird im April 2001 eine Handvoll Mitarbeiter der Firma Conex von LGT übernommen. Einer, den die Treuhandfirma übernimmt, ist Heinrich Kieber: »Schon seit Anfang 2001 wurden systematisch alle Treuhandmitarbeiter im Umgang mit dem neuen System geschult. Die Schulung wurde mir aufgetragen. Ich war sehr stolz darauf. Ich durfte die dafür notwendigen Unterlagen in Eigenregie herstellen. Meine Kurse waren sehr beliebt, oft heiter und äußerst abwechslungsreich. Zugriffsmäßig wurde das neue System analog dem alten ausgelegt. Das heißt, die Kundenberater hatten nur Computerzugriff auf jene Mandate, die sie selber betreuten. Und ich, mittendrin als Allrounder und Problemloser für alle, hatte ständig den vollen Zugriff.«[120] Heinrich Kieber hat uneingeschränkten Zugang zu den sensibelsten Papieren des Unternehmens – Dokumente, deren strikte Geheimhaltung das Geschäftsmodell des Finanzplatzes Liechtenstein sichert. »Bei der LGT zu arbeiten war auch wie ein Statussymbol. Man arbeitete nicht bei einer x-beliebigen Treuhandbude. Nein, bei der fürstlichen Treuhand!«[121]

Kiebers unbefristete Anstellung an einer höchst neuralgischen Stelle innerhalb der LGT Treuhand AG ab April 2001 ist offenbar kein Grund für einen sorgfältigen Hintergrundcheck seiner Person durch die Personalabteilung der LGT. Für die LGT spricht in diesem Zusammenhang, dass sich Kieber bereits eineinhalb Jahre als eifriger und zuverlässiger Mitarbeiter der Firma Conex bewährt hat. Erstaunlich ist jedoch, dass bei der LGT nicht die Alarmglocken läuten bei der Durchsicht seines löchrigen Lebenslaufes: kaufmännische Grundausbildung, danach Reisen durch Australien und Neuseeland, Pilotenschein, Spanien, Botengänger für den für seinen – selbst für liechtensteinische Verhältnisse – lockeren Umgang mit Geld bekannten Hubert Gärtner, seit Swissair keine feste Anstellung.

Oder fälschte Kieber etwa seinen Lebenslauf? Wenn dem so gewesen wäre, hätte es die LGT-Personalabteilung versäumt, die von ihm vorgelegten Papiere zu prüfen.

Eine informelle Umfrage der LGT-Personalabteilung innerhalb des Unternehmens hätte mit Sicherheit Hinweise auf den unsteten Lebenswandel Kiebers geben können. Immerhin ist der zappelige Dampfplauderer im Fürstentum bekannt wie ein bunter Hund. Gerade im kleinen Liechtenstein, wo jeder jeden kennt, oder zumindest jemanden, der wiederum die fragliche Person kennt, wäre es ein Leichtes gewesen, Hintergründe über den Mann an einer Schlüsselposition im Unternehmen zu erfahren.

Aus dem Diebstahl vertraulicher Kundendaten im Treuhandbüro Batliner vor nicht einmal vier Jahren hat man bei der LGT offenbar keine Lehren gezogen. Vorzugsweise beschäftigen Banken und Treuhänder auf sensiblen Positionen langgediente Mitarbeiter mit festen Bindungen zur Familie, zu Freunden und zum Wohnort. Mitarbeiter, die ein Einfamilienhaus bewohnen und dafür eine Hypothek abzahlen, die verheiratet sind und schulpflichtige Kinder haben – kurz, Mitarbeiter, die sich angesichts ihrer sozialen Bindungen aller Wahrscheinlichkeit nach nicht über Nacht nach Brasilien oder sonst wohin absetzen. Dass Kieber von seinem sozialen Profil her eine komplette Fehlbesetzung ist, fällt niemandem auf: ledig, kinderlos, seit dem Tod seines Vaters keine Familie in Liechtenstein, vor kurzem wieder zugezogen, keine Branchenerfahrung.

Aber Heinrich Kieber weiß, was Vorgesetzte hören wollen. Auf die Frage eines Kadermitarbeiters, weshalb er nicht Vollzeit arbeite, gibt Kieber zur Antwort, er betreibe nebenher intensiv Sport. Und, fügt Kieber ganz unschuldig hinzu, er unternehme an freien Nachmittagen mit seinem alten VW-Bus Ausflüge mit Rentnern. So etwas hören Vorgesetzte lieber, als erfahren zu müssen, dass ihr Angestellter einen wesentlichen Teil seiner Freizeit damit verbringt, vermeintliche Peiniger aus Argentinien vor Gericht zu bringen und sich gegen einen ehemaligen Freund zur Wehr zu setzen, der den Verkaufspreis für eine ergaunerte Wohnung in Barcelona einklagt.

Fast zeitgleich mit der Festanstellung bei der fürstlichen Treuhand – seine E-Mail-Adresse lautet: henry.kieber@lgt.com – wird Kieber abermals auf der Bühne des Gemeindesaals von Balzers gefeiert: Das diesjährige Programm des Turnvereins heißt »Spielekiste«, und durch den bunten Abend führen verschiedene Spielfiguren – Puzzle, Mikado, der Schwarze Peter und der als Ass verkleidete Heinrich Kieber.

Kieber genießt den Auftritt im voll besetzten Gemeindesaal. Im Gegensatz zu seiner Rolle im Musical steht er dieses Mal während der gesamten Aufführung im Mittelpunkt und erklärt dem Publikum in seinem clownesken Kostüm mit Narrenkappe mit seinem unvergleichlich schnellen Mundwerk unter anderem die Regeln des Mühlespiels. Die Zuschauer sind begeistert von der Vorstellung Kiebers, biegen sich auf ihren Stühlen vor Lachen und spenden langanhaltenden Szenenapplaus.

Rund eineinhalb Stunden lang leiten die Spielfiguren von den MuKi-Turnern über die Damenriege und Fitnessgruppe zu den Geräteturnern. Beim großen Finale betritt die als Schachdame verkleidete Präsidentin des Turnvereins die Bühne, um sich bei Mikado, Puzzle und Ass Heinrich Kieber zu bedanken.

Dafür haben die Programmverantwortlichen einen wahrlich kafkaesken Dialog vorbereitet:

Schachdame: »Wie ich sehe, sind alle da, auch unser Ass. Ein Ass? Seit wann haben wir ein Ass? Was ist hier los? Sag schon, Ass, sonst nimmt es ein noch schlimmeres Ende für dich.«

Ass: »Sie haben mich gezwungen. Ich bin gar kein Ass, ich bin nur eine billige Sechs.«

Schachdame: »Eine billige Sechs? Du hast den ganzen Abend lang beschissen?!«

Mikado: »Den ganzen Abend lang Chef gespielt, wie?!«

Stimme: »Wer hat beschissen?«

Alle zusammen (auf das falsche Ass zeigend): »Er!«

Heinrich Kiebers Leben auf einen knappen Dialog beim bunten Abend im Dorfsaal verdichtet.

Losverkäufer Heinrich im Kinderheim Gamander zusammen mit der Schirmherrin des Heims, Fürstin Gina von Liechtenstein. Die Aufnahme stammt vermutlich aus dem Jahr 1975.

Heinrich Kieber im Kinderheim Gamander. Aufgenommen wurde das Foto zirka 1979.

Heinrich Kieber anlässlich seiner Firmung, wahrscheinlich 1978.

Heinrich Kieber und Fürstin Gina von Liechtenstein vor dem Eingang zum Kinderheim Gamander, zirka 1979.

Heinrich Kieber am Steuer des in Deutschland gestohlenen Nissan Navara King Cab – unterwegs nach Australien; Herbst 1991.

Heinrich Kieber posiert vor dem gestohlenen Wohnmobil. Zu erkennen das von ihm gefälschte liechtensteinische Kennzeichen; Herbst 1991, vermutlich im Iran.

Heinrich Kieber im Wohnzimmer seiner Landlady Margaret Thompson in Sydney. Ihr blieb er 700 Dollar schuldig, als er auszog; zirka Ende 1993.

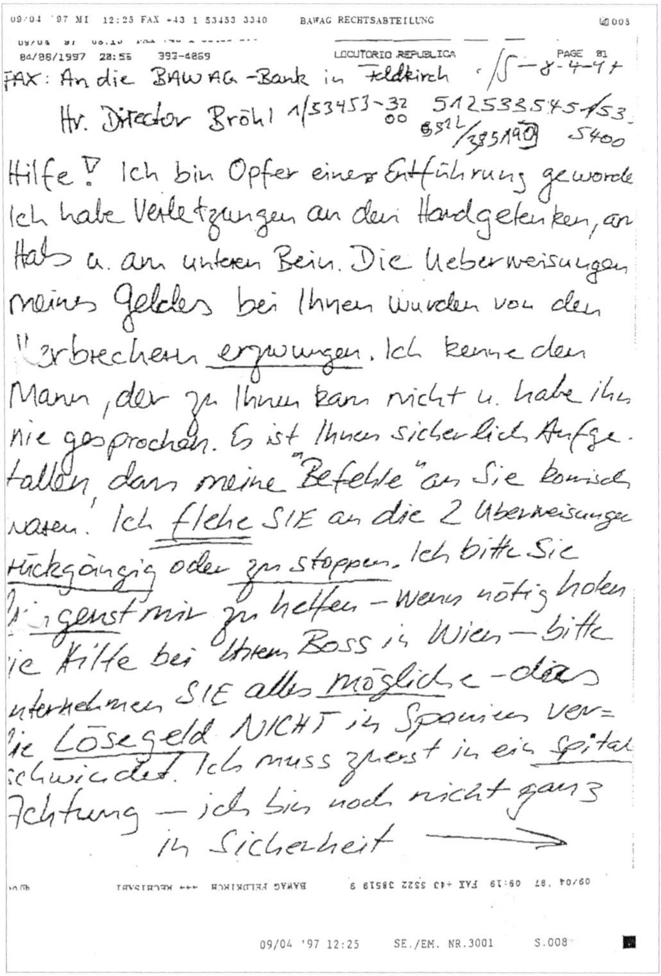
09/04 '97 MI 12:25 FAX +43 1 53453 3340 BAWAG RECHTSABTEILUNG 008

04/06/1997 20:55 393-4869 LOCUTORIO REPUBLICA PAGE 01

FAX: An die BAWAG-Bank in Feldkirch /5-8-4-97

Hr. Director Bröhl 1/53453-32 00 512533545/53 /385190 5400

Hilfe! Ich bin Opfer einer Entführung geworden
Ich habe Verletzungen an den Handgelenken, am
Hals u. am unteren Bein. Die Ueberweisungen
meines Geldes bei Ihnen wurden von den
Verbrechern erzwungen. Ich kenne den
Mann, der zu Ihnen kam nicht u. habe ihn
nie gesprochen. Es ist Ihnen sicherlich Aufge-
fallen, dass meine "Befehle" an Sie komisch
waren. Ich flehe SIE an die 2 Überweisungen
rückgängig oder zu stoppen. Ich bitte Sie
dringenst mir zu helfen – wenn nötig holen
Sie Hilfe bei Ihrem Boss in Wien – bitte
unternehmen SIE alles mögliche – dass
die Lösegeld NICHT in Spanien ver=
schwindet. Ich muss zuerst in ein Spital
Achtung – ich bin noch nicht ganz
in Sicherheit →

09/04 '97 09:19 FAX +43 5522 38519 BAWAG FELDKIRCH +++ RECHTSABT

09/04 '97 12:25 SE./EM. NR.3001 S.008

Mit diesem Fax, gesendet am 9. April 1997 aus Buenos Aires, kann Heinrich Kieber die Auszahlung seines ergaunerten Vermögens verhindern – er löst damit jedoch umfangreiche Ermittlungen in Liechtenstein und anderen Ländern aus.

Remote UA for Windows X.400 Message Printed By : Interpol Vaduz @ 13 Apr 1997 11:08

Date:	13 Apr 1997 11:08
Subject:	119. 97-04-158. Kieber
Message From:	Interpol Vaduz

Other Details

Priority:	Normal
Importance:	Low
Sensitivity:	Not Sensitive
Reply In:	0 hours
Expires In:	0 hours

Enclosure - 31167dc7.001. 1018 bytes

Vaduz. 119. 13.04.1997

normal

Interpol Canberra Wellington

Our ref.: 97-04-158

Your ref.: New case

Concerns request for background information regarding the Liechtenstein citizen Kieber, Heinrich, born on 30.03.1965 in Eschen / Principality of Liechtenstein, son of [redacted], holder of the Liechtenstein passport C-0018586 issued on 24.04.1991 in Vaduz, probably resident in Australia or New Zealand.

The Liechtenstein Police is investigating against unknown offenders in connection with an extortion to the detriment of the above namend Kieber. It is believed, that this extortion is related to criminal acts committed by Kieber.

Please send us all relevant information regarding Kieber Heinrich, especially whether he is residing in your country, his profession and whether he is known in your criminal files.

For Interpol Wellington
We refer also to your file IP/KH/95/0250 of 29.02.1996 and our file 96-02-509 regarding Kieber.

Regards

Anfrage von Interpol Liechtenstein an die Dienststellen in Australien und Neuseeland. Die Polizei in Liechtenstein vermutet bereits wenige Tage nach der Entführung Heinrich Kiebers, dass er selbst in kriminelle Handlungen verstrickt ist. Einzelne Passagen wurden vom Verlag aus persönlichkeitsrechtlichen Gründen unkenntlich gemacht.

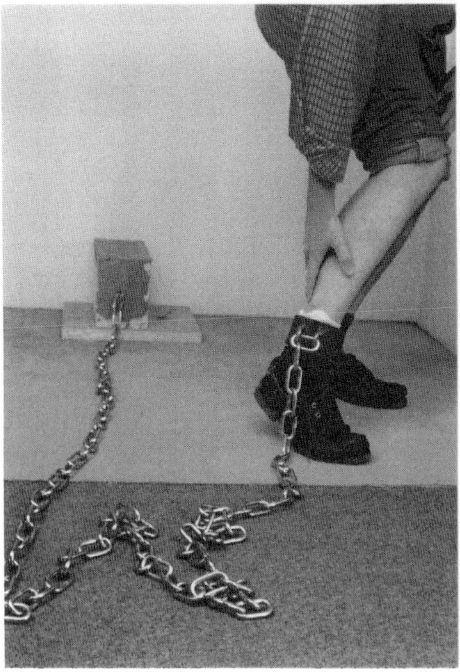

Nachdem mir eine solche Eisenkette ans rechte Bein angeschweisst wurde,musste ich Furchtbarstes durchstehen, bis ich erst nach 7 Tagen mittels einer Saege davon befreit wurde - um in ein neues Gefangenenzimmer verlegt zu werden.

.der Ziegelstein gilt symbolisch fuer die Mauer..

Heinrich Kieber stellt nach seiner Gefangenschaft in Argentinien im Laufe des Jahres 1997 verschiedene Szenen nach, hält sie auf Fotos fest, kommentiert sie und legt sie dem Gericht in Liechtenstein vor.

10 Vr 101/97
35

Heinrich Kieber
LBZ St. Martin
9492 Eschen
Tel 079/411 56 56
075/ 373 43 33

Herrn Dr. Paul Meier
Untersuchungsrichter und
Frau Dr. Alma Willi
Staatsanwaeltin
9490 VADUZ

Eschen,01. September 1997

Bildliche Darstellung von 3 "Schluesselsituationen" waehrend meiner Gefangenschaft

Sehr geehrter Herr Dr. Meier, sehr geehrte Frau Dr. Willi ,

Ab und zu lese ich abends die Niederschrift meiner Tonbandaussage von der FL-Polizei und die vielen Briefe, die ich in den vergangenen 5 Monate in Bezug auf meinen Fall geschrieben habe.
Es ist mir klar geworden und ich musste auch lernen, dass es fuer die Unbeteiligten (Sie) nicht einfach ist oder auch teilweise ganz unmoeglich ist, sich in *die* koerperliche oder emotionale Lage zu versetzten, in der *ich* mich waehrend der Gefangenschaft befunden habe. Sie koennen ja nicht meine vielfaeltigen Aussagen (total bald 100 Seiten) staendig wieder und wieder durchlesen.
Es ist mir irgendwie ein grosses Anliegen, die "Schluesselsituationen" , die zu meinem **emotional als auch technisch brutalen Selbstmordversuch** fuehrten, fuer Sie alle einfacher verstaendlich und nachvollziehbar zu machen, ohne dass Sie in einem Berg voller Akten nachlesen muessen.
Ich kam vor ca. 4 Wochen auf die Idee, gewisse Situationen gezeichnet auf Papier zu bringen. Da ich schlecht zeichne, nahm ich mit einer mir bekannten guten Zeichnerin (Frau Sabine Bockmuehl, Balzers) Kontakt auf . Ihr Werk habe ich heute erhalten.
Es ist fast unglaublich, wie sie nach meinen detailierten Angaben in 3 Bildern eine *Genauigkeit der Ereignisse* zeichnen konnte - als waere sie in meinem "Kerker" mit einer Kamara dabeigewesen. Einige kleine Details in den Zeichnungen koennte man noch im Raum "verschieben" oder dazufuegen ; aber die Aussagenkraft ist zu 100 %.
Ich habe auf der Rueckseite der Bilder in der Folie jeweils einen kurzen Kommentar zum Bild geschrieben - mit Querverweis zu der Niederschrift meiner Tonbandaussage bei der FL-Polizei.
Ich bitte Sie sehr, diese 3 Bilder mit in Ihre **A K T E** einzufuegen. Ich danke Ihnen vielmals.

Mit freundlichen Gruessen

Heinrich Kieber

Heinrich Kieber belässt es nicht bei nachgestellten Fotos als »Beweise«. Er beauftragt im Sommer 1997 auch eine Grafikerin damit, Szenen der Gefangenschaft im argentinischen Verlies nachzustellen.

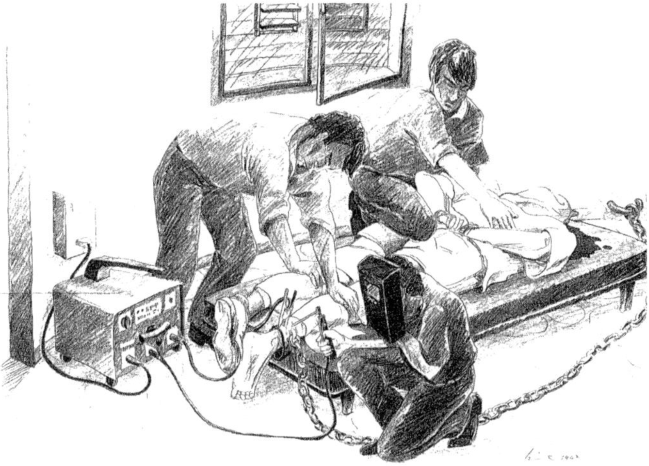

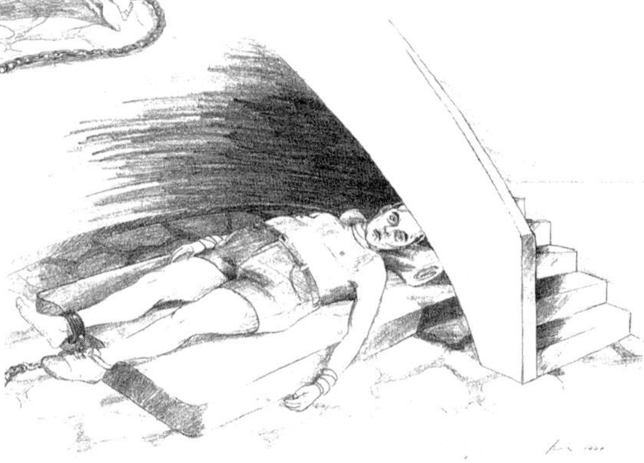

© autoren.tv

Auf der Expo 2000 in Hannover ist Liechtenstein mit einem eigenen Pavillon präsent. Die Innenwände des Pavillons sind mit 300 überlebensgroßen Porträts von Liechtensteinern ausgekleidet, was einem knappen Prozent der Bevölkerung des Fürstentums entspricht – darunter Fürst Hans-Adam II. und Heinrich Kieber.

-----Mensaje original-----
De: duwirstbitterbuessen@bluemail.ch [SMTP:duwirstbitterbuessen@bluemail.ch]
Enviado el: miércoles, 20 de septiembre de 2000 8:44
Para: helmut@[redacted]
Asunto: este mail es por [redacted] solamente
Importancia: Alta

he du arschloch - na, obwohl du dir nichts hast anmerken lassen , habe
ich sofort bemerkt, wie du innerlich erschrocken bist , als die 2
polizisten in den gerichtsaal kammen . diesemal bist du davon gekommen
- ich bereue es zutiefst, dass ich mich beherscht habe !! ich hätte dir
die eier abschneiden sollen und deine frau damit ersticken sollen.
na, hast mir nicht getraut in die augen zu schauen.... du verflixter
mörder, du abschaum dieser erde...
aber ich mache mir keine sorgen, ich kriege dich eines tages...
und dass wir ein fest fuer mich.
es freut mich übringes, dass du dich so gut bei gesundheit hälst -
bitte bleib noch so lange in guter gesundheit , bis ich dich der
grausamsten vergeltung, die es gibt, zuführen kann..

ach ja, euer versuch, mir einzureden: "es war nur alles meine
einbildung" - ihr hättet euch selber sehen sollen - wie zwei schlecht
bezahlte schauspieler..

[redacted] - nie und immer erkommt ihr meiner rache.

--
E-mail for everyone! http://www.bluemail.ch/ powered by BlueWin

Nach einer Begegnung mit dem betrogenen Helmut R. vor Gericht in Liechtenstein verschickt Kieber im September 2000 diese E-Mail. Einzelne Passagen wurden vom Verlag aus persönlichkeitsrechtlichen Gründen unkenntlich gemacht.

Heinrich Kieber führt im März 2001 als Ass verkleidet durch eine Abendveranstaltung des Turnvereins Balzers – am Ende stellt sich heraus, dass das Ass geschummelt hat und nur eine *billige 6* ist.

FÜRSTENTUM LIECHTENSTEIN
FÜRSTLICHES
OBERGERICHT

Aktenzeichen bitte immer anführen
10 Vr 140/97
12 UR.2003.8
01 KG.2003.17
01 KG.2003.20
ON 79

URTEIL

Im Namen von Fürst und Volk

Das Fürstliche Obergericht in 9490 Vaduz hat durch seinen Vizepräsidenten lic. iur. et oec. HSG Rudolf Fehr als Vorsitzenden des 2. Senates sowie die Oberrichter Dr. Vinzent Augustin, Gabi Büchel-Meier, Caroline Egger-Batliner und Magdalena Frommelt als weitere Mitglieder des Senates in der

Strafsache

gegen Heinrich Kieber, geboren am 30.03.1965 in Mauren, liechtensteinischer Staatsangehöriger, dzt. arbeitslos, wohnhaft in 9490 Vaduz, Buchenweg 1,

wegen der Verbrechen des schweren Betruges nach den §§ 146, 147 Abs. 2 StGB, der Gewalt und gefährlichen Drohung gegen den Landesfürsten nach § 249 StGB, der versuchten schweren Nötigung nach den §§ 15, 105 Abs 1, 106 Abs 1 Zahl 1 StGB, der Auskundschaftung eines Geschäfts- oder Betriebsgeheimnisses zu Gunsten des Auslandes nach § 124 Abs 1 StGB sowie der Vergehen der Datenbeschädigung nach § 126a Abs. 1 StGB und der Urkundenunterdrückung nach § 229 Abs 1 StGB

infolge Berufung des Angeklagten Heinrich Kieber gegen das Urteil des Fürstlichen Land- als Kriminalgerichtes vom 21.10.2003 (ON 70) nach der

AEULESTRASSE 70 9490 VADUZ TELEFON 00423 236 61 11 TELEFAX 00423 236 65 39

Auszug aus dem von den liechtensteinischen Behörden unter Verschluss gehaltenen Urteil des Obergerichts in Liechtenstein von 2004. Es reduziert die gegen Heinrich Kieber ausgesprochene vierjährige Haftstrafe der Vorinstanz wegen schweren Betrugs und gefährlicher Drohung gegen das Staatsoberhaupt dramatisch – übrig bleiben nur noch zwölf Monate auf Bewährung. Auf den Folgeseiten die Begründung.

genden Milderungsgründe vollständig aufgezählt und bei der Strafbemessung berücksichtigt hat.

Nach § 32 StGB ist die Schuld des Täters Grundlage für die Bemessung der Strafe. Bei Bemessung der Strafe hat das Gericht die Erschwerungs- und Milderungsgründe, soweit sie nicht schon die Strafdrohung bestimmen, gegeneinander abzuwägen. Dabei ist vor allem zu berücksichtigen, inwieweit die Tat auf eine gegenüber rechtlich geschützten Werten ablehnende oder gleichgültige Einstellung des Täters und inwieweit sie auf äussere Umstände oder Beweggründe zurückzuführen ist, durch die sie auch einem mit den rechtlich geschützten Werten verbundenen Menschen naheliegen könnte. Im Allgemeinen ist die Strafe umso strenger zu bemessen, je grösser die Schädigung oder Gefährdung ist, die der Täter verschuldet hat oder die er zwar nicht herbeigeführt, aber auf die sich sein Verschulden erstreckt hat, je mehr Pflichten er durch seine Handlung verletzt, je reiflicher er seine Tat überlegt, je sorgfältiger er sie vorbereitet oder je rücksichtsloser er sie ausgeführt hat und je weniger Vorsicht gegen die Tat hat gebraucht werden können.

Welche Strafe auszufällen ist, ist vorliegend nicht auf der Grundlage der vom Erstgericht getroffenen Entscheidung, sondern allein auf der neuen Grundlage der Berufungsentscheidung zu beurteilen, mit welcher der Berufung des Angeklagten teilweise Folge gegeben wurde. Hiebei ist weiterhin als erschwerend von einem Zusammentreffen mehrerer strafbaren Handlungen auszugehen, freilich mit dem Unterschied, dass der Angeklagte nurmehr ein Verbrechen, nämlich dasjenige des schweren Betruges nach den §§ 146, 147 Abs. 2 StGB zu verantworten hat. Daneben fallen dem Angeklagten nur noch die beiden Vergehen der versuchten Nötigung nach §§ 15, 105 Abs. 1 StGB und der Urkundenunterdrückung nach § 229 Abs. 1 StGB zur Last, nicht mehr das Vergehen des Diebstahles nach § 127 StGB, sodass das Verbrechen des schweren Betruges lediglich mit zwei Vergehenstatbeständen (und nicht wie bisher mit dem Verbrechen der Gewalt und der gefährlichen Drohung gegen den Landesfürsten nach § 249 StGB und drei Vergehenstatbeständen) konkurriert.

Diesem besonderen Erschwerungsgrund steht aber - wie vom Angeklagten geltend gemacht - eine Mehrzahl von besonderen, durchaus gewichtigen Strafmilderungsgründen gegenüber, die im Hinblick auf die günstige Zukunftsprognose nicht nur die Anwendung der ausserordentlichen Strafmilderung nach § 41 StGB nahe legen, sondern auch geradezu die Gewährung der bedingten Strafnachsicht nach § 43 StGB indizieren. Hiebei haben generalpräventive Aspekte aufgrund der allgemeinen Prävalation der Spezialprävention vorliegend zurückzutreten.

So ist besonders mildernd zu berücksichtigen, dass der Angeklagte sich selbst dem Gericht gestellt hat, obwohl es ihm möglich gewesen wäre, auch weiterhin unentdeckt zu bleiben (§ 34 Ziff. 16 StGB); dass er ein reumütiges Geständnis abgelegt und auch seine Aussage wesentlich zur Wahrheitsfindung beigetragen hat (§ 34 Ziff. 17 StGB); ferner, dass er bis zum Jahre 1996 einen ordentlichen Lebenswandel geführt hat und der Betrug mit seinem bisherigen Verhalten in auffallendem Widerspruch steht (§ 34 Zl. 2 StGB); dass die Betrugshandlung schon vor längerer Zeit begangen wurde und der durch die Handlung verursachte Schaden zwischenzeitlich zur Gänze wieder gut gemacht wurde; ferner, dass es im Januar 2003 bei dem Brief an den Landesfürsten beim Versuch geblieben ist (§ 34 Ziff. 13 StGB) und insbesondere, dass sich der Angeklagte nicht nur durch die vollständige und unversehrte Rückgabe der entwendeten Daten/Dokumente der Zufügung eines grösseren Schadens freiwillig enthalten und sich nachhaltig bemüht hat, weitere nachteilige Folgen dieses Schreibens zu verhindern (§ 34 Ziff. 14 und 15 StGB), sondern auch sein Fachwissen dem Genötigten dadurch zur Verfügung gestellt hat, dass er der LGT Bank in Liechtenstein AG bzw. dem Landesfürsten entscheidende und wichtige Hinweise gegeben hat, die sicherstellen, dass ein Fall der Datenbeschaffung, wie er vorgenommen wurde, künftig weitgehend hintangehalten werden kann.

Mit dieser geradezu beispiellosen Form der Reue und Wiedergutmachung hat der Angeklagte sich nicht nur eindrücklich von seinen ursprünglichen kriminellen Tendenzen distanziert, sondern auch klar zum Ausdruck gebracht, dass zwischenzeitlich seine Person „geläutert" wurde und er entscheidend zur Befriedung des Genötigten beigetragen hat. Dies kommt klar im Schreiben des Landesfürsten an den Angeklagten vom 21.11.2003 zum Ausdruck, ebenso in dem Schreiben des Kriminalpsychologen Mag. Dr. Thomas Müller vom 24.11.2003, das ebenfalls mit der Berufungsausführung vorgelegt und in der Berufungsverhandlung wörtlich verlesen wurde, wobei dort davon gesprochen wird, dass die vom Angeklagten gegebenen Informationen einen unschätzbaren Wert für die weitere Bearbeitung und mit Sicherheit auch der möglichen Prävention von Workplace Violence Fällen darstellen.

Unter Berücksichtigung dieser, den einzigen Erschwerungsgrund auch dem Gewichte nach beträchtlich überwiegenden Milderungsgründen sieht sich das Fürstliche Obergericht veranlasst, dem Angeklagten die ausserordentliche Strafmilderung nach § 41 StGB zu gewähren und die über den Angeklagten verhängte Freiheitsstrafe unter Bedachtnahme auf die zwei noch verbliebenen Vergehenstatbestände erheblich, und zwar auf eine Freiheitsstrafe von 1 Jahr herabzusetzen und gleichzeitig - da aufgrund der vom Kriminalpsychologen Mag. Dr. Thomas Müller aufgezeigten „Lösungsansätze" der Angeklagte nicht nur das Unrecht seiner Tat anerkannt, sondern alles unternommen hat, um deren nachteilige Folgen über den gegenständlichen Fall hinaus hintanzuhalten - nach § 43 StGB den Vollzug der Freiheitsstrafe unter Bestimmung einer Probezeit von 3 Jahren aufgrund der durchaus günstigen Zukunftsprognose aufzuschieben.

Aus all diesen Gründen war spruchgemäss zu entscheiden.

11. Der Kostenspruch stützt sich auf § 307 StPO. Da der Angeklagte mit seiner Berufung nicht gänzlich erfolglos geblieben ist, hat ihm das Land Liechtenstein die Kosten des Berufungsverfahrens zu ersetzen. Die Verteidigungskosten sind vom Erstgericht über Verlangen des Angeklagten mit gesondertem Beschluss zu bestimmen.

Fürstliches Obergericht, 2. Senat
Vaduz, 7. Januar 2004

Der Vorsitzende: Die Schriftführerin:

FÜRSTLICHES OBERGERICHT

Rechtsmittelbelehrung

Gegen dieses Urteil steht der Staatsanwaltschaft die Revision binnen 14 Tagen ab Zustellung an den Fürstlichen Obersten Gerichtshof offen.

Am 30. März 2005 wird Heinrich Kieber vierzig Jahre alt. Er lädt aus diesem Anlass ein knappes Dutzend Freunde zu einem Abendessen ein.

AUSCRIPT
FASTER, BETTER EVIDENCE DELIVERY SINCE 1921

ATO RECORD

OF INTERVIEW

ABN 72 110 028 825
Tel: [02] 62301225
Fax: [02] 62576099

TAPED RECORD OF INTERVIEW BETWEEN MR MICHAEL O'NEILL AND MR HEINRICH KIEBER

PERSONS PRESENT: MR MICHAEL O'NEILL
MR HEINRICH KIEBER
[redacted]
MR MICHAEL MONAGHAN
MS JAN FARRELL
[redacted]

DATE: MONDAY, 23 October 2006

TIME COMMENCED: ^^

MR O'NEILL:

Q1 Okay, Henri, I'm going to turn the tape recorder on. And if I could just ask you to identify yourself please by telling us your full name?
A1 My name is Heinrich Kieber, K-i-e-b-e-r.

Q2 And your date of birth please?
A2 30 March 1965.

Q3 And what would you say is your occupation? Relevant for this purpose. You've previously worked in a bank?
A3 You mean now or before?

Q4 Your previous occupation when you worked in a bank?
A4 When I worked at the LGT Group I was responsible for the electronic data ..... and actually my job was to implement it, the new electronic data. They didn't have one before.

Okay, thank you. My name is Michael O'Neill, I work in the Tax Office in Sydney in Australia. For the purposes of this interview, it's being conducted [redacted] I'm going to ask the other participants in the room to identify themselves just by name and their respective organisation.

IN-CONFIDENCE
Transcribed but not recorded by Auscript Australasia Pty Ltd

246

Am Montag, dem 23. Oktober 2006 trifft sich Heinrich Kieber an einem geheimen Ort mit Steuerfahndern des Australian Taxation Office (ATO). Abgesichert wird das Treffen von BND-Agenten. Ebenfalls anwesend sind drei nicht identifizierte Personen einer weiteren Staatsmacht – aller Wahrscheinlichkeit nach Vertreter einer US-Behörde. Die Interviews mit dem ATO dauern drei volle Tage.

ROI BETWEEN / ... CONTINUED ... PAGE 2

[redacted]

[redacted]

MR MONAGHAN:

Michael Monaghan, Australian Taxation Office, Canberra.

MS FARRELL:

Jan Farrell, Australian Taxation Office [redacted]

[redacted]

[redacted]

[redacted]

[redacted]

MR O'NEILL:

Q5 Henri, could I clarify with you that before we started taping we discussed the process from here. Could I clarify with you that you've come to the Tax Office voluntarily?
A5 Yes, I've come voluntarily to the Tax Office.

Q6 Could I clarify with you about whether you were offered any threat or promise or inducement in relation to this statement today?
A6 No, I have not been offered any promises or other things similar.

Q7 Or any threats?
A7 No, no threats.

Q8 Thank you. Henri, can you confirm that you're comfortable with us taping this today?
A8 I'm very comfortable - - -

Q9 Thank you.
A9 - - - taping this.

Q10 And also that we've – you've just provided us with a document. It's entitled, "Australia: Mr Heinrich Kieber". It's also entitled, "Strictly Confidential". It's addressed to Jan Farrell, Michael Monaghan and myself. It comprises a first covering page, [redacted] chapter C which refers to LGT Group and list of reference, and together with chapter C are two documents which provide some background information in relation to LGT Group, your former employer in Liechtenstein?
A10 Correct.

IN-CONFIDENCE
Transcribed but not recorded by Auscript Australasia Pty Ltd

247

Die Dokumente waren vom ATO geschwärzt worden, bevor sie einem australischen Gericht als Beweis in einem Verfahren eines mutmaßlichen LGT-Steuersünders vorgelegt wurden.

Q11 And in relation to your chapter D is a document of one page [redacted]

A11 That's correct, yes.

Q12 Thank you very much. Henri, in your own words could you describe to us your experience in Liechtenstein working for LGT Group?

A12 Yes, okay.

Q13 And at this stage we don't need to talk – we've done the formalities, we can just talk of - - -

A13 Yes, how many minutes can I .....

Q14 One hundred hours.

A14 That's ..... Well, I can talk. Well, as you – in addition to that what you have been able to read today on the letter, which is a very short version of my past life more or less, I can say that being, of course, myself a citizen of Liechtenstein and growing up there and you have more or less open brain for financial matters, most people know that of course we are that rich because we provide services, special services, for many many years, let us say decades, for people from all over the world who basically want to avoid tax, and depending on the trust company the bank also provides services for that kind of people to commit – to help committing all the crimes in their home countries.

I must say, ... financial background, but not – I didn't start at banks, I started at the ..... and I was ..... management responsible for Austria and eastern – for eastern Europe, sorry, including Austria and Russia, and Swissair, national Swissair airline ..... 1981. And so – and destiny, I call it that, destiny brought me to a job at the LGT Trust Department in Liechtenstein, as I described in letters through the – at that time the Chief Secretary which was my neighbour in the ..... apartment block I was living and she ..... it's time to do work again, and since I'm capable of speaking some languages, we're looking for – looking for persons, lots of persons actually, about 20, external, to implement a new system which is called EL-ARK (?) is the abbreviation of Electronic ..... in German, and the system LGT Trust bought is I think sold by Xerox and it's called Docuware (?).

Docuware it's my belief it's actually a German invention, a German company, German invention. And the goal of this project was – the goal for the LGT Trust is since they were increasingly having clients on the ...... they decided to make it easier for the trust officers and secretary to scan all documents, to scan all documents related with the clients into the system, index them – is that a word? Index them?

Q15 Yes.

A15 And so – and at the same time the parliament of Liechtenstein has passed the law that electronically ..... documents have the same value and in front of a court case of any dispute like real paper documents, I think it's similar in America and probably in Australia. And no – except for one big trust company called ..... in ..... which was the source of a big scandal in the late

[redacted]

Q376 How did you gather the material? Does - now, I don't know if you're comfortable with that. There's obviously a bit of sensitivity. How did you obtain the material you've given us?
A376 Yeah. Well, I obtained it - I don't say - I wouldn't say that .....

Q377 Yes.
A377 I mean, I'm not going to - see, well, I took it from a - a copy of the - I took a copy of the master ..... I was - I was able to.

Q378 Right. Okay.
A378 I was in between the - I was in between the - I was - actually my desk was at - in the department of the IT.

Q379 Right.
A379 Even I didn't - I was not an IT employee, I was ...... or anything, you know. And there are two things - one is the reason why I took it, and the other thing is how I took it, you know.

Q380 Yes.
A380 And actually, I was thinking about it, not seriously - it was not planned. As I said yesterday, it was actually a one-off occasion, because the system is very tough. But I've seen the leaks in the - I've seen the - the flaws in the - - -

Q381 The gaps.
A381 The gaps in the system. And when I took it, they didn't notice. See, I told them.

Q382 Okay.
A382 That's - that's another thing - that's until I - until I told them in - after I left. They - they didn't notice what - what a disaster .....

Q383 So, perhaps we can just talk about that case generally.
A383 Yes.

Q384 That you were working there.
A384 Yes, yes.

Q385 You were connected to the IT department ....
A385 Exactly, yes.

Q386 How do they work? Can you walk us through that process of when the client comes in, what happens .....
A386 Yes, in talking - exactly, yes. Well, you will make those questions. You make a simple questions and I - and if I get lost, you just say stop, otherwise we're here another two months.

Q387 All right.
A387 Because, you know, my brain works a little different.

Q388 Yes.
A388 It's good sometimes, but, you know - and because ..... those include a profile, remember. We'll have to talk about that one. And the profile .....

INTERVIEW SUSPENDED

INTERVIEW RESUMED

MR O'NEILL:

Q389 Resuming after lunch on Wednesday 25/10.
A389 [redacted]

8

My motives are <u>not only</u> based on the fact that Tax Evasion has a enormous negative impact on the country concerned tax system (i.e. your Country); it also can be found in my personal history and my personal dislike of all illegal financial tools provided by my country.

[redacted]

On every occasion I ask them if they could also make an introduction / contact to the appropriate **Australian Authority**.

[redacted]

In October 2006 a successful and very enjoyable week with several meetings with
Mr. Michael Monaghan, Deputy Commissioner Serious Non Compliance,
Mr. Michael o'Niell, Assistant Commissioner of Taxation, Serious Non Compliance and
Mrs. Jan FARRELL, Senior Assistant Commissioner – International [redacted]

The ATO is planning a workshop in early 2007 with several different other countries.

****

[redacted]

Thank you very much for your time, effort and consideration.

Yours sincerely

H.K.

Sydney, December 2006

[redacted]

218

Im Dezember 2006 richtet Heinrich Kieber ein Schreiben an eine australische Behörde, aller Wahrscheinlichkeit nach das Department of Immigration. Das Dokument war vom ATO geschwärzt worden, bevor es einem australischen Gericht als Beweis in einem Verfahren eines mutmaßlichen LGT-Steuersünders vorgelegt wurde.

Mandantenliste alphabetisch [redacted] Seite: 14

KB	SB	Mnr	Mandant	ST	MT	GF	PFL	AU	Kund.Bes.	Vermög.St.	AB	LGT CHF	Fibu
DMR	RKI	61447	LGT Trust Management Limited DENIS STRAUSS TRUST	AKT	TM	TREU	NPF	PA		31.12.2001	N	-0-	
DMR	RKI	50377	LGT Trust Management Limited THE DENOON DUNCAN	AKT	TM	TREU	NPF	PA			J	5'820	00337
SPR	PTR	67033	Dens Stiftung	AKT	TH	STOM	NPF	PA	16.03.2000	31.12.2001	J	2'601'926	
SAM	CVO	68382	Dern Stiftung	AKT	TH	STOM	NPF	PA	27.02.2002	31.12.2001	J	751'279	
LA	LA	59705	Derona Stiftung	AKT	TH	STFG	NPF	PA	22.01.2002	31.12.2001	J	2'025'394	
TLU	ELZ	72339	Desanssouds Stiftung	AKT	TH	STOM	NPF	PA		31.12.2001	J	1'957'937	
SAM	SBI	71834	DESERT BREEZES INC.	AKT	TH	PAN	AUS	PA	28.09.2001	31.12.2001	J	400'072	
SSP	DGC	64256	Destiny Assets Corp.	AKT	TH	BVI	AUS	PA	19.12.1997		N	-0-	
ANA	CRH	67814	Detela Foundation	AKT	TH	STFG	NPF	PA		31.12.2001	J	1'298'980	
TLU	ELZ	50709	Deuma Etablissement	AKT	TH	ANST	DEK	AU		31.12.1999	N	-0-	
RPO	BKU	61391	Fondation des Deux Ema	AKT	TH	STFG	NPF	AU			N	-0-	
DMR	PRT	53134	LGT Trust Management Limtied DEVIANT TRUST	AKT	TM	TREU	NPF	PA	27.11.1998	31.12.2001	J	235'262	
BRM	SSN	50713	Devotion Family Foundation	AKT	TH	STFG	NPF	PA	10.01.2001	31.12.2001	J	13'990'803	
HJG	NST	72334	Dezemberwald Stiftung	AKT	TH	STOM	NPF	PA	04.09.2001	31.12.2001	J	1'238'030	
RPO	BKU	61606	Diablue Foundation	AKT	TH	STFG	NPF	AU			N	-0-	
RMO	NST	50716	Diamdel Holdings Anstalt	AKT	TH	ANST	DEK	PA	20.12.2000		J	196	00484
BEF	BRS	72419	Diami Investments B.V.	AKT	TH	SPEZ	AUS	PA			N	-0-	
TLU	LA	55432	Diamos Stiftung	AKT	TH	STFG	NPF	PA	07.03.2001	31.12.2001	J	3'137'132	
RPO	BKU	52748	Dianese Stiftung	AKT	TH	STFG	NPF	AU			N	-0-	
SAM	SBI	50719	D.I.D. Design and Ideas Establishment (in Liquidation)	LIQ	TH	ANST	BIL	PA	01.06.2001		J	254'023	00563
HJG	BGI	71594	Dingle Services Ltd. Corp.	AKT	TH	PAN	AUS	PA			J	537	
SSP	DGC	59342	Dipseram Investments SA	AKT	TH	SPBU	NPF				J	-0-	
SAM	SBI	59516	Disibodenberg Stiftung	AKT	TH	STOM	NPF	PA	08.02.2001	31.12.1999	J	2'394'635	01072
GRM	EJU	55846	Domani Stiftung	AKT	TH	STFG	NPF	PA	16.01.1989	31.12.1996	J	17'143	
SSP	DGC	50730	Domiciliary and Representative Establishment	LIA	TH	ANST	DEK	AU	15.12.1998	31.12.1998	J	5'897	
TLU	AND	50732	Domosol Etablishment	AKT	TH	ANST	DEK	PA	09.11.1998	31.12.2000	J	-737'980	
THO	MGN	68068	Donald Assets Corp. Road Town	AKT	TH	BVI	ALS	PA	07.11.2001	31.12.2001	J	6'800'744	
LA	LA	61163	Donauwellen Stiftung	AKT	TH	STFG	NPF	PA	29.01.2002	31.12.2001	J	2'864'543	
DMR	PRT	55323	LGT Trust Management Limited DONIAN TRUST	AKT	TM	TREU	NPF	PA	11.10.1995	31.12.2001	J	609'550	
TLU	ELZ	55637	Donjo Trust Reg.	AKT	TH	TRST	DEK	AU		31.12.1999	N	-0-	
CMU	CHO	71862	Donnally Enterprises Inc.	AKT	TH	PAN	AUS	PA		31.12.2001	J	350'835	
SSP	DGC	59768	Dorje Foundation	AKT	TH	STFG	NPF	PA	27.02.2002	31.12.2001	J	3'147'232	
RMO	NST	64164	Dornbusch Stiftung	AKT	TH	STFG	NPF	PA	09.08.2000	31.12.1999	I	3'965'132	
SSP	DGC	63761	The Double S Foundation	AKT	TH	STFG	NPF	PA	29.09.2000	31.12.2001	J	3'263'387	
DMR	RKI	61293	Dovol Corporation N.V.	AKT	TM	AG	AUS	PA			N	-0-	01164
KIN	NST	71401	Drachenstein Stiftung	AKT	TH	STOM	NPF	PA	03.08.2000	31.12.2001	J	1'470'865	
RMO	RMO	70260	FONDATION DRADIE	AKT	TH	STOM	NPF	PA	30.06.1999	31.12.1999	J	14'176	
AXB	BKU	50743	Dragofina Investment Trust Reg.	AKT	TH	TRST	NPF	VE			J	64'337	
AXB	BKU	72533	Dragofina Zwei Investment AG	AKT	TH	AG	AG	PA			J	294'825	
ANA	MVG	70407	Dreamcastle Foundation	AKT	TH	STOM	NPF	PA		31.12.2000	J	968'072	

159

Eines der rund 1,3 Millionen Dokumente, die Kieber bei der LGT Treuhand stiehlt: Auszug aus der Mandantenliste des Treuhandunternehmens, darunter auch die Devotion Family Foundation – die Stiftung Klaus Zumwinkels. Kontostand per 31. Dezember 2001: 13,99 Millionen Schweizer Franken.

AFFIDAVIT

On 30 May 2007 I, Heinrich Kleiber, of 100 Market St, Sydney NSW 2000, consultant say on oath –

1. This affidavit made by me accurately sets out the evidence which I would be prepared, if necessary, to give in Court as a witness.

2. This affidavit is true to the best of my knowledge and belief and I make it knowing that if it is tendered in evidence, I shall be liable to prosecution if I have wilfully stated in it anything which I know to be false or do not believe to be true.

3. I am 42 years of age.

4. For the period commencing October 2000 and ending December 2002 I was employed at LGT Treuhand AG (**LGT**) as a Project Manager for the Electronic Archive project which was known as ELARC.

5. While employed at LGT, I obtained electronic copies of paper-based documents. After leaving LGT I copied the electronic copies on to a hard disk drive (**HDD**). That HDD, noontec model number PH02B marked "MAIN BUFilesCopy03", is annexed hereto and marked "A".

6. I certify that the electronic documents contained in the "Australia" folder of annexure "A" are true copies of the originals subject to the provisos in paragraphs 7 and 8.

7. All files marked "X" in the "Australia" folder of annexure "A" are LGT business records marked-up with my handwritten or typed comments.

8. All files in the "Diverses" folder, which itself is contained in the "Australia" folder of annexure "A", were created by me.

9. I certify that the electronic documents contained in the "LGT Group" folder of annexure "A" are true copies of the originals subject to the proviso in paragraph 10.

1

632

Am 30. Mai 2007 übergibt Heinrich Kieber den australischen Steuerbehörden eine Festplatte, auf der sich sämtliche bei der LGT Treuhand vorhandenen Dokumente aller australischen Kunden der Firma befinden.

LGT Treuhand
A Member of Liechtenstein Global Trust

LGT Treuhand
Aktiengesellschaft
Städtle 18-22
FL-9490 Vaduz

Telefon 41-75-235 27 27
Telefax 41-75-235 27 15
Telex 88 92 27 blt

Aktenvermerk

1/1

Thema **Luperla Foundation**

Verfasser(in) / Tel.	pio
Datum	16. März 1997 / pio
Zur Erledigung	pio
Zur Kenntnisnahme	pio

Neugründung Luperla Foundation / Meeting mit F.L. vom 12.3.97 / London

Das Meeting findet im Connaught Hotel, Mayfair, London statt. Anwesend sind F.L., dessen Anwalt Joshua Gelbart sowie unsererseits Peter Widmer, Wilfried Ospelt und pio. Es wird folgendes besprochen:

1. F.L. ist zur Gründung entschlossen. Es ist jedoch besondere Vorsicht anzuwenden, da er den australischen Steuerbehörden nicht abnimmt, dass der Fall mit der Bezahlung der 25M endgültig abgeschlossen ist. Die ganze Dokumentation und Aufbau ist so abzufassen, dass F.L. sowie dessen Anwälte in Australien vor Gericht bedenkenlos aussagen könnten.

2. Die Luperla ist eine Stiftung ohne Mandatsvertrag. Auftraggeber ist J. Gelbart.

3. Die Gründung soll anhand der durch F.L. vorgelegten Dokumente erfolgen, welche entsprechend mit den Anwälten in Australien abgesprochen sind. J. G. und ich machen verschiedene Vorschläge zur Ergänzung der Dokumente. Es sind dies:

   Statuten:
   Ermächtigungsnorm zur Zuwahl eines Protektors
   Arbitrage-Klausel

   Beistatuten:
   Nomination des Protektors sowie Festlegung von dessen Rechten und Pflichten
   Einführung eines Letztbegünstigten
   Einschränkung betreffend allfälliger Gesetzesänderungen in Liechtenstein hinsichtlich der Auskunftspflichten gegenüber Behörden oder Dritten

4. Es wird die Vergabe eines Vermögensverwaltungsauftrages verabredet. J. Gelbart als Auftraggeber unterzeichnet das Belegexemplar.

5. Die Gelder sollen von Crofton via eine extra übernommene BVI-Gesellschaft (Name: Sewell......) überwiesen werden. Der Auftrag an LGT BIL für Crofton muss von Sinitus Treuhand in Zürich erfolgen. Den Auftrag an Sinitus wird J. Gelbart veranlassen (Beilage: Entwurf eines Schreibens an Sinitus/am 12.3.97 an J.G. übergeben).

Permanent Subcommittee on Investigations
EXHIBIT #40

PSI-USMSTR - 008902

Bei der LGT Treuhand wurden Kundengespräche immer detailliert festgehalten, wodurch die Behörden einen einmaligen Einblick in das Funktionieren der Treuhandfirma erhalten. Der US-Senat rekonstruiert damit unter anderem die verschlungenen und verschwiegenen Geldflüsse rund um die Stiftung Luperla, die der Senat einer der reichsten Familien Australiens zurechnet.

LGT Treuhand
A Member of Liechtenstein Global Trust

Aktenvermerk

Weiteres Vorgehen:

1. Gründung der Luperla Foundation veranlassen und Konti bei LGT BIL einrichten.
2. Übernahme der BVI-Gesellschaft veranlassen und Konti bei LGT BIL einrichten.
3. Kontonummern an J. Gelbard mitteilen (per Telefon, keine Schriftstücke)
4. VV-Auftrag an LGT-BIL vergeben
5. Geldtransfer überwachen
6. Instruktion von J. Gelbart betreffend Änderung/Ergänzung Statuten/Beistatuten abwarten

LTV/pio
16.3.97

LGT Treuhand
A Member of Liechtenstein Global Trust

LGT Treuhand
Aktiengesellschaft
Städtle 28
FL-9490 Vaduz
Fürstentum Liechtenstein
MWST-Nr. 50119

Telefon +423 235 27 27
Telefax +423 235 27 15
Internet
www.lgt.com/lgttreuhand
E-Mail lgttrust@lgt.com

Aktenvermerk

Thema	**Luperla Foundation, Vaduz**
Verfasser(in) / Tel.	Dr. Erik Müller
Datum	17. Dezember 2001 / ssn
Zur Erledigung	
Zur Kenntnisnahme	Dr. K. Bächinger, Dr. N. Feuerstein

Im Hinblick auf die endgültige Ausschüttung des gesamten Stiftungsvermögens der Luperla Foundation sind folgende Voraussetzungen gemäss meinem Aktenvermerk vom 16.07.2001 zu erfüllen:

1. Notifikationsschreiben der Company;
2. Rechtsgültiger Nachweis der Corporation darüber, dass sie an der Company beteiligt ist und dass die Company die vor dem Notifikationsschreiben zuletzt erworbene Beteiligung ist;
3. **Geeigneter Nachweis darüber, dass die Company nicht direkt oder indirekt begünstigt ist;**
4. (Formeller) Stiftungsratsbeschluss über die Deutung des Stifterwillens;
5. Stiftungsratsbeschluss über Umfang der Begünstigung und Ausschüttungsmodalitäten;
6. Einverständnis des wirtschaftlichen Stifters, sofern er nicht selbst vollumfänglich in den Genuss des Stiftungsreinvermögens kommt.

Zu 6.: Das diesbezügliche Telefongespräch mit dem wirtschaftlichen Stifter und einem seiner Söhne geführt und /oder Joshua H. Gelbard, wird aufgenommen werden.

Zu 4. und 5.: Interne Dokumente, die noch erstellt werden.

Zu 1., 2. und 3.: Folgende Dokumente wurden am 14.12.2001 zur Prüfung vorgelegt:

Zur Beverly Park Corporation:

- Vollmacht vom 13.12.2001 von Beverly Park Corp. zu Gunsten von Joshua Gelbard im Namen derselben zu handeln, unterschrieben durch den Director Leon C. Janks (**Kopie**); ***Original notwendig***.
- Notarielle Bestätigung vom 13.12.2001 über die Richtigkeit der Vollmacht vom 13.12.2001, wonach Leon C. Janks Director & Officer von Beverly Park Corp. ist (**Kopie**); ***Original notwendig***.
- Passkopie Joshua Gelbard: Kopie ab Original bestätigt durch Dr. K. Bächinger;
- Certificate of Qualification vom 04.02.1997 betreffend Beverly Park Corp., unterschrieben vom Secretary of State of California (**Kopie**);

Permanent Subcommittee on Investigations
EXHIBIT #48

PSI-USMSTR - 008878

- Bestätigung des Secretary of State (datiert vom 04.01.1997) über die Echtheit des Certificate of Incorporation betreffend Beverly Park Corp., die am 03.01.1997 ausgestellt wurde **(Kopie)**;
- To whom it may concern, ausgestellt von Joshua Gelbard am 13.12.2001, wonach er bestätigt, dass sich die Beverly Park Corp. nach dem 24.07.2001 an keiner Gesellschaft beteiligt hat (Original; handschriftlich);
- Certificate of Good Standing des Secretary of State vom 17.12.2001 zur Beverly Park Corp. (Kopie); ***Original notwendig***.
- Opinion der Kanzlei Debevoise & Plimpton, New York, wonach Beverly Park Corp. "duly formed, validly existing and in good standing under the law of the states of Delaware" ist (Kopie); ***Original notwendig***.

Zur Lonas Ltd., B.V.I.:

- Aktienzertifikat der Lonas Limited, B.V.I. (incorporated on 24.07.2001) (über eine Aktie à USD 1,--, Aktienzertifikat Nr. 1) vom 06.08.2001: Kopie ab Original bestätigt durch Dr. K. Bächinger;
- Certificate of the Registered Agent of Lonas Ltd., datiert vom 06.08.2001, wonach die Beverly Park Corp. eine Aktie in der Form des Zertifikats Nr. 1, ausgestellt am 06.08.2001, hält (Original);
- Deed of Appointment von Lonas Ltd. vom 24.07.2001 und unterschrieben vom Registered Agent, wonach Joshua H. Gelbard zum first sole Director der Lonas bestellt wird (Original);
- Memorandum of matters resolved by the company's sole director on the 06.08.2001, unterschrieben von Joshua H. Gelbard **(Kopie)**;
- Certificate of Incorporation vom Gründungstag 24.07.2001 (Original);
- Memorandum and Articles of Association of Lonas Ltd., B.V.I., vom Gründungstag 24.07.2001 (Original).
- Auftrag von Lonas Ltd. (Notifikationsschreiben) vom 13.12.2001, unterschrieben von Joshua H. Gelbard, Sole Director bezüglich der Ausschüttung aller Stiftungsvermögenswerte (Original).

Aufgrund der oben beschriebenen Sachlage sind meines Erachtens folgende Dokumente im Original einzuholen, bevor die Ausschüttung vorgenommen wird:

- Certificate of Good Standing des Secretary of State vom 17.12.2001 zur Beverly Park Corp.;
- Opinion der Kanzlei Debevoise & Plimpton, New York, wonach Beverly Park Corp. "duly formed, validly existing and in good standing under the law of the states of Delaware" ist;
- Vollmacht vom 13.12.2001 von Beverly Park Corp. zu Gunsten von Joshua Gelbard im Namen derselben zu handeln, unterschrieben durch den Director Leon C. Janks;
- Notarielle Bestätigung vom 13.12.2001 über die Richtigkeit der Vollmacht vom 13.12.2001, wonach Leon C. Janks Director & Officer von Beverly Park Corp. ist;
- Geeigneter Nachweis darüber, dass die Company nicht direkt oder indirekt begünstigt ist; eine solche Bestätigung kann durch Joshua Gelbard in seiner Eigenschaft als Director der Lonas unter Verwendung des Firmenstempels ausgestellt werden.

LGT Treuhand

Aktenvermerk

[redacted] = Redacted by the Permanent Subcommittee on Investigations

Telefonat mit David Lowy vom 17.12.2001:

Ich informiere Herrn Lowy über die Notwendigkeit der oben aufgeführten Originaldokumente. Er teilt mir mit, dass er mit Ausnahme des ersterwähnten Certificate of Good Standing alle Dokumente Herrn Dr. Konrad Bächinger übermitteln werde. Die Notwendigkeit des besagten Certificate of Good Standing vom 17.12.2001 relativiert sich meines Erachtens, nachdem sich die zweitgenannte Legal Opinion auf dieses Certificate bezieht und das good standing der Beverly Park Corp. bestätigt.

Ich teile Herrn Lowy ferner mit, dass nach Erhalt der Originaldokumente die Ausschüttung vorgenommen werden könne. Die entsprechenden Beschlüsse werden unsererseits bereits vorbereitet.

Herr David Lowy ist unter der Nummer [redacted] (Israel) erreichbar.

Telefonkonferenz mit Dr. Konrad Bächinger und David Lowy vom 18.12.2001:

Der Nachweis darüber, dass die Lonas Ltd. weder direkt nocht indirekt begünstigt ist, wurde uns per Fax (bestätigt und unterfertigt durch Joshua Gelbard in seiner Eigenschaft als Director) zugestellt und ist in Ordnung.

Zusätzlich zu den oben aufgeführten Dokumenten wird meinerseits ein Telefonat mit der Overseas Management Company (OMC) geführt und ein aktuelles Unterschriftenverzeichnis angefordert, aus dem die Unterschriftsberechtigung von Frau Geidis Dixon, die das Certificate of the Registered Agent und das Deed of Appointment von Joshua Gelbard als Director unterschrieben hat.

Abschliessend und im Hinblick auf die Ausführung des Vergütungsauftrags im Sinne des Notifikationsschreibens vom 13.12.2001 zeigt sich David Lowy damit einverstanden, sämtliche Fremdwährungskonten der Luperla in USD zu konvertieren und auf dem USD-Konto zusammenzuführen. Schliesslich zeigt er sich mit einer Pauschalfaktura der LGT Treuhand AG für alle Bemühungen im Zusammenhang mit der Liquidation, Endausschüttung und Löschung der Luperla Foundation in Höhe von CHF 25.000,-- zuzüglich MWSt einverstanden.

Dr. Erik Müller

XXX

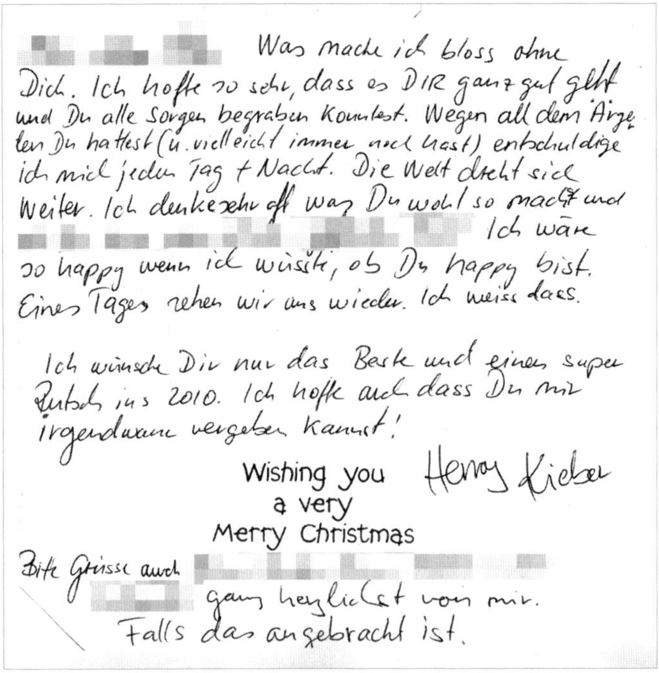
[redacted] Was mache ich bloss ohne
Dich. Ich hoffe so sehr, dass es DIR ganz gut geht
und Du alle Sorgen begraben konntest. Wegen all dem Ärger,
den Du hattest (u. vielleicht immer noch hast) entschuldige
ich mich jeden Tag + Nacht. Die Welt dreht sich
weiter. Ich denke sehr oft was Du wohl so machst und
[redacted] Ich wäre
so happy wenn ich wüsste, ob Du happy bist.
Eines Tages sehen wir uns wieder. Ich weiss dass.

Ich wünsche Dir nur das Beste und einen super
Rutsch ins 2010. Ich hoffe auch dass Du mir
irgendwann vergeben kannst!

Wishing you
a very
Merry Christmas

Henry Kieber

Bitte Grüsse auch [redacted]
ganz herzlichst von mir.
Falls das angebracht ist.

Im Januar 2010 verschickt Heinrich Kieber verspätete Weihnachtsgrüße an Bekannte und Verwandte. Alle Karten tragen den Poststempel von Washington D.C. Einzelne Passagen wurden vom Verlag aus persönlichkeitsrechtlichen Gründen unkenntlich gemacht.

[redacted]

Wie geht es Dir?

Ich hoffe, dass Du nicht all zu viel neuen Aerger wegen mir bekommen hast!
Ich moechte mich tausend mal entschuldigen. Ich kann nicht viel zu dem was im August geschehen ist, sagen. Nur so viel dass es gemacht werden musste.

Ich weiss, dass Du mich immer gemocht hast und ich denke oft an Dich; [redacted]

Wie Du Dir vorstellen kannst, ist es unmoeglich mir zu schreiben oder mit mir Kontakt auf zu nehmen. Ich weiss daher nicht, was Du ueber mich denkst, oder wieviel Stress Du hast, wenn die Feinde erfahren oder wissen, dass ich Dir geschrieben habe und schreibe.

Darum, und auch um Dir jeden zukuenftigen Aerger zu ersparen oder zumindest zu verkleinern, wird dies der letzte Brief von mir an Dich sein. Es ist besser so!

Ich wuensche Dir alles, alles GUTE und auch, [redacted]

Vielleicht, eines Tages in 10 oder mehr Jahren werden wir uns wieder einmal sehen.

Heinrich

Hoffentlich hat wenigstens Dir mein Buch gefallen !

Viele Liebe Grüsse auch an [redacted]

und alle die mich gut in Erinnerung haben! :-)

[redacted]

Henry -

Im Oktober 2010 verschickt Heinrich Kieber wieder Post. Hintergrund seiner neuerlichen Kontaktaufnahme ist das Interview, das im August 2010 im *Stern* erschienen war und in dem er auf sein im Internet verfügbares 650-Seiten-Manuskript *Der Fürst. Der Dieb. Die Daten* hingewiesen hatte. Einzelne Passagen wurden vom Verlag aus persönlichkeitsrechtlichen Gründen unkenntlich gemacht.

Über solche Dinge lacht Kieber hinweg. Denn ihm geht es gut. »Meine Arbeit bei der LGT Treuhand erfüllte mich sehr und ich hatte, wie schon lange nicht mehr, das Gefühl, ein normales, wenn auch nicht optimales Leben zu führen.«[122] Kieber ist nicht nur Herr über das elektronische Archiv der LGT, sondern auch über das nach wie vor vorhandene physische Archiv alter inaktiver Mandate, etwa solcher, die von anderen Treuhandfirmen weitergeführt werden. »Es gab Tage, wo ich Stunden im Keller Akten von links nach rechts und von hinten nach vorne bewegen musste, um endlich an eine gesuchte Stiftung zu kommen. Ich gestehe, dass es häufig berauschend war, sich bündelweise die verrücktesten Mandate durchzulesen.«[123]

»Wenn wir Henry Fragen zu seiner Arbeit gestellt haben, hat er sinngemäß geantwortet, dass er sich unterfordert fühle, deshalb gehe er ab und zu ins Archiv«, erzählt Michael Konzett. »Es sei sehr interessant, was man da finde. Aber wir haben uns nichts dabei gedacht, weil wir davon ausgegangen sind, dass die sensiblen Daten nicht einfach so offen zugänglich sind.« Seinem Freund Konzett erzählt Kieber auch von seinen Problemen bei Gericht, wenn auch in einer geschönten Fassung: »Henry habe einem Kumpel Geld gegeben, der damit ein Grundstück erwerben sollte. Von dem sei er dann über den Tisch gezogen worden. Henry kämpfe jetzt dafür, dass er sein Geld wiedererhalte.«

Ansonsten genießt Kieber sein Leben in Liechtenstein, besucht Konzerte und geht mit seinen neuen Freunden ins Kino. »Henry liebte Ganoven- und Agentenfilme. Als wir *Bube, Dame, König, grAS* gesehen hatten, war er ganz hingerissen von dieser Jeder-betrügt-jeden-Geschichte«, so Sandro Bertini. In einige Kinos geht Kieber aber nicht, sagt Bertini: »Wir sind ja oft auch nach Österreich, nach Hohenems ins Cineplexx oder nach Feldkirch ins Namenlos. Ich wunderte mich, warum er nie mitkam. Heute ist mir klar, warum: Er traute sich wegen des internationalen Haftbefehls nicht über die Grenze.«

Zu Sandro Bertini hat Kieber eine enge freundschaftliche Beziehung aufgebaut. Dass er Helmut R. verklagt hat, erzählt Heinrich Kieber wiederum in einer modifizierten Fassung: »Henry habe bei diesem Deutschen auf einem Boot gewohnt. Der habe dann wegen einer Immobilienkrise Geldprobleme gekriegt. Henry habe ihm daraufhin Geld geliehen, welches dieser nicht zurückzahlte. Bis dann ein Anruf des Deutschen aus Argentinien gekommen sei, wonach der seine Farm verkaufe. Henry kriege sein Geld, er müsse es aber abholen. Als er dann in Argentinien angekommen sei, hätten sie ihn gefesselt und anschließend aufgeschlitzt, so dass er seine Kontonummer preisgegeben habe.«

Am 23. Oktober 2001 fällt Landrichter Uwe Öhri das Urteil in der Zivilsache Helmut R. gegen Heinrich Kieber. »Da erlebte ich Henry zum ersten Mal in einem wirklichen Stimmungstief«, sagt Sandro Bertini. »Auf meine Frage am Telefon wie es ihm gehe, antwortete er: ›Ganz schlecht.‹ Er habe soeben vor Gericht verloren, und jetzt verlange sein Anwalt auch noch mehr Geld. Ich solle ihn in Ruhe lassen, er wolle eine Woche allein sein.«

»Im Namen Seiner Durchlaucht des Landesfürsten!« wird Heinrich Kieber zur Zahlung des Kaufpreises der Wohnung von 63 Millionen Peseten verurteilt, zuzüglich fünf Prozent Zinsen jährlich, rückwirkend zu zahlen ab 1996: insgesamt also fast 800.000 Schweizer Franken. Zusätzlich muss Kieber die Kosten des Verfahrens in Höhe von 100.000 Franken übernehmen. – »Natürlich bin ich mit dem Urteil vom Erstgericht sofort in Berufung gegangen.«

Kiebers Anzeige gegen Helmut R. und Mariano M. wiederum kommt mehr als vier Jahre nach der Argentinienreise nicht mehr recht vom Fleck. Da helfen auch seine kiloschweren Eingaben und regelmäßigen Besuche bei Gericht und Staatsanwaltschaft nichts. Heinrich Kieber ist nicht glaubwürdig. Sein größtes Manko hat schon das Zivilgericht im soeben gesprochenen Urteil angeführt, nämlich dass Kieber 1996 sowohl in Barcelona als auch auf Mallorca Betrügereien begangen haben soll: »Das Ganze mag nun für den Beklagten ein unglückseliger Zufall sein, jedenfalls leidet aber seine Glaubwürdigkeit erheblich, wurden doch in beiden spanischen Strafverfahren gegen ihn immerhin internationale Haftbefehle erlassen.«

Ein scheinbar ebenso unglückseliger Zufall ereignet sich im selben Jahr im Hinterzimmer eines Geschäftes, das irgendwo in Liechtenstein liegt. Geführt wird der Laden von Jonas und Charlotte Berger*. Das Ehepaar Berger und Heinrich Kieber kennen sich seit der Jahrtausendwende von gemeinsamen Bekannten, und es entsteht so etwas wie Freundschaft. »Henry konnte immer wieder unangemeldet im Verkaufslokal auftauchen, dann haben wir ein bisschen miteinander geplaudert, wenn keine Kunden da waren«, sagt Jonas Berger. »Öfters hat er darum gebeten, im Büro hinten etwas im Internet recherchieren zu dürfen. Er selbst hatte ja keinen Internetanschluss. Das war für uns überhaupt kein Problem, dass er da hinten vor dem Computer saß, während wir die Kunden bedienten. Er war ja ein guter Freund von uns.«

Im Büro steht Bergers Tresor, in dem auch mal größere Bargeldbeträge zwischengelagert werden. Sind Herr oder Frau Berger im Laden, wird der Tresor nicht immer abgeschlossen, denn Angestellte haben sie keine. »An einem Tag hatten wir 10.000 Franken im Safe liegen – und die fehlten plötzlich. Meine Frau und ich fragten uns, wo das Geld geblieben sei, und wir haben den Tag im Detail rekonstruiert. Der Einzige, der an dem Tag außer mir oder Charlotte im Büro gewesen war, war Henry. Wir haben ihn zur Rede gestellt, aber er hat den Diebstahl kategorisch abgestritten.«

Bergers zeigen Kieber bei der Polizei an. Daraufhin erhalten sie anonyme Post. »Meine Frau war zu der Zeit schwerkrank und es war nicht klar, ob sie die Krankheit überleben wird. Der

Briefeschreiber hat ihr darin den Tod gewünscht.« Die Voruntersuchung der Staatsanwaltschaft gegen Heinrich Kieber wegen des angezeigten Diebstahls wird eingestellt. »Es gab keinen Beweis«, so Jonas Berger, »keine Fingerabdrücke auf dem Tresor, die ihn als Täter hätten überführen können.«

Nach außen hin ist Kieber, nachdem er sich von der Niederlage im Zivilprozess gegen Helmut R. erholt hat, ganz der Alte. Er geht seiner Arbeit bei der LGT Treuhand nach, trifft sich in der Freizeit mit seinen Freunden und kämpft weiter an der juristischen Front – seit seiner Niederlage in der Spaniensache, in der er zur Zahlung von rund 800.000 Franken verurteilt wurde, allerdings nicht mehr mit der gleichen Verve wie bisher.

Kieber weiß, dass er verloren hat. Mit seiner Berufung gegen das ergangene Zivilurteil kann er höchstens noch Zeit gewinnen. »Dies war wohl der Anfang vom Ende meines ehrlichen Kampfes um die Gerechtigkeit«, resümiert er.[124]

Einer, der Kiebers Geschichte und Geschichten ein wenig genauer kennt, ist sein alter Schulfreund Armin Wagner: »Wir haben uns noch des Öfteren getroffen in der Zeit, und Henry hat da immer wieder Geschichten erzählt. Von daher wusste ich, dass etwas im Busch war, also dass er mit dem Gericht zu tun hatte wegen den Immobiliensachen in Spanien, und ich wusste auch von dem Kidnapping in Argentinien – die beiden Sachen hingen ja zusammen.« Allzu ernst nimmt Armin Wagner Kiebers Erzählungen aber nicht: »Henry hat ja eine blühende Fantasie gehabt, und oft dachte ich, dass er mir jetzt wieder eine Story auftischt, die so sicher nicht stattgefunden hat, er aber mittlerweile selbst davon überzeugt war, dass sie so passiert sei.«

Verbürgt ist hingegen die Geschichte, wie Heinrich Kieber zu Beginn des Jahres 2002 dem Fürsten ein Glas seiner Lieblingskonfitüre zukommen lässt: »Das war im Vorfeld der anstehenden Abstimmung über die neue liechtensteinische Verfassung, die der Fürst durchsetzen wollte«, berichtet Michael Konzett. »In unserem Freundeskreis waren wir diesen Verfassungsvorschlägen gegenüber eher skeptisch eingestellt. Henry war klar für die fürstlichen Vorschläge und hat sie als visionär bezeichnet. Jedenfalls hat Henry auf Umwegen ausfindig gemacht, dass der Fürst sehr gerne Sauerkirschen- oder Schwarzkirsch-Konfitüre zum Frühstück isst. Henry hat diese spezielle Marke organisiert und ein Glas davon mit einem Begleitschreiben aufs Schloss gesandt. Einige Zeit später hat Henry ein kurzes Schreiben vom Fürsten erhalten, in dem der sich für das Präsent bedankte – das hat uns Henry natürlich triumphierend vor die Nase gehalten.«

Henrys Freund Sandro Bertini fragt Henry halb belustigt, halb angewidert, was er mit der Übung bezwecke: »Da hat er geantwortet: ›Man weiß nie, wozu das mal gut ist.‹«

Denselben Gedanken wird Heinrich Kieber gehabt haben, als er sich dazu entschloss, die geheimen Kundendaten seines Arbeitgebers zu stehlen: Man weiß nie, wozu das mal gut sein wird.

Wann er damit beginnt, die Kundendossiers zu kopieren, ist bis heute nicht im Detail bekannt. Kieber behauptet, er hätte das Back-up-Tape erst nach seiner Kündigung entwendet.[125] Die reichte er am 29. August 2002 ein. Seinen Vorgesetzten begründete er den überraschenden Schritt damit, dass er wieder nach Australien zurückwolle. Und nicht nur am Arbeitsplatz teilt er seine Auswanderungspläne mit. Kieber hat sich in Rebecca Steiner* verguckt. Die fröhliche Mittzwanzigerin, blond, tolle Figur, arbeitet 2002 am Schalter einer Bank in Vaduz: »Henry ist sicher einmal in der Woche bei mir am Schalter gewesen. Ansonsten sah ich ihn oft im Fitnesscenter. Ich mochte ihn. Aber nicht so, wie er das vielleicht gerne gehabt hätte. Mehr, weil er so ein unbeholfener Schussel war. Er hat immer von Australien geschwärmt und schrieb mir im August 2002 eine Ansichtskarte.«

»Hi!
Nein, Grüsse aus Australien sind dies nicht,
sondern – eine liebe Karte aus Balzers, ganz schlicht ...
Henry«

Ob seine Darstellung des Datenklaus den Tatsachen entspricht, ist fraglich: »Der Diebstahl an sich war denkbar einfach: Ich habe gesehen, dass bei der alltäglichen Routine das Datenband für ein Weilchen bei der verantwortlichen Person auf dem Tisch lag, im Umkreis von meinem Arbeitsplatz. Die einzige Möglichkeit, es zu entwenden, ohne dass es jemand merkt, war natürlich, es auszutauschen.«[126] Sicher ist allerdings, dass Kiebers kriminelle Karriere weniger auf technisch avancierte Tricks aufbaut als auf seiner Gabe, die kleinen Fehler im System zu erkennen und auszunutzen.

Zwei zentrale Fragen stellen sich hinsichtlich Kiebers Aussage, wonach er die elektronischen Daten erst nach seiner Kündigung an sich nahm.

Erstens: Beließ die LGT Treuhand den Geheimnisverwalter Heinrich Kieber tatsächlich auf seinem Posten, nachdem er seine Kündigung eingereicht hatte? Darauf gibt es eine eindeutige Antwort: Ja! Der 37-jährige Kieber blieb während seiner gesamten dreimonatigen Kündigungsfrist »Datenverantwortlicher« der LGT Treuhand. Von einem Unternehmen wie der LGT Treuhand hätte man ein ausgeprägteres Sicherheitsdenken erwarten können. Kieber hätte noch am Tag der Kündigung freigestellt werden müssen. Immerhin operieren viele Kunden der LGT Treuhand – aus der Perspektive der meisten westlichen Staaten – durch die Inanspruchnahme der steueroptimierenden Dienstleistungen des Treuhandunternehmens in der Illegalität.

Und zweitens: Ging die LGT Treuhand derart fahrlässig mit den sensiblen Daten um, dass ein Mitarbeiter, der soeben gekündigt hat, Daten mitgehen lassen kann, die das Geschäftsmodell des Finanzplatzes Liechtenstein begründen (Liechtenstein gewährt gegen Entgelt garantierte Anonymität gegenüber den deutschen, britischen, australischen oder US-amerikanischen Steuerbehörden)?

Heinrich Kieber muss realistischerweise davon ausgegangen sein, dass er mit dem Tag der Kündigung bei vollem Lohn freigestellt wird, weshalb er den Datendiebstahl schon vorher begehen musste. Dazu kommt: Ganz so einfach, wie Kieber es darstellt, kann es nicht gewesen sein. Dass er einfach so eines Nachmittags mit einem kleinen Back-up-Tape in der Tasche nach Hause spazierte, ist unglaubwürdig. Kieber hat nämlich aus dem Archiv der LGT Treuhand auch eine große Menge an Originaldokumenten und Urkunden gestohlen, nach eigenen Angaben über zweitausend Blatt.[127]

Bestenfalls könnte man Kieber zugute halten, dass er sich zu Beginn seiner Operation aus den Originalpapieren im Archiv bediente, feststellte, nun genügend Papiere gestohlen zu haben, und dann kündigte – und dass sich im Nachhinein die Gelegenheit bot, das Back-up-Band einzustecken – in dem Augenblick, als er seine schwindenden Chancen vor Gericht erkannte.

Wie man den Diebstahl von Dokumenten und Daten auch dreht und wendet: Die LGT Treuhand bekleckerte sich in Sachen Datensicherheit gewiss nicht mit Ruhm.

Das Wetter am Freitag, dem 8. November 2002 passt zur Jahreszeit. In der Nacht ist es kalt geworden, die Mittagspitze liegt in den schweren Wolken, aus denen feuchter Schnee auf Balzers fällt.

Es sind noch drei Wochen bis zu Kiebers letztem Arbeitstag bei der LGT. Auf der Titelseite vermeldet das *Liechtensteiner Vaterland*: »LGT Group goes Switzerland«. Für das Wochenende ist in der Zeitung ebenfalls schlechtes Wetter vorhergesagt: »viele Wolken, ausgiebige Regenfälle, kräftiger Wind, örtlich Hochwasser«. In Kiebers Briefkasten liegt eine Benachrichtigung der Post: Auf dem Postamt seien zwei eingeschriebene Sendungen für ihn abholbereit.

Das eine Schreiben ist vom fürstlichen Landgericht: Der Untersuchungsrichter stellt auf Antrag der Staatsanwaltschaft »nach Durchführung gerichtlicher Vorerhebungen in der Strafsache gegen a) Mariano M., b) Helmut R.« die Untersuchung ein. Das andere Schreiben, das Kieber an diesem nasskalten Novembertag am Postschalter gegen Unterschrift ausgehändigt wird, kommt direkt von der Staatsanwaltschaft und bringt Heinrich Kieber in Rage: »Der Umschlag enthielt eine fixfertige Anklage gegen mich (Wohnungskauf in Spanien 1996). Ich war sprachlos. Nur Gott weiß genau, warum Staatsanwalt Haun, vom Teufel geritten, mich verbissen wegen Barcelona verurteilt sehen möchte.«[128]

Kieber hat keine Zeit mehr zu verlieren, er muss die Zelte abbrechen. »Henry witzelte«, sagt sein Freund Sandro Bertini, »er habe Fingerasthma, ihm sei die Teilzeitanstellung zu anstrengend. Deshalb habe er gekündigt und die Möbel aus der Wohnung verkauft. Er gehe nach Fiss in Tirol zum Skifahren. Darüber konnte ich nur schmunzeln, denn ich wusste ja, das Henry nicht Skifahren kann.«

Michael Konzett tischt er eine andere Geschichte auf: »Er könne es mit seinem sozialen Gewissen nicht vereinbaren, weiter bei der LGT zu arbeiten. Er arbeite so schnell, wie er spreche, so seine Aussage. Das heißt, so seine Erklärung, er erledige in derselben Zeit gleich viel Arbeit wie drei bis vier Familienväter. Darum habe er sich dazu entschlossen, seinen Job aufzugeben, um Stellen für Familienväter zu schaffen. Da haben wir ihn kräftig ausgelacht. Wobei: Das war schon auch ein bisschen sein Humor.«

Eines Tages im Spätherbst 2002 knattert Kieber in seinem alten roten VW-Bus durch Liechtenstein und befreit sich von seiner Habe. Den ersten Stopp mit dem vollgepackten VW-Bus macht er bei Anna Hämmerle, die mit Kieber einst zur

Schule ging. »Er stand bei mir vor dem Haus und fragte, ob ich Möbel gebrauchen könne. Henry riss die Seitentür vom VW-Bus auf, und ich konnte mir aussuchen, was ich wollte. Ich habe dann einen Blumenständer, die Garderobe und ein Bügelbrett mitgenommen. Henrys Bügelbrett kann ich dann ja irgendwann ins Landesmuseum geben.«

Schließlich verabschiedet sich Heinrich Kieber Ende November 2002 bei seinen Arbeitskollegen bei der LGT Treuhand AG, darunter ist auch seine Nachbarin Karin Senti aus Balzers.

»An seinem letzten Arbeitstag«, erzählt sie, »schenkte er allen Frauen auf der Treuhand einen kleinen Kaktus.«

7. AUF DER FLUCHT VOR DEM FÜRSTEN 2003

Auf Schloss Vaduz bereitet man sich auf den traditionellen Neujahrsempfang vor, der am Donnerstag, dem 9. Januar 2003 stattfinden wird. Beim ersten gesellschaftlichen Anlass des Jahres defilieren Liechtensteins Würden- und Ordensträger am Staatsoberhaupt vorbei, um mit ihm die besten Wünsche fürs neue Jahr auszutauschen. Anschließend mischen sie sich unter die 400 Gäste und betreiben bei Weißwein und Häppchen Smalltalk.

Einen Tag vor dem Neujahrsempfang wird beim Sekretariat des Fürsten von Liechtenstein ein ungewöhnliches Paket abgegeben: darin eine quadratmetergroße Platte, auf der eine Modelllandschaft aufgebaut ist. Dominiert wird das Arrangement von einem runden Turm mit Anbau. Im Innern des Miniaturhauses steht ein kleines Miniaturbettchen, davor liegt ein kleines Kettchen, dessen eines Ende an der Innenwand des Häuschens befestigt ist. Im Hintergrund grasen kleine Modellkühe. Kieber hat dem Fürsten das Modell seines argentinischen Verlieses geschickt.

Der Fürst lässt die akkurat gestaltete Miniaturlandschaft im Müll entsorgen.

Das ist bereits die zweite Sendung mit Absender Heinrich Kieber, die in diesem noch jungen Jahr auf Schloss Vaduz eintrifft. Am Vortag lag im Sekretariat des Fürsten ein umfangreiches Konvolut, adressiert an das Staatsoberhaupt: »Vielleicht erinnern Sie sich an mich. Ich habe Ihnen einen Grußbrief im

Januar 2002 auf das Schloss gebracht und auch ein Glas Ihrer Lieblingskonfitüre – schwarze Kirschen. So wie man Ihre direkte Sprache kennt, will auch ich versuchen, ohne Umschweife kurz und bündig aufzuschreiben, was ich mitteilen möchte.«[129] Insgesamt umfasst der Brief Heinrich Kiebers an den Fürsten 38 Seiten – Beilagen nicht mitgerechnet.

»Dass Sie Durchlaucht diesen Brief samt den Unterlagen in den Händen halten, liegt daran, dass ich von der liechtensteinischen Justiz, insbesondere von der Staatsanwaltschaft, trotz der erdrückenden Beweise und massiver Widersprüche seitens der Beschuldigten billig im Stich gelassen worden bin. In den vergangenen sechs Jahren hatte die FL-Justiz viele aufgestaute Strukturprobleme zu bereinigen. So mussten Sie ja unter anderem den Sonderstaatsanwalt Doktor Spitzer einsetzen. Mein Fall ist komplizierter als jene Fälle, die mit dem Finanzplatz Liechtenstein zu tun hatten/haben. Die Justiz musste wohl Prioritäten setzen. Wie so oft hat sich auch hier gezeigt, dass wenn es um materielle Dinge (sprich Geld) geht oder wenn das Ansehen unseres Landes gefährdet ist, dann ist man fix und schnell. Wenn es ums Blut geht, wenn das Opfer ein niemand ist, dann, ja dann muss man warten, warten, warten.«[130]

Kieber will Gerechtigkeit im Argentinienfall und orientiert sich am Krisenmanagement Liechtensteins nach dem Bekanntwerden des BND-Dossiers: »Ich bitte Sie, einen Sonderstaatsanwalt zu ernennen« – der sich intensiv mit seinem Fall befassen soll »und die Befugnis erhält, gemäß dem Gesetz zu agieren«.[131] Auch müsse sich ein außerordentliches, unabhängiges Richtergremium seines Zivilfalles annehmen. Denn zwischenzeitlich ist Kieber in zweiter Instanz dazu verurteilt worden, fast 800.000 Schweizer Franken an Helmut R. zu zahlen wegen der ergaunerten Wohnung in Barcelona. Gegen das Urteil des Obergerichts vom Oktober 2002 hat Kieber Revision beim Obersten Gerichtshof Liechtensteins eingelegt.

Um seinen Forderungen Nachdruck zu verleihen, skizziert Kieber die Konsequenzen, falls ihm der Fürst nicht zu Diensten sein sollte: »Wenn mir Liechtenstein nicht helfen kann, meine Folterer zu gerechten Strafen zu verurteilen, werde ich mich zuerst an die USA wenden. In den USA gibt es spezielle Gesetze, die eine Verurteilung von Tätern selbst dann ermöglicht, wenn die Tat im Ausland geschah und keine der involvierten Personen US-Bürger sind.«[132] Oder an Deutschland: »Ich bin sicher, eine deutsche Zuständigkeit ergibt sich dadurch, dass der Haupttäter im Argentinienfall, der Verbrecher R., ein Deutscher ist.«[133]

Eher beiläufig erwähnt Kieber in dem langen Schreiben, dass er im vergangenen Jahr eine vollständige Kopie aller Daten der LGT Treuhand in seinen Besitz gebracht und darüber hinaus eine Reihe von Originaldokumenten entwendet habe. Die angesprochenen Länder würden sich zweifelsohne für diese Daten interessieren.

Um zu verdeutlichen, dass er es ernst meint, hebt Kieber verklausuliert den einen oder anderen Kunden der LGT Treuhand hervor, den er im umfangreichen Portfolio der gestohlenen Daten ausfindig gemacht hat: »Den (politischen wie wirtschaftlichen) Chef einer der größten deutschen Staatsfirmen und Arbeitgeber und Inhaber einer sehr vermögenden LGT-Treuhand-Stiftung will ich hier erst gar nicht namentlich erwähnen.«[134]

Schließlich verlangt Kieber vom Fürsten zwei Schutzidentitäten. Denn, so schreibt er, es sei das größte Risiko für die fürstlichen Daten, dass er in eine Polizeikontrolle gerate – insbesondere in Deutschland, wohin er sich bereits abgesetzt hat. »Würden die Deutschen versuchen mich festzuhalten, werde ich versuchen, in eine US-Einrichtung (Botschaft oder Konsulat) zu gelangen.«[135] Die auf falschen Namen ausgestellten Pässe soll der Fürst an die LGT-Niederlassung in Frankfurt schicken lassen.

So rasch bringt den Fürsten von Liechtenstein nichts aus der Ruhe. Er erhält eine Menge Post von seinen Untertanen. Mal lobend, mal mahnend, mal jammernd, mal unterwürfig – aber immer geschrieben in der Absicht, sich der Gunst des Staatsoberhauptes zu versichern. Im fürstlichen Sekretariat pflegt man einen routinierten Umgang mit derartiger Post: eine kurze Bestätigung des Eingangs verbunden mit dem Dank des Fürsten – so wie auch Kieber abgefertigt wurde, als er im Jahr zuvor dem Staatsoberhaupt Konfitüre aufs Schloss brachte. Das 38-seitige Erpresserschreiben landet umgehend auf dem Tisch des Leitenden Staatsanwaltes Robert Wallner: »Der Landesfürst hat das Schreiben postwendend der Polizei geschickt, die am gleichen Tag einen Ermittlungsbericht an uns verfasst hat.«

Jules Hoch ist Leiter der liechtensteinischen Kriminalpolizei. Gemeinsam mit dem erpressten Unternehmen LGT leiten er und seine Kriminalbeamten erste Ermittlungen ein: »Treffen die Angaben, die Herr Kieber zu seinem Diebstahl gemacht hat, zu? Könnte es sich so verhalten? Ist es erfunden? Das waren die ersten Fragen, die sich uns stellten«, erklärt Jules Hoch. »Dann fragten wir uns, ob man den Aufenthaltsort Kiebers feststellen kann, um seiner habhaft zu werden.«

Der Neujahrsempfang auf Schloss Vaduz wird von der Fürstenfamilie und ihrem Personal professionell abgewickelt. Nach dem Austausch der Neujahrswünsche mischt sich der Fürst, ein Lächeln auf den Lippen, das Bierglas in der Hand, unter die geladenen Gäste, prostet dem Landtagspräsidenten Klaus Wanger zu, plaudert mit Regierungschef Otmar Hasler und scherzt mit Erzbischof Wolfgang Haas. Dass dem fürstlichen Wirtschaftsimperium, ja dem gesamten Finanzplatz Liechtenstein eine Katastrophe ungeahnten Ausmaßes droht, ahnen noch die wenigsten.

Die LGT-Task-Force tritt umgehend zusammen. Diese besteht aus Pius Schlachter, seit 2001 Mitglied der Geschäftsleitung der LGT Bank in Liechtenstein und zuvor Leiter der LGT Treuhand, Thomas Piske, dem Vorsitzenden der Generaldirektion der LGT Bank in Liechtenstein, und LGT-Treuhand-Geschäftsführer Nicola Feuerstein. Schließlich wird auch die liechtensteinische Regierung über den Fall informiert. Den wenigen eingeweihten Personen ist klar, dass es die ultimative Katastrophe für Liechtenstein wäre, sollte Kieber tatsächlich im Besitz des gesamten Archivs der LGT Treuhand sein und seine Drohung wahr machen, die brisanten Daten zu veröffentlichen. Das Fürstentum hat sich von der BND-*Spiegel*-Affäre noch nicht erholt. Ein weiterer Hieb – diesmal, im Gegensatz zum dilettantischen BND-Bericht, mit garantiert echten Informationen aus dem Herzen des prominentesten Treuhandunternehmens Liechtensteins – könnte dem Finanzplatz das Genick brechen.

Heinrich Kieber erpresst Fürst Hans-Adam mit den Geschäftsgeheimnissen des Unternehmers Hans-Adam von Liechtenstein. In seinem umfangreichen Dossier, auf das man sich nun in Vaduz einen Reim zu machen versucht, entschuldigt sich Kieber beim Fürsten einleitend dafür, ausgerechnet ihn als Opfer seiner Erpressung ausgesucht zu haben: »Sie und Ihre LGT können ja gar nichts dafür. Das Schicksal will es, dass Sie nun doch involviert werden. Dass der Zeitpunkt auch noch mit Ihrem erbitterten Abstimmungskampf über die neue Verfassung in Liechtenstein zusammenfällt, tut mir leid.«

In der Tat steht die politische Wetterlage auf Sturm. Seit klar ist, dass im März 2003 die Volksabstimmung über den fürstlichen Vorschlag zur Abänderung der liechtensteinischen Verfassung stattfinden wird, liegen sich Befürworter und Gegner der neuen Verfassung in den Haaren. Gekämpft wird mit harten Bandagen, eine wüstere politische Auseinandersetzung hat Liechtenstein seit den 1940er Jahren nicht mehr gesehen. Damals prügelten sich Patrioten mit volksdeutschen Liechtensteinern auf den Straßen. Eine inhaltliche Diskussion der Vorschläge, die die fürstliche Macht ausbauen und seine Position zementieren sollen, führt das Staatsoberhaupt nicht – aus gutem Grund: Hans-Adam II. weiß um die eklatanten Schwächen seines Vorschlages.

Seit knapp zwei Jahren hat die Fortschrittliche Bürgerpartei wieder die Führung übernommen, die Partei, welche der Fürst acht Jahre zuvor der Lächerlichkeit preisgab, als er, statt den Regierungschef Markus Büchel zu entlassen, das Parlament auflöste und damit Neuwahlen provozierte, bei denen die Bürgerpartei gnadenlos abgestraft wurde.

Die Bürgerpartei will die zurückerhaltene Macht nicht abtreten, und Regierung und Fraktion fügen sich willig dem fürstlichen Verfassungsdiktat. Denn wenn die Parteien in Liechtenstein seit der Machtübernahme Hans-Adams 1989 etwas gelernt haben, dann dies: Gegen einen zornigen Fürsten kann man keine Wahlen gewinnen. Entsprechend wohlfeil verhält sich die Mehrheitspartei nun gegenüber dem erlauchten Staatsoberhaupt. Fürst Hans-Adam reduziert die komplexe Verfassungsthematik auf ein simples »Ja zum Fürstenhaus«. Wer den fürstlichen Vorschlag ablehnt, wird von Hans-Adam als »Monarchiegegner« abqualifiziert und geächtet. »Monarchiegegner« sind demnach alle Bürger, die sich für den Verbleib bei der bestehenden Verfassung von 1921 aussprechen. Hardcore-Fans des Fürsten sehen sich durch seinen rustikalen Umgang mit den politischen Gegnern darin bestärkt, ihm zu Hilfe zu eilen. In der Auseinandersetzung greifen sie bereitwillig in die unterste Schublade, um »Monarchiegegner« einzuschüchtern: Diese erhalten mit Kot beschmierte Flugblätter, übelste Drohbriefe oder Schmähbriefe mit Hakenkreuzen. Der Fürst lässt den Mob widerspruchslos gewähren.

In der aufgeheizten Stimmung will niemand mehr hören, dass der mächtige Monarch mit der von ihm vorgeschlagenen Verfassung Durchgriff auf sämtliche Staatsgewalten erhielte; dass er keiner Gerichtsbarkeit mehr unterstünde, seine Entscheide nicht überprüft werden könnten; dass sein absolutes Vetorecht gegen Mehrheitsentscheide des Volkes und des Parlaments – das schon in der bestehenden Verfassung verankert ist – festgeschrieben würde; dass der Fürst mit der neuen Verfassung über unbeschränkte Notstandsrechte verfügte; dass die Regierung zur Ausübung ihres Amtes auf das ständige Vertrauen des Fürsten angewiesen wäre und dieser auch das letzte Wort bei der Ernennung und Wiederwahl der Richter an den liechtensteinischen Gerichten erhielte (bisher steht ihm dieses Recht lediglich bei ausgewählten Richterämtern wie dem Vorsitz der Verwaltungsbeschwerdeinstanz zu).

Fürst Hans-Adam macht durchaus Gebrauch von seinen bereits jetzt europaweit einmaligen Befugnissen, wie er in den vergangenen Jahren immer wieder bewiesen hat: Mit seinem Veto hat er das Inkrafttreten von Gesetzen erfolgreich verhindert oder schon mit der Androhung eines Vetos Gesetzesvorhaben im Frühstadium gestoppt. Zweimal hat er einen Machtwechsel in Parlament und Regierung forciert. Und er hat an Herbert Wille, dem Vorsitzenden der Verwaltungsbeschwerdeinstanz, ein Exempel statuiert durch dessen Nichtbestätigung. Die Botschaft ist in Liechtenstein gehört worden: Ungestraft legt sich niemand mit dem Monarchen an.

Dennoch will der mächtige Fürst des europäischen Mikrostaates mit seinen knapp 35 000 Einwohnern sein Instrumentarium ausgebaut wissen. Die Chancen, dass ihm seine Untertanen auf diesem Weg folgen, stehen gut. Denn seit seiner unverhohlenen Drohung, bei einer Niederlage an der Urne das Land zu verlassen und in Wien Wohnsitz zu nehmen, fürchten sich viele Liechtensteiner, ihrem Schicksal überlassen zu werden. Darunter ist auch der auf dem Papier zweithöchste Liechtensteiner. Landtagspräsident Klaus Wanger fleht in einer öffentlichen Diskussionsrunde am 17. Januar 2002 in Vaduz sein Volk an, die fürstlichen Verfassungsvorschläge anzunehmen: »Denn ohne Fürst sind wir nichts!«[136]

Wahr ist, dass das Selbstwertgefühl der Liechtensteiner in diesen Tagen und Monaten zu Beginn des Jahres 2003 stark angeschlagen ist: Auf der weltpolitischen Bühne steht die Invasion des Irak durch internationale Truppen kurz bevor; die Börsen erreichen nach dem Platzen der Dotcom-Blase täglich neue Tiefststände und hinterlassen in den Bilanzen der heimischen Banken und Treuhänder üble Löcher. Auch die anhaltende Kritik von Deutschland, Frankreich, OECD und FATF an Liechtensteins Geschäftsmodell ist nicht spurlos am Fürstentum vorbeigegangen.

Im abgelaufenen Jahr betreuten die Banken im Fürstentum Kundenvermögen in Höhe von 96 Milliarden Franken, ein Rückgang von beinahe 20 Prozent seit 2000. Der Reingewinn der Banken in Liechtenstein ist förmlich eingebrochen auf 250 Millionen Franken – die Hälfte dessen, was sie im Rekordjahr 2000 abschöpfen konnten. Die schwierige wirtschaftliche Situation hinterlässt in der Haushaltsbilanz 2002 ihre Spuren. Zum ersten Mal seit vielen Jahren schließt der Haushalt mit einem Minus ab – in Höhe von 47 Millionen Franken.[137]

Wirklichen Grund zum Jammern hat man in Liechtenstein aber nicht: Nach wie vor herrscht Vollbeschäftigung. Die Arbeitslosenquote liegt konstant unter zwei Prozent.[138] Die Wirtschaft brummt, Industrie, Gewerbe und Finanzbranche suchen händeringend nach Arbeitskräften. Insgesamt arbeiten in Liechtenstein fast 29000 Menschen – 13000 davon fahren jeden Tag aus Vorarlberg, der Ostschweiz und dem Bodenseeraum zur Arbeit ins kleine Fürstentum, wo die höchsten Löhne in der Region bezahlt werden.

Damit das so bleibt, ist es zwingend notwendig, dass der Fürst den Liechtensteinern erhalten bleibt. Denn erst mit dem Zuzug des Fürsten vor Ausbruch des Zweiten Weltkriegs habe sich Liechtensteins Wirtschaft zu dem entwickelt, was es heute ist – so jedenfalls die Logik der Befürworter der fürstlichen Verfassungsvorschläge. Tatsächlich haben findige Ingenieure die Basis für Liechtensteins Industrie und schlaue Juristen die Grundlagen des Finanzplatzes erarbeitet. Dazu kommt ein gehöriges Quäntchen Glück – das Glück, den Krieg dank der Nähe zur Schweiz unbeschadet überstanden zu haben.

Die Reduktion der komplexen Verfassungsmaterie auf ein simples »Ja zum Fürstenhaus« samt der Drohung, dem Land im Falle einer Niederlage an der Urne den Rücken zu kehren (»ohne Fürst sind wir nichts«), zeigt Wirkung: »Wahlvolk von Liechtenstein gibt Fürst Hans-Adam II. mehr Macht«, meldet die Deutsche Presseagentur am Sonntag, dem 16. März 2003, dem Tag der Abstimmung, kurz nach 16 Uhr. Am nächsten Tag ist Liechtensteins Revolution von oben Topthema in den Medien rund um den Globus. Das Spektrum reicht von Verwunderung bis hin zu Fassungslosigkeit: »Die demokratische Krönung eines ›absolutistischen Monarchen‹«, titelt etwa der französische *Le Figaro*.

Die fürstliche Entourage argumentiert, dass die Volksrechte sehr wohl gestärkt worden seien. Mit der Annahme der fürstlichen Verfassungsvorschläge sei nämlich auch Artikel 113 in Kraft getreten, in dem die Möglichkeit zur Abschaffung der Monarchie vorgesehen ist. Dass das vorgesehene Verfahren absurd kompliziert ist und der Fürst eine vom Parlament erarbeitete republikanische Verfassung durch das Einbringen eines eigenen Vorschlags jederzeit torpedieren könnte, verschweigen die Fürsprecher der Verfassungsreform wohlweislich.

An solchen Details hält sich der Fürst nicht mehr auf. Mit der Annahme der neuen Verfassung durch sein Volk, so verkündet er, sei er der erste demokratisch legitimierte Monarch der Welt. Seine Überlegung ist die folgende: Solange die Monarchie vom liechtensteinischen Volk nicht abgeschafft ist, sind er und seine künftigen Thronerben demokratisch legitimierte Herrscher des Fürstentums. Aufkeimende Kritik an fürstlichen Entscheidungen werden Hans-Adam und seine treue Gefolgschaft in den kommenden Jahren mit dem Hinweis auf die demokratische Legitimation des Monarchen im Ansatz ersticken. Dies jeweils mit der Auskunft, dass, wer mit seinen Entscheidungen nicht einverstanden sei, ja eine Initiative zur Abschaffung der Monarchie starten könne. Wirklich aufzubegehren traut sich kaum mehr jemand in Liechtenstein, zu groß ist die Angst, vom Bannstrahl des Fürsten getroffen zu werden.

Während die Schlacht um die Verfassung noch tobt, versucht der Fürst, das lästige Problem Kieber in den Griff zu bekommen. Die IT-Spezialisten der LGT schließen zunächst kategorisch aus, dass jemand sämtliche Daten hat entwenden können. Auch innerhalb der LGT-Task-Force zweifelt man daran, dass Kieber die Daten hat, schließlich hat er keinen Beweis geliefert, keine Muster mitgeschickt, sondern lediglich eine Aufstellung ohne Namen und ohne Belege. Es ist die einzige Hoffnung, die sie noch hegen können: dass Kieber blufft.

Heinrich Kieber ist in Berlin untergetaucht. Er wohnt zur Untermiete in der Ansbacher Straße, Ecke Geisbergstraße, ein paar Hundert Meter südlich des Wittenbergplatzes: »Wie bei meinen Erkundungsausflügen kreuz und quer durch Berlin in den letzten Tagen, hatte ich auch jetzt meine elektronischen Datenspeicher auf mir, in den Taschen. Die kiloweise Papierdaten waren aber im blauen Handkoffer im Schrank im Zimmer verschlossen.«[139]

In Liechtenstein zieht der Krisenstab derweil einen Experten hinzu, der die Gefährlichkeit Kiebers beurteilen soll: den Kriminalpsychologen Thomas Müller aus Wien. Der knapp vierzigjährige Müller hat hart an seinem Ruf gearbeitet, der Mann für exakte Täterprofile zu sein. In den 1990er Jahren hatte der ehemalige Tiroler Streifenpolizist ein präzises Täterprofil vom österreichischen Terroristen und Bombenleger Franz Fuchs erarbeitet, der unter anderem mit einer Sprengfalle vier Roma tötete. Bei einem anderen Attentat von Fuchs wurde der damalige Wiener Bürgermeister Helmut Zilk schwer verletzt. Gefasst wurde Fuchs allerdings nicht wegen Müllers Profil, sondern bei einer Routinekontrolle, nachdem zwei Frauen, die sich von einem Mann verfolgt gefühlt hatten, die Polizei riefen. Bei der Kontrolle sprengte sich der Mann die Hände weg. Erst da wurde den Polizisten klar, dass sie mit Franz Fuchs den langgesuchten Bombenleger vor sich hatten.

Seither lässt sich Müller, unter Hinweis auf sein exaktes Profil von Fuchs, von den Medien als Star unter Europas Kriminalpsychologen feiern – als den Mann, der die Methoden des FBI nach Europa brachte, um die widerlichsten Verbrecher zur Strecke zu bringen. Allerdings: Sein Business will, anfänglichen Erfolgen zum Trotz, nicht abheben, weshalb der Profiler von Gewalttätern und Tatorten ein neues Geschäftsmodell entwickelt, das finanziell wesentlich lukrativer und nicht auf die Konjunktur von Schwerverbrechern angewiesen ist. Müllers neues Business ist die Beratung von Unternehmen in Sachen *Workplace Violence*, also bei Gewalt und destruktivem Handeln am Arbeitsplatz. Seine Rezepte gegen Workplace Violence sind nicht sonderlich spektakulär und finden auch Niederschlag im Karriereteil der Frauenzeitschrift *Woman*: »Chefs müssen sich mehr in ihre Mitarbeiter hineindenken. Sie müssen dafür sorgen, dass sich die Belegschaft mehr mit ihrem Job identifizieren kann.«[140]

Aber Müllers Charme und seine launigen Vorträge finden ein begeistertes Publikum, das sich wohlig gruselt, wenn der Profiler von seinen Begegnungen mit den übelsten Serienmördern dieser Welt erzählt, um dann unbemerkt auf sein neues, wesentlich weniger spektakuläres Tätigkeitsfeld überzuleiten, bei dem er aus Gründen der Diskretion keine saftigen Details preisgeben darf. Firmenchefs lieben es, wenn etwas von Thomas Müllers internationalem Glanz auf sie abfällt. Der Kriminalpsychologe wird von Unternehmen und Organisationen mit Anfragen zu Vorträgen und Workplace-Violence-Aufträgen überhäuft.

Bereits am 11. Januar, wenige Tage, nachdem der Erpresserbrief eingegangen ist, trifft Thomas Müller in Liechtenstein ein. Er wird von Fürstenhaus, Regierung, LGT und Polizei gebrieft, um sich umgehend mit dem Erpresser auseinanderzusetzen. Der Profiler und der Erpresser sind fast gleichaltrig, Müller ist 39, Kieber ein gutes Jahr jünger. Müller wälzt Kiebers Gerichtsakten, analysiert das Erpresserschreiben, durchforstet sein Personaldossier und erstellt ein erstes vorläufiges Profil des Täters.

Die LGT-Task-Force hält sich nicht an Kiebers Anweisungen, überliest in der Flut von mehr oder minder wichtigen Informationen, die auf den 38 Seiten einstreut sind, wesentliche Einzelheiten, so dass in den folgenden Tagen keine vernünftige Kommunikation zwischen Vaduz und Berlin zustande kommt. Erst nachdem Kieber am 15. Januar 2003 dem Fürsten von Berlin aus E-Mails aufs Schloss schickt, in denen er auf einen von ihm vorbereiteten Kommunikationskanal hinweist, kommt Bewegung in die Sache.

Kieber, der begeisterte Anhänger von Agententhrillern und Gangsterfilmen, ist in seinem Element: »Ich habe eine sichere und einfache Kommunikationsmöglichkeit übers Internet eingerichtet. Das nötige Login-Wort der E-Mail-Adresse ist ganz in Ihrer Nähe. Ich bitte Sie, in die Schatzkammer in Ihrem Rundturm im Schloss zu gehen. Im Blickwinkel eines ideellen Selbstbildnisses (wo er sich als Musiker darstellt) des Malers Gerard Dou habe ich selber das Login-Wort angebracht.«[141]

Fürst Hans-Adam und Erbprinz Alois zitieren den Regierungschef, den Innenminister und den Polizeichef, der einen weiteren Beamten mitbringt, aufs Schloss Vaduz. Hier lagert der größte Teil der unermesslich wertvollen fürstlichen Kunstsammlung, deren Schwerpunkt Meisterwerke der europäischen Kunst von der Frührenaissance bis zum Barock bilden. Die Sammlung ist mehrfach gesichert und optimal klimatisiert hinter bis zu vier Meter dicken Mauern. Die Gruppe, angeführt vom Staatsoberhaupt, betritt das Depot, sucht das erwähnte Gemälde von Gerard Dou und findet, an einem Metallrahmen befestigt, ein Zettelchen, auf dem »mexico67« steht.

Die hochkarätige Runde ist perplex. Wie konnte es einem Außenstehenden gelingen, den tresorähnlichen Raum zu betreten, um dort eine Nachricht zu hinterlassen? Was niemand von ihnen weiß: Im Herbst 2002 nahm Kieber an einer Führung teil, die die Geschäftsleitung der LGT Group – der mit Prinz Philipp ein Bruder des Fürsten vorsteht – gelegentlich für Mitarbeiter veranstaltet. Während des Rundganges durch die riesige Kunstsammlung setzte sich Kieber für einen Moment von der Gruppe ab und platzierte hinter dem Selbstbildnis des Malers Gerard Dou den Zettel mit dem Passwort.

Spätestens jetzt ist den Beteiligten klar, dass Kieber seine Tat minutiös und von langer Hand geplant haben muss. Der Krisenstab – bestehend aus Fürst, Erbprinz, LGT-Führungspersonal, Polizeispitzen, Staatsanwaltschaft, Regierungschef Otmar Hasler und Justizministerin Rita Kieber-Beck – steht vor einem diffizilen Problem. Dass sich Kieber in Berlin aufhält, hat man anhand von zurückverfolgten Telefongesprächen ermittelt. Der einfachste und sicherste Weg, den Erpresser dingfest zu machen, wäre es, Deutschland um Amtshilfe zu bitten. Schließlich fahndet bereits Spanien international nach Kieber wegen der Betrügereien auf Mallorca und in Barcelona. Nur: Das Allerletzte, was man in Liechtenstein will, ist, dass den deutschen Behörden bei einer Verhaftung Kiebers die geheimen Kundendaten der LGT Treuhand in die Hände fallen und der Steuerfahndung zur Auswertung übergeben werden.

Gleichzeitig zeichnet der Wiener Kriminalpsychologe von Kieber das Bild eines psychisch angeschlagenen, in die Ecke gedrängten Mannes, der nichts mehr zu verlieren hat und zu allem fähig ist. Dass Kieber einen Pilotenschein hat, macht die Sache nicht besser. Was, wenn der labile Erpresser Amok läuft? Ein Szenario, das der Krisenstab skizziert – der 11. September 2001 liegt noch keine zwei Jahre zurück –, sieht Kieber mit dem Flugzeug in einen Bankenturm in Frankfurt am Main krachen. Was also tun?

Die liechtensteinischen Behörden entscheiden sich dafür, Interpol Wiesbaden zwar auf Basis des von Müller erarbeiteten Profils zu warnen, die Hintergründe aber nicht weiter auszuleuchten. Und vor allem mit keinem Wort die Bankdaten zu erwähnen, um nicht das Interesse der Deutschen an Kieber und seinem Wissen zu wecken. Am 23. und am 24. Januar kabelt Vaduz nach Deutschland: »Sehr dringend. An Interpol Wiesbaden. Person: Kieber Heinrich. Internationaler Haftbefehl (publiziert im Schengen Information System). Vorsicht: Könnte bewaffnet sein, Aufenthalt unbekannt. Wegen psychischer Störung muss von hoher Gewaltbereitschaft ausgegangen werden.«

Noch immer ist sich der Krisenstab nicht darüber im Klaren, ob Kieber wirklich im Besitz einer Kopie der kompletten Datenbank ist. Die IT-Abteilung verneint nach wie vor kategorisch die Möglichkeit, dass sich der ehemalige Mitarbeiter eine Kopie gezogen haben könnte. Eher wird vermutet, Kieber habe mit Hilfe seines beinahe fotografischen Gedächtnisses eine Zusammenstellung der LGT-Treuhand-Kunden vorgenommen. Ärgerlich genug, wenn er sein Wissen mit deutschen Medien teilen würde – aber doch nichts, was die Treuhandfirma in ihren Grundfesten erschüttern könnte. Müller baut auf der Prämisse, dass Kieber blufft, ein Druck- und Drohszenario auf und will sich den Umstand zunutze machen, dass Kieber sich als glühender Verehrer der Monarchie zu erkennen gegeben hat.

Der Krisenstab blufft nun ebenfalls: Fürst Hans-Adam persönlich stellt dem Erpresser ein Ultimatum: Entweder Kieber kehrt am Donnerstag, dem 23. Januar nach Liechtenstein zurück und man könne zusammen eine Lösung finden. Oder er werde die deutschen Behörden über den Aufenthaltsort Kiebers informieren. Die Daten seien ihm egal. Dabei steht fest:

Liechtensteins Strafverfolger können und wollen die offiziellen Kanäle zu ihren deutschen Kollegen nicht nutzen. Zu groß sei die Gefahr, lautet die Einschätzung des Krisenstabes, dass Deutschland sich mehr für die gestohlenen Daten als für den Dieb interessieren könnte.

Der Krisenstab schickt den Fahrer des Fürsten im Audi A 8 auf die Reise nach Berlin. Das Auto, wird Kieber mitgeteilt, werde bis 18 Uhr am Kurfürstendamm 36 vor der Berliner LGT-Niederlassung warten. Sollte Kieber bis dahin nicht in den Wagen steigen, würden die deutschen Behörden eingeschaltet. Kieber erscheint nicht am Kurfürstendamm. Und ihm dämmert: Man glaubt ihm nicht, dass er die kompromittierenden Daten wirklich besitzt, sonst würde sich der Fürst kooperativer verhalten.

Über das Wochenende schmiedet Kieber einen Plan, wie er die Zweifler überzeugen kann. Er kopiert rund zehn Prozent der gestohlenen Dokumente auf CDs. »Das größte Problem für mich war, die CDs sicher bei Hans-Adam abzuliefern, ohne die Daten und natürlich mich selbst in Gefahr zu bringen.«[142]

Kieber wägt die Optionen ab und entscheidet sich dafür, die CDs in der Liechtensteinischen Botschaft, Mohrenstraße 42, abzugeben. Botschafter Josef Wolf soll die unverschlüsselt abgespeicherten Datenmuster aus dem Tresor der LGT Treuhand im Diplomatengepäck – vor den Blicken neugieriger deutscher Zollbeamter geschützt – zurück in die Heimat bringen.

Die CDs liefert Botschafter Wolf bei der Polizei in Vaduz ab. Ein Beamter bringt die Datenträger anschließend vom Polizeigebäude am Rande von Vaduz ins drei Autominuten entfernte Zentrum zur LGT Treuhand, wo die Proben analysiert werden. Den Anwesenden der LGT-Task-Force sackt das Blut aus dem Kopf, als sie die Bestätigung erhalten: Bei den Datenproben handelt es sich zweifelsfrei um echte, aktuelle, vollständige, absolut vertraulich zu behandelnde Daten der LGT-Treuhand-

Kunden – darunter ein beträchtlicher Teil von Steuerflüchtlingen, viele davon aus Deutschland.

Der Fürst zürnt. Aber er ist zu keinen Konzessionen gegenüber Kieber bereit, und eine Zusammenarbeit mit den deutschen Behörden schließt er ebenso kategorisch aus: »Bevor ich mit den Deutschen kooperiere, lasse ich die Treuhand den Bach runter gehen!«, lässt er den Krisenstab wissen. Kriminalpsychologe Thomas Müller versucht die aufgebrachte Runde zu beruhigen. Solange Kieber Forderungen stelle, könne man mit ihm verhandeln. Am gefährlichsten seien diejenigen Täter, die ihre Taten umsetzten, ohne dies vorher groß anzukündigen. Psychologisch gesehen, sei Kiebers Handlung nichts anderes als der Ausdruck eines bestimmten Bedürfnisses, das es zu befriedigen gelte.

Kiebers »Bedürfnis« ist, kurz zusammengefasst, die Wiederherstellung seiner internationalen Mobilität, die die internationalen Haftbefehle aus Spanien empfindlich einschränken, die Bestrafung seiner Peiniger in Argentinien und die Zusicherung, dass ihm die blockierten 800.000 Schweizer Franken wieder freigegeben werden.

Über Amsterdam wölbt sich ein strahlend blauer Himmel, als Heinrich Kieber am Nachmittag des 13. Februar 2003 an der Centraal Station aus dem roten Ford Fiesta mit deutschem Kennzeichen steigt, seine Koffer und Taschen auslädt und sich beim Fahrer verabschiedet. Kieber nimmt, nachdem seine Mitfahrgelegenheit außer Sichtweite ist und er sich versichert hat, dass er nicht verfolgt wird, ein Taxi, das ihn ins zwanzig Minuten entfernte Monnickendam bringt, ein Städtchen am Markermeer, nordöstlich von Amsterdam.

Kieber hat Berlin verlassen, weil er sich zusehends verfolgt fühlt. Vor seiner Abreise Anfang Februar hatte er Fürst und Krisenstab darüber informiert, dass er aus Deutschland fortgehen und die Daten mitnehmen werde. In Liechtenstein fürchtet der Krisenstab, dass Kieber in einer mobilen Grenzkontrolle hängenbleiben könnte. Auf der anderen Seite ist man froh, dass er die Daten nicht mehr in Deutschland, in der Höhle des Löwen, aufbewahren will.

Hier in Monnickendam hat sich Kieber übers Internet ein Zimmer im *Flowergarden* reserviert. Der *Flowergarden* ist ein kleines Bed and Breakfast, das in der Margrietstraat liegt, in einer schmucken niederländischen Reihenhaussiedlung aus zweigeschossigen grauen Klinkerhäusern mit kleinen Gärtchen davor. Im Garten hinter dem Haus wird der *Flowergarden* seinem Namen gerecht: Hier sorgt Gastgeberin June Goede in der warmen Jahreszeit mit ihrer Blumenpracht für einen wahren Farbenrausch. Gegenüber June Goede nennt sich Heinrich Kieber Claudio: »An seinen Nachnamen kann ich mich nicht erinnern. Claudio war ein großer, sehr höflicher Mann, der sich immer an die Hausregeln hielt. Er war immer furchtbar nervös, und die ganze Zeit plapperte er. Ich erinnere mich, wie ein Gast ihn eines Morgens zurechtwies mit den Worten: ›Wenn Sie die Klappe halten würden, könnte ich endlich mein Frühstück essen.‹ Da hat er mir furchtbar leidgetan. Mein Mann und ich haben uns aber auch gefragt, ob Claudio wohl ganz richtig im Kopf ist.« Kieber ist ein ungewöhnlicher Gast im *Flowergarden*, denn schon am ersten Tag zahlt er sein Zimmer für einen Monat im Voraus.

In den ersten Tagen in den Niederlanden bemüht sich Kieber um ein Bankfach, um seine wertvollen Datenträger sicher zu lagern. Vergeblich: »Als Nicht-EU-Bürger und ohne Aufenthaltsbewilligung in Holland war es mir unmöglich, ein Konto zu eröffnen, die Voraussetzung für eine Safemiete.«[143] Laptop, DLT-Tape, Festplatten und Papierdokumente verstaut er darum in seinem Koffer, »den ich ganz hinten im eingebauten Kleiderschrank verstaute«.[144]

Nachdem Kieber sich im *Flowergarden* eingerichtet hat, fährt er nach Amsterdam, wo er von einem Internetcafé aus nach zwei Wochen Funkstille wieder ein Lebenszeichen an den Fürsten schickt. Während der kommenden beiden Wochen tauschen Kieber und der Fürst schriftliche Nachrichten aus. Das funktioniert so: Kieber hat ein Webmail-Konto eingerichtet. Möchte er dem Fürst eine Nachricht hinterlassen, schreibt er eine Mail und legt sie im Entwurfsordner ab. Der Fürst hat von Kieber das Passwort für das Konto erhalten. Will er Kiebers Nachrichten lesen, loggt er sich ein und schaut in den Entwurfsordner. Keine von Kiebers Nachrichten verlässt also jemals das Postfach – und da sie nicht gesendet werden, können sie auch nicht abgefangen und mitgelesen werden.

Ende Februar haben sich die beiden Parteien darauf verständigt, dass sich Bankdirektor Pius Schlachter Anfang März mit Kieber zu einem Vier-Augen-Gespräch treffen wird. Wo, das will Kieber dem Bankdirektor zu gegebener Zeit mitteilen. Kriminalpsychologe Müller gibt aufgrund der bisherigen intensiven Kommunikation zwischen dem Fürsten und Kieber eine neue Einschätzung ab. In seiner aktuellen Analyse relativiert er die anfänglich befürchtete Gefährlichkeit des Erpressers. Weil sich Heinrich Kieber kooperativ verhält und ein Treffen bevorsteht, beschließt der Krisenstab, Druck aus der Fahndung zu nehmen.

Dann ziehen sich Staatsanwaltschaft und Polizei aus dem Krisenstab zurück. Seit Ausbruch der Kieber-Krise leiden die Vertreter des liechtensteinischen Justizapparates unter argen Gewissensnöten, da sie sich dem politisch erwünschten Vorgehen zu beugen haben und nicht auf der Basis üblicher zwischenstaatlicher Zusammenarbeit operieren können. Die Justizbehörden sind heilfroh, sich dem undankbaren Fall nicht mehr widmen zu müssen. Der Spagat zwischen Strafverfolgungs-, Staats- und Unternehmensinteressen hat vorerst ein Ende.

Von nun an sind zwei Personen operativ mit dem Projekt Datenklau betraut: Bankdirektor Pius Schlachter, der als Verbindungsmann zu Kieber agiert, und Kriminalpsychologe Thomas Müller, der im Hintergrund für die LGT-Task-Force Strategien entwickelt, Analysen vornimmt und Verbindungsmann Schlachter für die geplanten Treffen mit Kieber coacht.

Heinrich Kieber beschreibt das erste Treffen mit Pius Schlachter folgendermaßen: Am Abend vor der ersten Zusammenkunft habe er Bankdirektor Schlachter instruiert, am folgenden Morgen nach Amsterdam zu fliegen. Er selbst werde aus einer anderen Stadt ebenfalls dorthin reisen. Finale Anweisungen zum Treffpunkt erhalte Schlachter telefonisch in Amsterdam. Dort habe er, Kieber, den Bankdirektor auf eine Grachtenfahrt geschickt, während er selbst von Land aus beobachtete, ob jemand dem Boot folge und Schlachter tatsächlich allein sei. Sowie er sicher gewesen sei, in keine Falle zu tappen, habe er sich auf einer Brücke postiert. Und als der Canal Bus unten vorbeigetuckert sei, habe er Schlachter angewiesen, an der nächsten Anlegestelle auszusteigen.

Das Gespräch zwischen Schlachter und Kieber ist ein erstes vorsichtiges Herantasten. Die beiden einigen sich auf ein Folgetreffen. Zeit und Ort wolle Kieber bekanntgeben. Nachdem sich die beiden voneinander verabschiedet haben, taucht Kieber im Gewusel der Großstadt unter: »Ich wollte und musste mein Monnickendam vor Entdeckung durch Hans-Adam schützen. Deswegen musste ich tief in die Trickkiste greifen, um nach dem Abendessen mit dem Bankdirektor den Weg nach Hause so gut es ging zu verschleiern.«[145]

Damit seine Gegner gar nicht erst auf dumme Gedanken kommen – etwa, ihn beim geplanten Treffen filmreif von obskuren Söldnern entführen zu lassen –, hat Kieber vorgesorgt. Der Task-Force hat er schon zu Beginn seiner Operation mitgeteilt, wie seine Lebensversicherung funktioniere: »Ich habe es so eingerichtet, dass ich ohne meine physische Präsenz Dritten Zugriff auf Alles (DLT-Tape, Originaldokumente, externe Harddisk, DVDs) oder auf einzelne Datenträger gewähren kann. Ich aktiviere einen vorbereiteten zeitlich programmierbaren E-Mail-Versand. In einer ersten E-Mail (Text in Englisch und Deutsch) beschreibe ich, wer ich bin, was ich habe und meine Gründe, warum ich es tue.«[146] Die Adressaten, so Kieber, würden von der US-Botschaft in Berlin über den BND bis zum *Spiegel* reichen. Die Empfänger würden, sofern der Versand der E-Mails nicht rechtzeitig deaktiviert würde, später automatisch eine zweite Mail erhalten: »Darin teile ich ihnen zusätzlich mit, wie sie direkt an die (lesbaren) Tapes und die Originaldokumente kommen.«[147]

Obwohl Kieber also in bester Agentenmanier darauf achtet, sich abzusichern und ja keine Spuren zu hinterlassen, kann er es sich nicht verkneifen, zu Hause bei Freunden anzurufen. Einer, bei dem sich der Flüchtige meldet, ist Sandro Bertini, dem Kieber einst weismachen wollte, er fahre für ein paar Wochen zum Skifahren. Bertini erinnert sich: »Wie es mir gehe, wollte Henry wissen. Er sei grad in Deutschland. Da sagte ich zu ihm: ›Hör mal, die Polizei sucht dich. Was ist hier los?‹ In der gleichen Sekunde hat er aufgelegt. Er hatte vermutlich Angst, dass mein Telefon überwacht wird.«

Daraufhin schreibt Kieber einen Brief an Bertini: »Ich möchte mich entschuldigen; für all die unangenehmen Momente, die du wegen mir erleben musstest. Ich hoffe, du kannst mir verzeihen. Weil die Argentiniensache nicht so gelaufen ist, wie sie laufen sollte, habe ich böse Briefe an gewisse Leute im Land versandt: Die Reaktion – wie du selber erlebt hast – ließ nicht lange auf sich warten. Aber, mit ruhigen Gesprächen kann man (hoffentlich) alles lösen. PS: Diesen Brief habe ich einem Schweizer Touristen mitgegeben.« Die Schweizer Marke auf dem Brief ist mit dem Stempel der Poststelle 8058 Zürich-Flughafen entwertet.

Als hätte man in Liechtenstein nicht schon mit dem Fall LGT-Kieber mehr als genug zu schaffen, sieht sich zur gleichen Zeit nun auch die Liechtensteinische Landesbank (LLB) mit einem Erpresser aus den eigenen Reihen konfrontiert. Der bei der LLB beschäftigte Vermögensverwalter Roland L. hat im Jahr 2000 damit begonnen, Screenshots von Profilen vornehmlich deutscher Kunden auszudrucken und beiseitezuschaffen. In drei Jahren drückt er über zweitausend Mal die »Prt-Scn«-Taste und produziert so eine ansehnliche Verhandlungsmasse für seine Erpressung, die ihren Lauf nimmt, als er Anfang 2003 seinen Job kündigt. Zunächst gibt sich Familienvater L. bescheiden: Er verlangt die Reduktion seiner Hypothek, die vorzeitige Auszahlung seiner Pension, einen externen Beratervertrag und 700.000 Franken bar auf die Hand. Die Bank geht auf den Deal ein: Sie übergibt Roland L. eine erste Tranche von 100.000 Franken und bietet ihm eine lebenslängliche Rente an.[148]

Dass seine ehemaligen Chefs von der LLB so rasch einlenken, lässt Roland L. gierig werden. Es dämmert ihm, wie wertvoll sein Material tatsächlich ist. Nun verlangt er 18 Millionen Franken, erst dann werde er seinen Satz von Kontoauszügen der Bank zurückgeben. Um bei der Bank die Zahlungsbereitschaft zu erhöhen, schreckt er einige deutsche LLB-Kunden auf, indem er ihnen Kopien der von ihm gemachten Screenshots zukommen lässt.

Während die LGT dem Fürsten gehört, handelt es sich bei der LLB, der zweitgrößten Bank in Liechtenstein, um das Tafelsilber des Volkes. Die Aktien der LLB werden an der Börse gehandelt. Zwei Drittel der Anteilsscheine sind jedoch nach wie vor im Staatsbesitz und bescheren dem Land Liechtenstein Jahr für Jahr eine ansehnliche Dividende. Im abgelaufenen Geschäftsjahr 2002 immerhin rund 40 Millionen Schweizer Franken – 1.100 Franken pro Einwohner.[149] Thomas Müller, der wegen seines Engagements bei der Fürstenbank seine Zelte in Liechtenstein aufgeschlagen hat, wird nun auch für den Fall LLB herangezogen. Für Müller, der dabei ist, sich als Workplace-Violence-Consultant neu zu erfinden, ein Geschenk des Himmels. Er bearbeitet nun zwei höchst sensible Mandate, die sowohl für die betroffenen Finanzinstitute wie auch für das Land Liechtenstein existenzbedrohend sind. Wenn er hier reüssierte, würde er nicht nur sein Renommee als Profiler weiter befördern, er hielte auch unschätzbar wertvolle Referenzen als diskreter Problemlöser für erpresste Unternehmen in Händen.

Im Laufe der Monate März und April treffen sich Heinrich Kieber und Pius Schlachter mehrfach in verschiedenen niederländischen Städten. Einen substanziellen Fortschritt, gar eine Vereinbarung über die Rückgabe der Daten, kann LGT-Geschäftsleitungsmitglied Schlachter dabei nicht erzielen. Nun manövriert sich Thomas Müller in Position: Er bietet sich der LGT-Task-Force als Verhandler an, als neutrale Person, die zwischen den Parteien Kieber und LGT vermittelt. Aus dem Profiler wird ein Negotiator.

Kieber ist von der Idee, dass ein »Psychofreak«[150] mit ihm verhandeln soll, nicht eben begeistert, zumal ihm Schlachter nicht verraten will, wer dieser Kriminalpsychologe ist, der im Hintergrund die Strippen zieht. Nachdem ihm Schlachter versichert hat, dass es sich um eine Kapazität auf dem Gebiet handle, lenkt Kieber schließlich ein. Pius Schlachter erhält das Einverständnis von Kieber, den Psychologen zum nächsten Treffen mitbringen zu dürfen. Eine Begegnung, in die Kieber hohe Erwartungen setzt: »Mai 2003. Noch zwölf Tage bis zum wohl wichtigsten Treffen. Ich packte die LGT-Dokumente schon mal um, so dass ich sie bei Bedarf schnell griffbereit und reisefertig hatte.«[151]

Thomas Müller hat seine erste Begegnung mit Heinrich Kieber in Amsterdam in seinem Buch *Gierige Bestie* leicht verfremdet verarbeitet. Er beschreibt darin, wie verblüfft er ist, als Kieber ihn mit Titel und vollem Namen begrüßt, obschon der Name Müller noch nie gefallen ist in den bisherigen Gesprächen: »›Nun was ist denn ihr eigentlicher Auftrag, Herr Doktor

Müller, warum sind Sie hier?‹ Und ohne die Antwort abzuwarten, fügte er hinzu: ›Ich habe es mir gedacht, dass man Sie schicken wird.‹«[152] Kieber sei nach einer kleinen Netz-Recherche rasch klargeworden, dass es sich bei der Person, die nun mit ihm verhandeln werde, um niemand anders als Müller handeln könne. Müller ist unschlüssig, ob ihn »diese Aussage ehren sollte oder ob es Teil seines [Kiebers] manipulativen Spiels war. Er erkannte meinen persönlichen Narzissmus in allen kriminalpsychologischen Angelegenheiten.«[153]

Heinrich Kieber kann sein Glück kaum fassen: Die LGT-Task-Force bietet den prominentesten europäischen Kriminalpsychologen auf, der mit ihm verhandeln soll! Dass sich derart hochkarätige Experten um ihn kümmern, schmeichelt seinem Ego ungemein. Und auch Kriminalpsychologe Müller kribbelt es angesichts der Tatsache, dass er an diesem faszinierenden Exemplar eines Arbeitsplatzkriminellen forschen darf: »Er besaß mit Sicherheit eine Gabe, die mich schon immer faszinierte: die Antizipation. Dieser Mann war mit Sicherheit nicht nur in der Lage zu verstehen, sondern vor allem vorherzusehen.«[154] Und weiter: »Ich wusste, dass er ein Meister der Manipulation war, aber diese Sätze, die Sprache, die er verwendete, die Beispiele, die er brachte, und vor allem seine privaten Äußerungen konnten nicht gespielt sein.«[155] Was Promi-Profiler Müller nicht merkt: Er ist soeben seinem Meister begegnet.

Im Auftrag der Task-Force unterbreitet Thomas Müller das aktuelle Angebot: Kieber müsse nach Liechtenstein zurückkehren und sich für seine Taten vor einem Gericht verantworten, dafür erhalte er freies Geleit bis zur Verhandlung. Die LGT bezahle ihm einen Anwalt, und er könne kostenlos ein Apartment bewohnen, das der Bank gehört. Ob Kieber zu diesem Zeitpunkt bereits weiß, dass der Oberste Gerichtshof in Vaduz seine Revision gegen das Urteil in Sachen Erstattung des Kaufpreises für die Wohnung in Barcelona rechtskräftig abgewiesen hat und damit das blockierte Geld in Österreich endgültig verloren ist, ist unklar. Kieber zufolge habe ihm Müller zugesichert, dass die Justiz in Liechtenstein angewiesen werde, »so lange mit einem endgültigen Urteil zu warten, bis ein Kriminalgericht in der Sache Argentinien letztinstanzlich ein Urteil gefällt habe«. Dabei wurde die Untersuchung gegen Helmut R. und Mariano M. in der Argentiniensache bereits ein halbes Jahr zuvor eingestellt. Gesichert ist hingegen, dass Kriminalpsychologe Müller den Datenklau-Experten Kieber mit der Aufforderung ehrt, detailliert zu Händen des Fürsten niederzuschreiben, wie er den Diebstahl begangen habe und welche Maßnahmen er vorschlage, um in Zukunft ähnliche Fälle verhindern zu können. Der Erpresser Kieber wird von Kriminalpsychologe Müller zum Sicherheitsexperten befördert.

Ende Juni 2003, fast vier Monate nach Kiebers Ankunft in den Niederlanden, sind sich Müller und er so weit handelseinig, dass er die Rückkehr nach Liechtenstein antreten kann. Heinrich Kieber alias Claudio verabschiedet sich vom *Flowergarden* in Monnickendam und seiner Vermieterin June Goede. Dort hat man den liebenswürdigen, wenn auch kauzigen Langzeitgast liebgewonnen.

»An meinem Geburtstag im Juni«, erzählt June Goede, »brachte er mir etwas Kleines für meinen Garten. Als Claudio seinen Auszug ankündigte, sagte er, er wolle wieder nach Australien zurückkehren, wo er ein Guesthouse besitze, das er während seiner Abwesenheit an Studenten vermietet habe. Vorher werde er aber noch seine Mutter besuchen, die in Spanien wohne.«

8. IM NAMEN VON FÜRST UND VOLK
2003 BIS 2005

Klaus Niederer* steht an diesem angenehm kühlen Julimorgen des Jahres 2003 hüfttief mit seinen Fischerstiefeln im Rhein, der die Grenze zwischen Liechtenstein und der Schweiz markiert. Die schneefreien Berggipfel leuchten im Licht der aufgehenden Sonne orange. Als er ansetzt, die Angel zum ersten Mal auszuwerfen, klingelt sein Handy in der Brusttasche, und Niederer ärgert sich, dass er vergessen hat, das Gerät auszumachen. Aber, überlegt er, wenn jemand so früh am Morgen anruft, muss es etwas Wichtiges sein: »Am Apparat war ein bestens gelaunter Henry. Er sei jetzt wieder in Liechtenstein, und er werde später am Tag bei mir im Büro vorbeischauen.«

Niederer hat Kieber zwei Jahre zuvor kennengelernt, als er beim Angeln war und Kieber mit seinem Fahrrad auftauchte und einfach loszuplappern begann. Zuerst ärgerte sich Klaus Niederer über den Zappelphilipp, der ihm die Fische vertrieb. Doch das legte sich schnell, und mit der Zeit entwickelte sich eine Freundschaft zwischen den beiden. Niederer gegenüber hatte Kieber schon vor seinem plötzlichen Verschwinden angedeutet, dass er in juristischen Schwierigkeiten stecke – ohne aber zu viel zu verraten. »Als er das halbe Jahr weg war, hatte mir jemand gesteckt, dass und weshalb Henry gesucht werde. Als er mich später bei der Arbeit besuchte, konfrontierte ich ihn mit dem, was ich gehört hatte. Er stritt zuerst kategorisch ab. Wir haben uns die kommenden Wochen und Monate öfter getroffen, und peu à peu hat er mehr von dem preisgegeben, was vorgefallen ist.«

Die LGT hat ihren verlorenen Sohn am Buchenweg 1 in Vaduz einquartiert. Das vorstädtische Schwefelquartier wird beherrscht von mehrgeschossigen Wohnblöcken und Hochhäusern aus den 1970er Jahren. Einen knappen Kilometer vom Buchenweg entfernt in Richtung Ortsmitte hat die Staatsanwaltschaft ihre Büros. Kriminalpsychologe Müller hat, nachdem er zusammen mit seinem Schützling am 1. Juli aus den Niederlanden kommend in Vaduz eingetroffen war, Quartier im Hotel *Meierhof* bezogen. Auch der *Meierhof* liegt in unmittelbarer Nähe zu Kiebers neuem Domizil: Läuft man die Meierhofstraße 500 Meter runter, ist die erste Straße auf der rechten Straßenseite der Buchenweg. Und keine 300 Meter Luftlinie von Kiebers Wohnung entfernt hat Jules Hoch, der Leiter der Kriminalpolizei, sein Büro: »Nachdem Kieber zurückgekehrt war, hatte ich dienstlichen Kontakt mit ihm. Aber es gab auch immer wieder – ich nenne es mal halbprivate Kontakte. Ein Beispiel: Als ich im Supermarkt beim Kühlregal stand, kam Herr Kieber auf mich zu, sprach mich an und nagelte mich förmlich bei dieser Vitrine fest mit irgendeinem Anliegen, das er bezüglich seines Falles hatte. Bei jeder Gelegenheit, beim Einkaufen, bei Festen im Dorf, auf dem Jahrmarkt, hat er sofort Kontakt aufgenommen. Das war schon auffällig, dass er keine große Unterscheidung gemacht hat zwischen den dienstlichen Kontakten hier und den privaten Begegnungen da.«

Ebenso bemerkenswert für den obersten Kriminalpolizisten Liechtensteins ist »die vielschichtige Persönlichkeit Kiebers. Mit welcher Planung er einerseits dieses Delikt ausgeübt hat – die Daten beschafft, alles vorbereitet hat, bis hin zur Auflösung seiner Wohnung. Herr Kieber hat sich offensichtlich über Monate mit den Vorbereitungen zu dieser Straftat auseinandergesetzt. Das ist eher die Ausnahme, dass man bei der Polizei mit solchen Tätern zu tun hat. Kieber ist an sich ein sehr intelligenter Mensch, der sehr genau planen kann, Eventualplanungen vornimmt: Was mache ich, wenn die Behörden diesen oder jenen Schritt unternehmen? Andererseits war er im direkten Kontakt ein sehr hektischer, sprunghaft denkender Mensch. Man hatte wirklich den Eindruck, hier sind zwei verschiedene Personen, mit denen man es zu tun hat.«

An einem der heißen Tage des Jahrhundertsommers 2003 ist Kiebers Onkel Guntram Vetter mit dem Auto auf dem Weg zurück aus den Bergen Liechtensteins: »Ich war in Malbun gewesen, und kurz vor Vaduz fuhr ich an Heinrich vorbei, der die Meierhofstraße entlangging. Ich dachte mir, das gibt's doch gar nicht! Denn bei mir hatte er sich nach seiner Kündigung bei der LGT mit den Worten verabschiedet, er ziehe wieder nach Australien. Also fuhr ich rechts ran und fragte ihn: ›Was machst denn du wieder hier?‹ Heinrich hat mit den Armen gerudert und vorgeschlagen, einen Kaffee zu trinken. Da erzählte er: ›Die LGT zahlt mir die Wohnung ein Jahr lang, und Geld bekomme ich auch noch von ihnen, unter der Bedingung, dass ich in einem Jahr wieder weg bin.‹«

Offenbar hat Kriminalpsychologe Thomas Müller in Amsterdam das Kompensationspaket für Kieber nicht bis ins letzte Detail aushandeln können. Um die letzten Unklarheiten aus dem Weg zu räumen, bespricht sich Kieber nun direkt mit dem Fürsten.

Zur Audienz chauffiert ihn sein Onkel Guntram Vetter: »Heinrich hatte ja kein Auto mehr. Er rief mich darum an, ob ich ihn zum Schloss Vaduz fahren würde, er habe einen Termin beim Fürsten. Ich scherzte mit ihm: ›Ja, wenn du einen Termin beim Fürsten hast …!‹ Dann fuhr ich Heinrich rauf und lud ihn ab.«

Was Kiebers zentrale Forderungen sind, hat er im Vorfeld seinem ehemaligen Sozialarbeiter Manfred Greiner verraten, der in das Argentinien-Abenteuer insofern involviert war, als er Kiebers geheimes Sparbuch mit den 800.000 Schweizer

Franken bei der Bawag-Bank an Helmut R.s Schwager aushändigte: »Als wir uns einmal in der Zeit um 2003/2004 trafen, erzählte Heinrich mir von diesem spanischen Haftbefehl. Der müsse weg. Und er wolle das Geld zurück, das er auf seinem Bawag-Konto hatte. Dabei müsse ihm der Fürst helfen.«

Das »Bedürfnis« (O-Ton: Thomas Müller) Kiebers, Liechtenstein in Richtung Australien zu verlassen, lässt sich nur befriedigen, wenn die spanischen Haftbefehle aufgehoben werden. Die würde die spanische Justiz jedoch erst aufheben, wenn Kieber vor einem spanischen Gericht erscheint – oder wenn er sich wegen der Betrügereien in Barcelona und auf Mallorca einem liechtensteinischen Gericht stellt. Nur: Einen Freispruch kann es für Kieber dabei kaum geben, zu offensichtlich sind die Umstände des Wohnungsbetrugs in Barcelona, so viel ist allen Beteiligten klar. Damit steht auch fest, dass ein Eintrag in Kiebers – allen Gaunereien zum Trotz – bisher lupenreines liechtensteinisches Strafregister kaum zu vermeiden ist. Und damit stellt sich das nächste Problem: Den australischen Einwanderungsbehörden wird Kieber, wenn alle juristischen Steine auf dem Weg nach Down Under aus dem Weg geräumt sind, einen Auszug aus dem Strafregister vorlegen müssen. Mit einem Eintrag als frisch verurteilter Betrüger wiederum hat Kieber keine Chance, den zwingend vorgeschriebenen »Charaktertest« der Einwanderungsbehörde zu bestehen.

Aber nur weil die Lage aussichtslos erscheint, heißt es noch lange nicht, dass sie es tatsächlich ist. Hans-Adam von Liechtenstein und Heinrich Kieber werden sich jedenfalls bei ihrem Rencontre auf Schloss Vaduz rasch handelseinig, wie das Staatsoberhaupt Jahre später in einem Gespräch mit Radio Liechtenstein verrät: »Es war vom spezifischen Fall so, dass Kieber im Grunde genommen Probleme hatte und wir die im Wesentlichen gelöst hatten und uns geeinigt haben, dass er den Gerichten zugeführt wird und dass er danach das Land verlassen wird und die Daten herausgibt.«[156]

Ein kleiner Erfolg ist es für Kieber, dass der französische Adelige Henri E. C., dem Kieber die Aktien der gibraltarischen Gesellschaft Lyonsia und damit die Luxuswohnung am Hafen von Mallorca für ein Butterbrot abgenommen hatte, seine Anzeige zurückzieht. Zu vage scheinen Henri E. C. die Erfolgsaussichten, um gegen Kiebers raffiniert eingefädelten Deal anzukommen – und obendrein hat er keine Lust darauf, sich gegenüber dem französischen Fiskus wegen der Wohnung auf Palma erklären zu müssen.

Was den Wohnungsbetrug in Barcelona angeht, übernimmt die liechtensteinische Staatsanwaltschaft die Verfolgung Kiebers von ihren spanischen Kollegen, da Kieber als liechtensteinischer Staatsangehöriger ohnehin nicht nach Spanien ausgeliefert werden kann. Die Liste der Verbrechen und Vergehen, die die Staatsanwaltschaft Kieber vorwirft, ist lang: schwerer Betrug (Wohnung in Barcelona), gefährliche Drohung gegen den Landesfürsten (Erpressung), versuchte schwere Nötigung (Erpressung), Auskundschaften eines Geschäftsgeheimnisses zugunsten des Auslandes (angedrohte Weitergabe der LGT-Daten an BND, *Spiegel* etc.), Datenbeschädigung (Datenklau) und Urkundenunterdrückung (gestohlene Originaldokumente). Allein für den schweren Betrug mit »besonders großem Schaden« wie auch für die gefährliche Drohung gegen den Landesfürsten sieht das liechtensteinische Strafgesetzbuch Strafmaße von jeweils einem bis zu zehn Jahren vor.

Mit der Verteidigung von Heinrich Kieber ist der Österreicher Wolfgang Müller beauftragt, der seit vielen Jahren in Liechtenstein als Rechtsanwalt arbeitet. Ein berühmter Klient, den Müller vertritt, ist der liechtensteinische Treuhänder Herbert Batliner, dem 1997 unter anderem die geheimen Kundendaten von Springreiter Paul Schockemöhle abhanden gekommen waren. Schockemöhle verklagte daraufhin in Liechtenstein seinen ehemaligen Treuhänder auf 16 Millionen Euro Schadenersatz.[157] 2004 wird der Oberste Gerichtshof Liechtensteins die Klage Schockemöhles letztinstanzlich abweisen und feststellen, dass liechtensteinische Treuhänder für Steuerschulden und Steuerstrafen ihrer Kunden schadenersatzrechtlich nicht haften.

Wolfgang Müller hat das Mandat Kieber auf Ersuchen der LGT übernommen, als der noch im Ausland mit seinem Namensvetter, dem Kriminalpsychologen Thomas Müller, über die Konditionen der Rückkehr verhandelte. Kiebers Verteidiger hat »den sehr bestimmten Eindruck, dass Heinrich Kieber unter das, was er bis dahin getan hatte, wirklich einen Schlussstrich ziehen wollte, um als freier Mann das Land wieder verlassen zu können. Sein ganzes Bestreben ging dahin, wieder nach Australien zurückkehren zu können.«

Obschon man grundsätzlich handelseinig ist und einen Weg sucht, Kiebers Traum von Australien im Austausch gegen die gestohlenen Daten zu verwirklichen, treibt die LGT-Task-Force eine zentrale Frage um: Wie kann sie Gewissheit erhalten, dass Kieber nicht doch eine Kopie der umfangreichen Treuhanddatenbank zurückbehält? Der Aufwand, die elektronischen Daten von einer Festplatte auf eine andere umzukopieren, ist minimal – und hinterlässt keinerlei Spuren.

Die Task-Force vertraut in dieser Frage auf die Künste des Star-Psychologen Thomas Müller, wie Nicola Feuerstein, der damalige Geschäftsführer der LGT Treuhand, später aussagt: »Müller hat damals den ganzen Prozess begleitet und betreut. Seine Meinung war wesentlich für die Einschätzung der Bedrohung.«[158] Thomas Müller arbeitet intensiv mit Kieber und versucht auszuloten, ob Kieber – trotz seiner vordergründigen Kooperationsbereitschaft – nicht vielleicht doch etwas im Schilde führt. Denn auch Kriminalpsychologe Müller weiß: »Die Tarnung, die Täuschung, die Lüge, das hat kein Gesicht.«[159] Immer wieder drängt er Kieber dazu, endlich die Summe zu nennen, die er für die Daten haben wolle. Kieber gibt sich empört und verneint, dass er Geld vom Fürsten wolle. Er sei doch kein

Erpresser, kein primitiver Krimineller. Wie Kieber zum Fürstenhaus stehe, will der Kriminalpsychologe wissen. Kieber beteuert Mal für Mal, dass er dem Fürstenhaus nicht schaden wolle, sondern nur sein Problem gelöst wissen möchte. »Aber«, sagt Klaus Niederer, dem Kieber in den kommenden Monaten die ganze Geschichte beichtet, »Henry hat die Gegenseite natürlich verstehen lassen, dass seine finanzielle Situation angespannt sei und er ein kleines Startkapital für seinen Neustart in Australien nicht verschmähen würde.«

Was der Kriminalpsychologe nicht weiß: Sein Forschungsobjekt bereitet sich gewissenhaft auf die regelmäßigen Treffen mit Müller vor, sagt Kiebers Freund Niederer: »Henry hatte eine Saufreude daran, dass der berühmte Müller ihn betreute. Gleichzeitig wusste er, dass der Kriminalpsychologe ihn ständig ins Kreuzverhör nimmt. Um gewappnet zu sein, hat Henry jeweils vor den Treffen mit Müller seine Antworten und sein Verhalten vor dem Spiegel geübt.« Heinrich Kieber spielt vergnügt Thomas Müllers Spiel mit.

Nach unzähligen Gesprächen mit Kieber gibt Thomas Müller schließlich Entwarnung. In der Task-Force atmet man ob der Analyse des Kriminalpsychologen auf, »dass keine Bedrohung mehr gegeben sei«.[160] Aber ist Kriminalpsychologe Müller wirklich der richtige Mann, um Kiebers Psyche zu beurteilen? Krankhafte Auffälligkeiten festzustellen und daraus eine Gefährlichkeitsprognose abzuleiten gehört nicht zum Tätigkeitsfeld des Kriminalpsychologen, gibt Thomas Müller selbst zu: »Das fällt in die Disziplin der forensischen Psychiatrie.«[161]

Weiß die Task-Force, weiß Thomas Müller überhaupt, mit wem sie es zu tun haben? Kennen sie zu diesem Zeitpunkt Kiebers Vorleben? Wohl kaum. Es wäre die Aufgabe der Task-Force gewesen, sich sofort nach Bekanntwerden der Erpressung im Januar 2003 ein umfassendes Bild von ihrem Gegenüber zu machen und seine Vergangenheit gründlich zu durchforsten. Weshalb erteilt die LGT mit ihren schier grenzenlosen Ressourcen nicht einer international vernetzten Detektei den Auftrag, ein Profil von Kieber zu erarbeiten? Eine Detektei, mit entsprechenden finanziellen und personellen Mitteln ausgestattet, hätte das Bild binnen Wochen zusammengepuzzelt. Sie hätte ihrem Auftraggeber berichtet, dass Kieber von der neuseeländischen Polizei gesucht wird, dass er seine Landlady in Sydney betrogen hat, in München einen Jeep gestohlen hat, in Australien zum Schein verheiratet war, einen Versicherungsbetrug anzettelte und mit dem Zoll im Clinch lag, dass er auf Mallorca ein zweites merkwürdiges Immobiliengeschäft mit Verbindungen nach Gibraltar abgewickelt hat. Mit diesem Wissen hätten der Fürst und die Task-Force die Aussagen des Kriminalpsychologen über die angebliche Glaubwürdigkeit des Hochstaplers und Betrügers Heinrich Kieber wohl kaum für bare Münze genommen.

Da der Fürst und die Task-Force aufgrund von Thomas Müllers Analyse davon ausgehen, dass Kieber keine Gefahr mehr darstellt, rückt die Frage in den Hintergrund, ob man die Kunden der LGT Treuhand über den Datendiebstahl informieren sollte – oder ob die Kunden gar einen Rechtsanspruch darauf hätten, informiert zu werden. Informieren ja oder nein? Dazwischen gibt es nichts. Für den Fürsten und die Task-Force ist klar: Wenn sie all ihre Treuhandkunden informierten, dass hochsensible Daten – aus welchen Gründen auch immer – auf Wanderschaft seien, würden viele von ihnen umgehend Selbstanzeige erstatten und danach ihre Gelder von der LGT Treuhand abziehen. Die Geschäfte würden massiv einbrechen. Schlimmer noch ist für die LGT-Verantwortlichen der Gedanke, dass eine Kundeninformation über kurz oder lang an die Medien durchsickern würde und die interessierte Öffentlichkeit davon erführe, dass die vermeintlich so vertrauenswürdige LGT Treuhand leckt wie ein Sieb.

Eine weitere Überlegung der Task-Force: Wie würde Kieber reagieren, bekäme er Wind davon, dass die LGT hinter den

Kulissen präventiv Schadensbegrenzung betriebe? Könnte dies den Erpresser doch noch dazu veranlassen, seine Drohung wahr zu machen, die LGT-Kundendaten deutschen und amerikanischen Behörden zuzuspielen?

Schließlich liegt es am Alleinaktionär der LGT Group, eine Entscheidung zu treffen, wie Nicola Feuerstein, der damalige Geschäftsführer der LGT Treuhand, 2011 vor Gericht aussagt: »Wenn es um große strategische Fragen ging, gab es schon Gespräche mit dem Fürstenhaus. Die Frage, ob die Kunden informiert werden sollen, würde ich eher als strategische Frage bezeichnen.« Dem Fürsten stehen im Hinblick auf Kundeninformation folgende zwei Optionen zur Auswahl, erstens: das Prinzip Hoffnung. Man nimmt Kieber ab, dass er keine Kopie mehr hat respektive dass er, sollte er allen Beteuerungen zum Trotz eine Kopie in der Hinterhand haben, keinen Grund mehr sieht, diese einzusetzen, sobald man ihm seine Wünsche erfüllt hat. Zweitens: das Geschäftsmodell Liechtenstein zu begraben. Die Kunden werden informiert, die Nachricht sickert durch, die LGT wird zum Branchengespött, und Kieber zündet, davon angestiftet, seine Bombe. Der Eigentümer der Finanzgruppe entscheidet sich auf Basis von Thomas Müllers Einschätzung gegen eine Information der Kunden.

Die bleigrauen Wolken hängen tief über Vaduz, immer wieder gehen kurze, heftige Regenschauer nieder. Es ist kalt, gerade mal fünf Grad, als Heinrich Kieber am Dienstag, dem 21. Oktober 2003 die Wohnungstür am Buchenweg 1 hinter sich abschließt und den Fußmarsch zum Gericht in Angriff nimmt.

Heinrich Kiebers Fall wird von der liechtensteinischen Justiz auf der Überholspur durchgewinkt. Dreieinhalb Monate nach seiner Rückkehr in die Heimat steht er bereits vor Gericht. Ein frappanter Unterschied zu den quälend langen fünfeinhalb Jahren, die zwischen der Anzeige Kiebers gegen seine Peiniger Mariano M. und Helmut R. und der Einstellung der Voruntersuchung vergingen. Verhandelt wird – auf Antrag von Kiebers Anwalt Wolfgang Müller, der von der geschädigten Finanzgruppe bezahlt wird – unter Ausschluss der Öffentlichkeit.

Das Urteil fällt das Kriminalgericht noch am selben Tag: Heinrich Kieber wird wegen des Verbrechens des schweren Betrugs und der gefährlichen Drohung gegen den Landesfürsten und diverser Vergehen zu einer Freiheitsstrafe von vier Jahren verurteilt. Zweifelsohne ein angemessener Strafrahmen für seine Delikte. Bei der Strafbemessung wird Kieber zugute gehalten, dass er die gestohlenen Originaldokumente seinem ehemaligen Arbeitgeber zwar nicht zurückgegeben habe – aber, so das Kriminalgericht, »sämtliche Datenträger wurden nach Angaben der LGT Treuhand AG vom Angeklagten vernichtet, wobei er versicherte, keinerlei Kopien der Unterlagen und der Datenträger zurückbehalten zu haben«. Auch attestiert das Gericht, dass der Angeklagte bis dahin unbescholten gewesen, der Schaden aus dem Wohnungsbetrug wieder gutgemacht sei und »er seine Drohungen nicht verwirklichte und sich letztlich reuig zeigte«.

Heinrich Kieber kann es kaum fassen: »Ich war auf alles vorbereitet. Nur auf das nicht. Was für ein Schock. Zuerst dachte ich, mich verhört zu haben. Vier Jahre? Vier? Und nichts auf Bewährung ausgesetzt.«[162] Bei guter Führung könnte Kieber bestenfalls nach Verbüßung von zwei Dritteln der Strafe aus dem Gefängnis entlassen werden. So war das nicht abgemacht! Dass er in den Knast geht, ausgeschlossen! Nie wieder eingesperrt sein, hat er sich nach seinen Erlebnissen in Argentinien geschworen, und das hat er dem Kriminalpsychologen und dem Fürsten bereits im Vorfeld der Verhandlung klargemacht.

Drei Tage später meldet Kiebers Rechtsvertreter Wolfgang Müller im Namen seines Mandanten Berufung gegen das Urteil an. Dieses sei dergestalt abzuändern, dass »die über mich verhängte vierjährige Freiheitsstrafe schuld- und tatangemessen herabzusetzen und die Strafe bedingt nachzusehen« sei. Die Staatsanwaltschaft hingegen ist zufrieden mit dem Urteil und beantragt, »der Berufung des Angeklagten keine Folge zu geben«.

Ebenso zügig wie der Fall Kieber wird die Causa Roland L. von der liechtensteinischen Justiz abgearbeitet, der zu Jahresbeginn höchst dilettantisch die Liechtensteinische Landesbank – erfolgreich – um 100.000 Schweizer Franken und später – erfolglos – um weitere 18 Millionen erleichtern wollte. Auch die Landesbank ließ sich, wie erwähnt, beim Umgang mit dem Erpresser Roland L. vom Kriminalpsychologen Müller beraten, der praktischerweise bereits in Liechtenstein für die LGT tätig war. Beim Prozess gegen Roland L. wird die Öffentlichkeit aus Gründen der nationalen Sicherheit ausgesperrt. Das erstinstanzliche Urteil fällt das Gericht am 18. November 2003. Das Strafmaß gegen Roland L. ist vergleichbar mit der gegen Kieber verhängten Strafe: fünf Jahre Haft. Bei Vermögensdelikten in der Finanzwelt verstehen die liechtensteinischen Behörden keinen Spaß.

Eigentlich.

Mit Datum vom 21. November 2003 richtet Hans-Adam II., wie vereinbart, ein Schreiben an Heinrich Kieber, in dem er sich für die von Kieber verfassten »ausführlichen Gedanken« zur Verhinderung ähnlich gelagerter Fälle bedankt und unterstreicht, dass der Kriminalpsychologe Müller »mir in Ihrem Fall bereits im März dieses Jahres versicherte, dass Sie einzig und allein aufgrund einer ungünstigen Konstellation vieler Umstände zu dieser Handlung getrieben wurden und dass für Sie selbst die Sicherheit der Daten und damit auch die Sicherheit des Landes an erster Stelle stand«. Und dann holt der Fürst aus zur Justizschelte: Kieber sei freiwillig zurückgekehrt, habe den Schaden zur Gänze wiedergutgemacht und die entwendeten Dokumente unversehrt zurückgegeben und sein Wissen zur Verfügung gestellt, damit man derartige Katastrophen künftig vermeiden könne. Dies sei »als beispiellose Form der tätigen Reue und Wiedergutmachung zu werten«. Der Erbprinz und der Fürst hegten deshalb die »begründete Hoffnung«, dass dies »in Ihrer angestrebten Berufung entsprechend gewürdigt wird«.

Am 24. November, um 10.03 Uhr springt in der Anwaltskanzlei Müller in Liechtenstein das Faxgerät an. Kriminalpsychologe Thomas Müller gibt aus Wien »Bezug nehmend auf unsere fernmündliche Absprache« eine Stellungnahme ab. Das Schreiben ist gedacht als wohlmeinende Beurteilung zugunsten des Schützlings Kieber und gleichzeitig eine Werbung in eigener Sache, für sein feilgebotenes Produkt Workplace-Violence-Beratung: »Es hat sich gezeigt, dass in den letzten 18 Monaten ein massives Ansteigen von Workplace-Violence-Fällen beobachtet werden konnte, wobei eine international angelegte Untersuchung des renommierten Instituts Price Waterhouse & Cooper [gemeint ist die Unternehmensberatung PricewaterhouseCoopers] zeigte, dass jedes zweite größere Unternehmen im deutschsprachigen Raum Opfer geworden ist.« Nach der Werbung kommt Müller, wenn auch sprachlich umständlich, zum entscheidenden Punkt – zum Forschungsobjekt Kieber: »Die Informationen, die Heinrich Kieber aus der Sicht der Vorgehensweise, des Planungsgrades, einer möglichen Verhandlungsstrategie, der möglichen Motivlage, als auch aus Sicht des Täters angegebenen präventiven Gedanken stellen einen unschätzbaren Wert für die weitere Bearbeitung und mit Sicherheit auch der möglichen Prävention von Workplace-Violence-Fällen dar.«

Kiebers Anwalt Wolfgang Müller legt die Schreiben von Fürst Hans-Adam und Kriminalpsychologe Müller der Berufungsausführung an das Gericht bei. Die Justiz arbeitet weiter mit Hochgeschwindigkeit: Am 7. Januar 2004, dem ersten Arbeitstag nach den Gerichtsferien, verhandelt der zweite Senat des Obergerichts Kiebers Berufung – wieder unter Ausschluss der Öffentlichkeit. Im Verlauf der kurzen Verhandlung werden die beiden Briefe von Fürst und Kriminalpsychologe vom Gericht vorgelesen. Nachdem das Gericht aus der Beratung zurückkehrt ist, begründet der Vorsitzende des fünfköpfigen Senats, Rudolf Fehr, das revidierte Urteil:

Vom Verbrechen der Drohung gegen den Landesfürsten wird Kieber vom Obergericht freigesprochen, da der Fürst ohne Mitwirkung von Landtag respektive Regierung weder das von Kieber verlangte Sondergericht noch den Sonderstaatsanwalt hätte einsetzen können. Also, so das Gericht, habe Kieber dem Fürsten gar nicht erfolgreich drohen können. Was das Gericht außer Acht lässt: Der Fürst hat das verfassungsmäßige Recht, die Regierung zu entlassen, wenn er kein Vertrauen mehr in sie hat. Dass sein Vertrauen in die Regierung schlagartig erlöschen würde, wenn die sich nicht seinen Wünschen beugte, davon darf man angesichts seiner wüsten Drohungen in den vergangenen Jahren ausgehen. Auch kann der Landesfürst das Parlament aus »wichtigen Gründen« auflösen. Was wichtige Gründe sind, liegt allein im fürstlichen Ermessen. Das Gericht hält die Schuldsprüche wegen des Vergehens der versuchten Nötigung und der Urkundenunterdrückung (gemeint sind die Originaldokumente, die Kieber mitnahm) aufrecht. Vom Vergehen des Diebstahls wird Kieber hingegen freigesprochen, da »Feststellungen zum Bereicherungsvorsatz fehlen«.

Das Obergericht verurteilt Kieber somit nicht mehr wegen drei Vergehen und zwei Verbrechen, sondern lediglich wegen zwei Vergehen und einem Verbrechen, dem Betrug in Barcelona. Zu berücksichtigen hat das Gericht bei der Strafbemessung einen »besonderen Erschwerungsgrund«, nämlich dass bei Kieber »mehrere strafbare Handlungen« zusammengekommen sind. Allerdings, konstatiert das Gericht, stünden dem »eine Mehrzahl von besonderen, durchaus gewichtigen Strafmilderungsgründen gegenüber«. So sei, hält das Gericht weiter fest, »besonders mildernd zu berücksichtigen, dass der Angeklagte sich selbst dem Gericht gestellt«, er ein »reumütiges Geständnis« abgelegt, seine Aussage »wesentlich zur Wahrheitsfindung« beigetragen habe, der Betrug in Barcelona »mit seinem bisherigen Verhalten in auffallendem Widerspruch« stehe, der dort angerichtete Schaden wiedergutgemacht sei, er die gestohlenen Originaldokumente »vollständig und unversehrt« zurückgegeben habe und »dem Landesfürsten entscheidende und wichtige Hinweise gegeben hat«, um künftige Datendiebstähle verhindern zu können.

Das Gericht macht sich die Justizschelte des Fürsten, die dieser im Brief an Kieber formuliert hat, zu eigen und übernimmt Wort um Wort, Satz um Satz aus dessen Brief und dem Schreiben des Kriminalpsychologen. »Mit dieser geradezu beispiellosen Form der Reue und Wiedergutmachung«, so das Fazit des Obergerichts, »hat der Angeklagte sich eindrücklich von seinen ursprünglichen kriminellen Tendenzen distanziert.« Ebenso habe Kieber »klar zum Ausdruck gebracht, dass zwischenzeitlich seine Person ›geläutert‹ wurde und er entscheidend zur Befriedung des Genötigten beigetragen hat. Dies kommt klar im Schreiben des Landesfürsten an den Angeklagten zum Ausdruck, ebenso in dem Schreiben des Kriminalpsychologen Thomas Müller.« Hier muss man einwenden, dass es die Aufgabe des Gerichts wäre, sich ein eigenes Bild davon zu machen, ob Kieber tatsächlich »geläutert« wurde, wie dies der Geschädigte und sein Berater in ihren dem Gericht vorgelegten Briefen behaupten.

Unter Berücksichtigung der aufgeführten Gründe sei, so das Fürstliche Obergericht, die außerordentliche Strafmilderung gemäß Strafgesetzbuch zu gewähren und die verhängte Freiheitsstrafe »auf 1 Jahr herabzusetzen«. Und da der Angeklagte Kieber »aufgrund der von Kriminalpsychologe Thomas Müller aufgezeigten ›Lösungsansätze‹« das »Unrecht seiner Tat anerkennt«, und »aufgrund der durchaus günstigen Zukunftsprognose« wird die Strafe »im Namen von Fürst und Volk« zur Bewährung ausgesetzt.

»Keine Haft! Keine Haft! Das war es, was ich unter einem fairen Urteil verstand«, jubiliert Kieber.[163]

In Liechtensteins Justizapparat fällt die Reaktion ebenfalls emotional aus: Hinter zuknallenden Türen werden Stühle gegen die Wand getreten. Ein Jahr auf Bewährung! Die Staatsanwaltschaft überlegt lange, ob sie den Fall vor den Obersten Gerichtshof ziehen soll, sagt der Leitende Staatsanwalt Robert Wallner: »Aber es erschien uns aussichtslos. Es war so, dass das relativ milde Urteil vertretbar war«, eben weil das Gericht so viele außerordentliche Strafmilderungsgründe fand.

Das ist auch nicht weiter verwunderlich. Man muss sich nur einmal die Konstellation vor Augen halten:

Ein Senat des Fürstlichen Obergerichts besteht aus zwei ausgebildeten Juristen und drei Laienrichtern. Dominiert wird er vom Vorsitzenden. Die Richter werden seit der jüngsten Verfassungsreform auf Vorschlag des vom Fürsten beherrschten Richterauswahlgremiums vom Landtag für die Amtsdauer von vier Jahren gewählt. Dass der Fürst keine Beißhemmungen gegenüber unliebsamen Richtern kennt, hat er 1997 im Fall von Herbert Wille, dem Vorsitzenden der Verwaltungsbeschwerdeinstanz, exemplarisch demonstriert.

Im Gerichtssaal, am Kopfende hinter dem erhöhten Richtertisch, hängt denn auch mahnend das Porträt des Staatsoberhauptes. Rechts neben den Richtern sitzt die Anklage. Die Staatsanwaltschaft ist weisungsgebunden gegenüber der Fürstlichen Regierung. Die Regierung muss sich gemäß Artikel 80 der revidierten Verfassung stets darum bemühen, dass der Fürst das Vertrauen in die Regierung nicht verliert, da sonst ihre »Befugnis zur Amtsausübung erlischt«. Links neben dem Richtertisch ist der Platz des Angeklagten Heinrich Kieber, der den Fürsten erpresst hat. Erpresser und Erpresster haben sich bereits im Vorfeld des Verfahrens darauf geeinigt, dass Kieber, so der Fürst, »den Gerichten zugeführt und danach das Land verlassen wird«.[164]

Heinrich Kieber steht der Anwalt Wolfgang Müller zur Seite, dessen Honorar von der LGT-Gruppe bezahlt wird, die vollständig im Besitz der Fürstenfamilie ist. Eine wesentliche Rolle bei der Urteilsfindung spielt darüber hinaus Kriminalpsychologe Thomas Müller, dessen schriftliche Stellungnahme als Beweis aufgenommen und verlesen wird. Honoriert wird der geschätzte Kriminalpsychologe ebenfalls von der geschädigten LGT – mit rund 5.000 Franken pro Tag. Und schließlich meldet sich noch der Eigentümer der geschädigten Finanzgruppe, Hans-Adam von Liechtenstein, persönlich zu Wort. In seinem Schreiben an Kieber – das dem Gericht vorgelegt wird – hegt er »die begründete Hoffnung«, dass dessen wohlfeiles Verhalten in der »Berufung entsprechend gewürdigt wird«.

Egal, wohin man im Gerichtssaal blickt: Überall sitzt Hans-Adam von Liechtenstein mit am Tisch.

In welcher Funktion war Hans-Adam während der Bewältigung der Krise tätig? Handelte er als Banker oder als Staatsoberhaupt? Hans-Adam von Liechtenstein war sich der delikaten Situation von Beginn der Affäre Kieber an bewusst und thematisierte dies selbst bei einem Treffen mit dem Krisenstab. Vor diesem stellte er klar, dass er sich als Staatsoberhaupt nicht von Kieber erpressen und ihm keine staatliche Sonderbehandlung zukommen lassen werde.

Und als oberster Banker? Es ist grundsätzlich nichts dagegen einzuwenden, wenn sich der Eigentümer der LGT-Gruppe auf Verhandlungen mit einem Erpresser einlässt. Tagtäglich verhandeln auf der ganzen Welt Unternehmen mit Mitarbeitern, die sich unkorrekt oder auch ungesetzlich verhielten, um diese Fälle möglichst geräuschlos aus der Welt zu schaffen. Ist der Besitzer der erpressten Unternehmensgruppe zugleich mächtiges Staatsoberhaupt, wird die Sache allerdings heikel. Insbesondere dann, wenn ein Erpresser den Banker Hans-

Adam um geheime Daten erleichtert, von ihm aber fordert, in seiner Funktion als Staatsoberhaupt für ihn aktiv zu werden.

Spätestens nach dem – aus der Sicht Kiebers und des Fürsten – missglückten Urteil der ersten Instanz werden alle Vorsätze, zwischen Banker und Staatsoberhaupt zu unterscheiden, über Bord geworfen. Auch wenn die gewählte Vorgehensweise wenig subtil ist, eine plumpe Instruktion, wie sich das Gericht zu verhalten habe, drängt sich nicht auf. Sie ist auch gar nicht nötig. Die offensive Machtausübung des Fürsten in den vergangenen Jahren hat aus vielen von ihm tatsächlich oder vermeintlich abhängigen Untertanen Duckmäuser gemacht. Geflissentlich üben sie sich in vorauseilendem Gehorsam.

Mit juristischen Spitzfindigkeiten hält sich Heinrich Kieber gar nicht erst auf. Er freut sich, dass er gemeinsam mit der LGT-Task-Force und Kriminalpsychologe Müller den ersten Schritt auf seinem Weg nach Australien erfolgreich genommen hat: Er ist rechtskräftig wegen des Wohnungsbetrugs in Barcelona verurteilt, muss aber keine Haftstrafe antreten.

Nun können sich LGT und Heinrich Kieber daranmachen, das nächste Hindernis aus dem Weg zu räumen, um Kiebers internationale Reisefreiheit wiederherzustellen: den spanischen Haftbefehl. Kiebers Anwalt Wolfgang Müller: »Es gibt im Strafverfahren den Grundsatz, dass jemand nicht zweimal wegen derselben Sache verurteilt werden kann. Wir waren daher unter Einsetzung einer Anwaltskanzlei in Barcelona etwa ein Jahr lang bemüht, bis es endlich auch zur Einstellung des Strafverfahrens in Spanien gekommen ist.«

Kieber darf derweil auch weiterhin die von der Bank gestellte Wohnung in Vaduz bewohnen. Er pflegt den Kontakt zu seinen Freunden, die von seiner Erpressung des Fürsten und seiner Verurteilung nichts ahnen. Kieber benimmt sich ihnen gegenüber, als wäre nichts geschehen: fröhlich, laut und einnehmend. Einen kurzen, kräftigen Dämpfer erfährt Kieber allerdings im Februar 2004, als Helmut R. nach sieben Jahren

Kampf vor Gerichten in Liechtenstein und Österreich endlich sein Geld für die ihm abgenommene Wohnung erhält: 382.000 Euro (zum damaligen Wechselkurs über 590.000 Franken) und 175.000 Euro Prozesskostenerstattung werden ihm zugesprochen. Entschädigt wird Helmut R. aus dem auf Heinrich Kiebers Konto bei der Bawag-Bank gesperrten Vermögen.

Mit Michael Konzett pflegt Kieber seit seiner Rückkehr nach Liechtenstein wieder Kontakt und erzählt ihm, weshalb er am Buchenweg wohne: »Die Wohnung habe er ganz günstig von einem ehemaligen Arbeitskollegen bei der Bank mieten können, der für zwei Jahre oder so nach Singapur oder irgendeine ferne Niederlassung der Bank versetzt worden sei.« Eines Abends holt ihn Konzett von seiner Wohnung am Buchenweg ab, um gemeinsam mit weiteren Freunden ein Konzert zu besuchen. Im Laufe des Abends lernt Kieber Nina Rieser* kennen: »Henry erzählte mir von seinem Leben, seinen Reisen und seiner Entführung. An seinen Erzählungen habe ich nie gezweifelt. Die Entführung hat er mir im Detail geschildert, und seine nervöse Art hat das alles irgendwie bestätigt. Die ganze Zeit sprach er davon, dass er nach Australien reisen werde und sich dort ein neues Leben aufbauen wolle. Er war ein sehr hilfreicher Freund, der immer wieder bei Umzügen und anderen Arbeiten einsprang.«

Mit der Zeit nimmt sich Kieber im Umgang mit Nina immer mehr Freiheiten heraus: »Als ob er mein Partner wäre, ein Teil meines Lebens, hat er begonnen, sich mit meinen Freunden gutzustellen. Das war der Punkt, an dem für mich die Freundschaft beendet war. Es kümmerte ihn nie, was ich dachte oder wollte. Es zählte nur, was er im Sinn hatte. Es war, als hätte er kein Gefühl für die Privatsphäre anderer Menschen. Er nahm sich einfach allen Platz, den er bekommen konnte. Wenn sich jemand gegen dieses Eindringen wehrte, war er verwirrt und wusste nicht, was er falsch gemacht hatte – wie ein fünfjähriger Bub, der die Welt nicht versteht.«

Über die nicht erwiderte Liebe Ninas kann sich Kieber im Sommer 2004 mit Geld hinwegtrösten, mit viel Geld, wie sein Freund Klaus Niederer weiß: »Heinrich kam ganz aufgeregt zu mir: Er sei beim Fürsten auf dem Schloss oben gewesen. Ich solle raten, wie viel er von ihnen gekriegt habe. Er schrieb ein paar Zahlen auf einen Zettel, und ich sollte ein Kreuzchen neben der Summe machen, von der ich glaubte, dass er sie soeben bekommen habe. Ob es jetzt der Fürst selbst war oder die Bank, die ihm das Geld gegeben hat, das hat er nicht weiter ausgeführt.«

Kieber kann kaum an sich halten vor Freude. Auch seinem Onkel Guntram Vetter erzählt er freudig erregt von seinem üppigen Geldsegen: »Er habe noch Geld vom Fürsten zugute und habe darum eine gute halbe Kiste kassiert – also eine halbe Million Franken. Jetzt sei ja alles gut gegangen.« Die genaue Summe nennt er seinem Onkel nicht. Gegenüber Klaus Niederer ist er offener: »Nicht ganz 600.000 Franken waren es. Es entsprach angeblich der Summe, die Helmut R. wegen der Wohnung in Spanien zugesprochen worden war.«

Das ist nicht das einzige Geheimnis, das er Klaus Niederer verrät: »Als ich ihn fragte, gab er zu, dass er noch eine Kopie der Daten besaß. Daraufhin sprachen wir lange darüber, was für verheerende Folgen das für Liechtenstein haben würde, sollten sie in Umlauf geraten. Kieber war sich dessen bewusst und versprach mir hoch und heilig, die Daten nicht weiterzugeben, denn er habe ja jetzt alles gekriegt, was er verlangt hatte.« Es spricht für Kiebers umsichtige Planung, dass er einen Trumpf in der Hand behält, schließlich hat er zu keinem Zeitpunkt Gewissheit, ob sich Verhandlungsführer Thomas Müller und Fürst Hans-Adam an die getroffenen Vereinbarungen halten würden. Jederzeit hätte sich Kieber im Gefängnis wiederfinden können.

Angesichts dieser recht naheliegenden Gedanken ist es bemerkenswert, dass Kriminalpsychologe Thomas Müller seinem Schützling Kieber wiederholt bescheinigt, der sei nicht mehr im Besitz von Kopien der gestohlenen Daten, und sich darauf festgelegt, dass von Kieber keine Gefahr mehr ausgehe, wenn man ihm nur dessen »Bedürfnis« befriedige, nämlich seine Reisefreiheit wiederherstelle.

Die andere Seite seiner Persönlichkeit, die Kieber dem Kriminalpsychologen erfolgreich verheimlicht, offenbarte er Klaus Niederer, und zwar schon einige Zeit vor der Erpressung des Staatsoberhauptes. Kieber und Niederer saßen im vordersten Wagen des Intercity von Zürich nach Chur, keine anderen Passagiere in Hörweite: »Da sagte Henry: ›Hör mal, Klaus. Es kann sein, dass du mich in ein paar Jahren hassen wirst wie der Teufel.‹ Ich war völlig perplex. Wie? Was? Da fügte er an: ›Weißt du, du kennst nur den guten Henry. Es gibt aber auch einen schlechten Henry.‹«

Klaus Niederer konnte sich zuerst keinen Reim auf Kiebers Bekenntnis machen, dann fiel ihm eine Begebenheit ein, die sich ein paar Monate früher, im Jahr 2002, abgespielt hatte: »Henry hat mich angebrüllt, ich sei ein Trottel, ein ausgemachtes Arschloch, hätte keinen Respekt vor anderer Leute Eigentum und sei nur auf meinen Vorteil bedacht. Ganz ehrlich, wie er da tobte, fürchtete ich um mein Leben.« Der höchst banale Auslöser von Kiebers Wutanfall: Niederer war zu Besuch bei Kieber gewesen, der damals in Balzers wohnte und Hauswart spielte. Als sich Klaus Niederer aufs Sofa setzen wollte, rutschte ihm ein Glas Wasser aus der Hand, knallte auf den Couchtisch und zerbarst mit einem lauten Knall. »Die Sauerei hatte ich in zwei Minuten aufgewischt. Aber Henry ist komplett ausgetickt. So hatte ich ihn noch nie erlebt. Ich hatte wirklich Angst vor ihm. Nach fünf Minuten war der Spuk vorbei, und er entschuldigte sich für seinen Wutanfall. Er habe wohl überreagiert.«

Zurück ins Jahr 2004. Kieber muss nun einen weiteren Teil der Abmachung erfüllen: die Wohnung am Buchenweg räumen und aus Liechtenstein verschwinden. »Das war, wie Henry sagte, eine der Bedingungen der Bank«, so Klaus Niederer. Nicht Teil der Abmachung war hingegen, dass er das Mobiliar aus der Wohnung der LGT mitgehen ließ und verhökerte. Kieber habe gefeixt, so Niederer, »dass er den Fernseher aus der Wohnung der Mutter seines ehemaligen Chefs bei der LGT verkauft habe«.

Dass Kieber mit seinem vorlauten Mundwerk eine ständige Gefahr darstellt, ist allen in der Task-Force klar. Je weiter weg von Liechtenstein Kieber ist, umso eher haben Fürst und LGT die Gewissheit, dass er nicht damit angibt, geheime LGT-Kundendaten in Berlin und Amsterdam spazieren geführt und damit erfolgreich den Fürsten erpresst zu haben. Von daher ist es dem Staatsoberhaupt mehr als recht, dass Kieber nach Australien auswandern möchte, wie er später Radio Liechtenstein gegenüber sagt: »Wir waren ursprünglich davon ausgegangen, dass er psychisch geschädigt war, vielleicht aufgrund seiner Jugenderinnerungen, und dass es so gelöst werden kann. Er wollte weg, raus vom Land. Und da haben wir gedacht, hat sich die Sache erledigt.«[165]

Doch noch sitzt Kieber in Liechtenstein fest, der Haftbefehl aus Spanien ist immer noch in Kraft. Die Zeit, bis er endlich nach Australien auswandern kann, überbrückt Kieber in einem kleinen Dorf in der Schweiz. Er zieht bei seiner zwei Jahre älteren Schwester ein, die ein Einfamilienhaus in unmittelbarer Nähe von Solothurn bewohnt. »Das muss im Herbst vor seinem 40. Geburtstag gewesen sein, als er zu seiner Schwester zog, also im Herbst 2004«, erinnert sich Klaus Niederer. Kieber wolle, so erzählte er es Michael Konzett, »seiner Schwester bei Umbauarbeiten im Haus helfen. Sie habe eine neue Küche gebraucht, und es hätten zwei, drei größere Reparaturen angestanden. Da würde er mitarbeiten und vor allem die Verhandlungen mit den Handwerkern übernehmen, die Preise drücken. Danach gehe er vielleicht als Erstes nach Südafrika, ganz sicher aber nach Australien. Dort wolle er sich ein schönes Örtchen suchen, um sich seinen Wusch zu erfüllen, ein Backpacker-Hotel zu eröffnen und in Australien wieder Fuß zu fassen.«

Die Öffentlichkeit erfährt nicht, was hinter den Kulissen abläuft – weder in Liechtenstein noch anderswo. Liechtenstein scheint die heftigen Turbulenzen, in denen sich das Land vor nicht allzu langer Zeit wegen der BND-*Spiegel*-Affäre befand, hinter sich gelassen zu haben. Die Wirtschaft Liechtensteins brummt im Jahr 2005, es herrscht weiter Vollbeschäftigung. Die Hälfte aller 30 200 Beschäftigten in Liechtensteins Industrie, Gewerbe und Finanzunternehmen kommen von auswärts und pendeln täglich nach Liechtenstein. Das produzierende Gewerbe und die Industrie exportieren 2005 Waren im Wert von 3,2 Milliarden Franken. Nicht erfasst sind dabei Exporte in die Schweiz, zu deren Zollgebiet Liechtenstein gehört. Allein nach Deutschland – dem wichtigsten Exportmarkt des Fürstentums – werden Waren im Wert von über 680 Millionen Franken ausgeführt.[166]

Die liechtensteinischen Banken feiern ein neues Rekordergebnis: Die Bilanzsumme aller Banken klettert im Geschäftsjahr 2005 auf 38 Milliarden, der Reingewinn auf 743 Millionen Franken und übertrifft damit das »bisherige Rekordergebnis von 549,1 Millionen Schweizer Franken aus dem Jahr 2000 deutlich«.[167]

Auch der Finanzminister ist zufrieden: Der öffentliche Haushalt des kleinen Fürstentums mit seinen mittlerweile 35 000 Einwohnern schließt mit einem satten Plus von 39 Millionen Schweizer Franken ab.[168] Die finanzielle Lage der elf liechtensteinischen Gemeinden ist ebenfalls ausgezeichnet. Deren Säckel sind gut gefüllt, und die Gemeinden investieren nach Herzenslust. Etwa die 1900-Seelen-Gemeinde Ruggell, ganz im Norden des Landes, die sich für 10 Millionen Franken ein »Haus für Musik und Gesang« gönnt, nachdem sie sich eben erst eine Sportanlage mit vier beleuchteten Fußballfeldern – davon ein Kunstrasenplatz – samt Skater-, Beachvolleyball- und Spielplatz für knapp acht Millionen geleistet hat. Oder in der rund dreimal größeren Gemeinde Schaan: Hier genehmigt das Stimmvolk den Bau eines neuen Mehrzwecksaals für 40 Millionen Franken.[169]

Einen Grund zur Zurückhaltung kennen auch die Bewohner Liechtensteins nicht. Neuwagen verkaufen sich wie warme Semmeln – vorzugsweise Fahrzeuge der gehobenen Klasse: BMW, Audi und Mercedes sind drei der fünf beliebtesten Automarken im Fürstentum. Die drei deutschen Premiumhersteller beherrschen ein Viertel des Marktes und setzen zwischen den Jahren 2004 und 2006 knapp 1300 Wagen ab. Aber auch Luxuswagen der allerobersten Preisklassen stehen weiter hoch im Kurs: Es werden in drei Jahren 65 Porsche, 20 Ferrari, 14 Bentley, 8 Maserati, 6 Hummer und je 2 Lotus, Lamborghini und Maybach in Umlauf gebracht.[170] Nirgendwo in Europa sind pro Kopf der Bevölkerung mehr Motorfahrzeuge zugelassen.

Eine trügerische Ruhe, nicht nur aufgrund der Affäre Kieber. Im Frühsommer 2005 muss sich Kriminalpsychologe Thomas Müller wieder um seinen anderen Klienten aus Liechtenstein kümmern: Roland L. Der hatte 2003 die Liechtensteinische Landesbank erpresst und verbüßt seither eine fünfjährige Haftstrafe im Gefängnis Garsten in der Steiermark – Liechtenstein hat keine eigene Haftanstalt. Aus dem Gefängnis heraus erpresst er erneut die Bank.

Was ist passiert? Mehrere deutsche Kunden beschweren sich bei der Landesbank, dass sie mit ihnen zuzuordnenden Bankbelegen erpresst würden. Für die Bank ist rasch klar, dass Roland L. dahinterstecken muss. Als er mit den Vorwürfen konfrontiert wird, bestätigt er diese und stellt in Aussicht, die Erpressungen einzustellen – sofern sich die Bank erkenntlich zeige.

Die Führungscrew der Landesbank ist in heller Aufregung. Roland L. sei ein Sicherheitsrisiko für die Bank wie für die Reputation des Finanzplatzes und müsse aus dem Verkehr gezogen werden. An einer Krisensitzung im Juni sondieren die Bankspitzen, ihre Berater und die liechtensteinischen Justizbehörden das weitere Vorgehen. Die hochkarätige Runde einigt sich darauf, L. für geisteskrank zu erklären, damit er anschließend in eine Anstalt für geistig abnorme Rechtsbrecher verlegt werden könne. Dann müsste es, so die versammelte Runde, ein für alle Mal mit den Erpressungsversuchen vorbei sein.

Was der Landesbank-Krisenstab zu diesem Zeitpunkt noch nicht weiß: Es ist gar nicht Roland L., der über Mittelsmänner in Freiheit deren Kunden erpresst. Vielmehr hat Roland L. einem Knastbruder verraten, wo er weitere Exemplare der von ihm kopierten Kontoauszüge versteckt. Der Knastbruder weiht zwei in Freiheit lebende Verbrecher in das Geheimnis ein, die den Schatz heben und mit Hilfe der Bankbelege Landesbanker und Kunden zur Verzweiflung treiben – Trittbrettfahrer des Roland L.

Jeweils donnerstags, am späten Abend, begrüßt der Schweizer Fernsehmoderator Kurt Aeschbacher auf SF 1 vier Gäste in seinem Studio, die aus ihrem Leben erzählen. Am 14. April 2005 ist einer seiner geladenen Gesprächspartner der Kriminalpsychologe Thomas Müller, der in der Sendung davon erzählt, dass er nicht die Menschen anschaue, sondern deren Verhalten, denn »es ist nicht entscheidend, was jemand sagt, sondern was er tut. Jeder Mensch hat das Recht zu lügen, die Unwahrheit zu sagen, gewisse Dinge beschönigend darzustellen.«

Der Meister dieser Disziplin verfolgt das Gespräch Aeschbachers mit dem Kriminalpsychologen mit großer Aufmerksamkeit: Heinrich Kieber. Der sitzt an diesem Abend im Studiopublikum.[171]

Dann ist es endlich so weit! Die spanische Justiz stellt das Strafverfahren gegen Heinrich Kieber wegen des Wohnungsbetrugs in Barcelona ein, da er wegen dieses Verbrechens bereits in Liechtenstein verurteilt worden ist. Die Strippenzieher rund um die LGT und den Fürsten haben Kieber einen Schritt näher an Australien gebracht: Der ruhelose Betrüger kann fortan wieder unbeschwert in der Welt herumfliegen, ohne bei einer Ausweiskontrolle mit seiner Verhaftung und Auslieferung nach Spanien rechnen zu müssen.

Am 6. Juni 2005 kommt es schließlich zum finalen Akt in der Justizsache Heinrich Kieber. »Herr Kieber hat dann ein Gnadengesuch eingebracht«, erklärt sein Anwalt Wolfgang Müller. »Das Recht der Begnadigung steht ja ausschließlich dem Landesfürsten zu. Sein Antrag ist den normalen in der Strafprozessverordnung vorgesehenen Weg gegangen. Das heißt, das Obergericht hat ein Gutachten zu diesem Gnadengesuch abgegeben. Und schlussendlich ist dem Gnadengesuch stattgegeben worden, allerdings mit einer sehr starken Einschränkung. Anstelle der beantragten völligen Strafnachsicht wurde ihm nämlich eine Begnadigung nur insoweit gewährt, als auf entsprechende Anfrage keine Auskünfte aus dem Strafregister erteilt werden.«

Das heißt konkret: Die liechtensteinischen Behörden sehen in ihrer Datenbank die Vorstrafen Kiebers nach wie vor. Hingegen ist Heinrich Kiebers Auszug aus dem Strafregister – trotz Vorstrafe – blütenweiß. Nachfragen ausländischer Behörden bei ihren liechtensteinischen Kollegen laufen ins Leere, von Kiebers Vorstrafen erfährt außerhalb Liechtensteins niemand.

Mit dem geschönten Strafregisterauszug soll Heinrich Kieber nun auch die Charakterbeurteilung der australischen Einwanderungsbehörden bestehen.

»Nachdem die Verfahren und der Gerichtsprozess vorüber waren, hat Herr Kieber bei mir im Büro vorbeigeschaut«, erinnert sich Kripo-Chef Jules Hoch, »um sich zu verabschieden und sich für die korrekte Behandlung durch die Landespolizei zu bedanken. Im Nachhinein musste ich feststellen, dass er zu diesem Zeitpunkt offensichtlich schon zu ausländischen Behörden Kontakt gehabt haben muss.«

9. MIT DEN GEHEIMDIENSTEN PER DU
2005 BIS 2008

»Die allerschönsten Grüße aus dem tollen Südafrika sendet euch Henry der Gute. Frohe Festtage und noch mehr Glück, Sex und Geld in 2006.«

Heinrich Kieber lässt seine Freunde in Liechtenstein und auch in Australien wissen, wo er sich zum Jahreswechsel 2005/2006 aufhält. Dass er seine Zeit dort seit Anfang Dezember nicht nur mit Radfahren unter der südafrikanischen Sonne verbringt, behält er jedoch für sich.

Heinrich Kieber wohnt im kleinen Örtchen Fish Hoek ganz in der Nähe von Kapstadt. Am 24. Januar 2006[172] weht ein kräftiger Wind, weshalb sich der sonnige Tag wesentlich kühler anfühlt, als es das Thermometer angibt. Kieber ist das egal. Er konzentriert sich auf seine Mission, formuliert eine wichtige E-Mail und klickt, nachdem er sein Schreiben nochmals überprüft hat, irgendwann im Laufe dieses südafrikanischen Sommertags auf den »Senden«-Knopf.

Sekundenbruchteile später liegt Kiebers Schreiben im Eingangsordner von zentrale@bundesnachrichtendienst.de. Hier gehen jeden Tag mehr oder weniger wichtige Anfragen ein, die meisten von Spinnern, Verschwörungstheoretikern und Wichtigtuern mit vermeintlich bedeutsamen Informationen. Kieber, der sich vom Kap der Guten Hoffnung unter einem Pseudonym beim Bundesnachrichtendienst gemeldet hat, behauptet in seiner Mail, er besitze geheime Bankdaten aus Liechtenstein und könne diese dem BND zur Verfügung stellen. Ein aufmerksamer Beamter leitet Kiebers Mail intern weiter. Das Interesse des BND erwacht schlagartig. Wenn der E-Mail-Schreiber tatsächlich besitzt, was er behauptet, könnte der BND mit einem Coup seinen miserabel recherchierten Liechtenstein-Bericht aus dem Jahr 1999 vergessen machen.

Post aus Südafrika erhält auch Kriminalpsychologe Thomas Müller aus Wien: »Hallo Dottore, jetzt weiß ich, welch richtige Entscheidung Sie empfohlen haben, es geht mir sehr gut. Danke. Gruß …«[173] Die elektronische Grußbotschaft Kiebers an den Kriminalpsychologen ist nachzulesen in dem Sachbuch *Gierige Bestie*, an dessen Manuskript Müller zu der Zeit arbeitet. Darin schildert Müller, wie er Heinrich Kieber zur Vernunft gebracht und seinen Auftraggeber vor der Katastrophe bewahrt habe. Abläufe und Namen verändert Müller derart, dass sein Auftraggeber nicht kompromittiert wird, »auch die Charaktere habe ich leicht ›bedeckt‹«. Rundum zufrieden mit sich selbst, schließt Müller das sich am Fall Heinrich Kieber orientierende Workplace-Violence-Buch mit der Mitteilung, dass im Vorfeld des Gerichtsprozesses »die Verteidigung unter anderem auch mich bat, meine persönliche Einschätzung«[174] abzugeben, worauf die Strafe herabgesetzt und zur Bewährung ausgesetzt worden sei: »Neben anderen Milderungsgründen führte das Revisionsgericht in seiner Begründung unter anderem eine beispiellose Form der Reue und Wiedergutmachung als auch eine günstige Zukunftsprognose an.«[175] Dass die porträtierte und vermeintlich gebändigte *Gierige Bestie* soeben dem BND einen Satz der gestohlenen LGT-Daten angedient hat, kann sich Müller nicht einmal in seinen dunkelsten Träumen vorstellen.

Aber das ist noch nicht alles: Bevor Kieber den BND kontaktierte, war er schon in Großbritannien gewesen, sagt sein Freund Klaus Niederer: »Er war mal in England, das war Sommer oder Herbst 2005. Ich erinnere mich daran, weil ich ihn gefragt hatte, warum er immer noch in Liechtenstein sei, wann er nun nach Australien gehe. Daraufhin erzählte Henry, dass er das Punkteschema für die Einwanderung in Australien nicht erfülle. Darum ziehe er jetzt für einige Zeit nach London, denn wenn er in einem Commonwealth-Land lebe, würden ihm die fehlenden Punkte gutgeschrieben.«

Natürlich hatte Kiebers Besuch in London einen ganz anderen Hintergrund: Er stand bereits in Verhandlungen mit den britischen Behörden und feilschte um Konditionen. Niederer erfährt davon nichts. Schließlich ist es noch nicht lange her, dass Kieber ihm hoch und heilig versprochen hatte, die Datenkopie in seinen Händen niemals einzusetzen. Mit dem Angebot der Briten ist Heinrich Kieber jedoch alles andere als glücklich: Lediglich 100.000 Pfund wollen sie für die Daten zahlen – und es bringt Kieber keinen Schritt näher an sein Ziel: Australien.

Darum wendet er sich jetzt an die Deutschen. Denn Kieber hat tatsächlich ein Problem: Australien verwehrt ihm die ersehnte Aufenthaltsbewilligung.

Dabei war alles minutiös geplant: Der spanische Haftbefehl wurde mit der Verurteilung in Liechtenstein hinfällig. Danach wurde mittels fürstlicher Begnadigung sein Strafregisterauszug gesäubert. Nichts wäre der LGT lieber gewesen, als wenn sich Kieber umgehend im australischen Nirgendwo niedergelassen hätte, möglichst weit weg von ihrem Finanzinstitut. Einen Punkt hat der so akribisch planende Kieber aber übersehen – oder vergessen, so lange liegt das Ereignis schon zurück: Sein Problem ist der Nissan Navara King Cab, den er 1991 in München gestohlen hatte und mit dem er nach Australien und Neuseeland gefahren war, wo der Wagen schließlich vor zehn Jahren in Flammen aufging und Kieber über 66.000 Dollar von der State Insurance Company für den Totalschaden kassierte. Die neuseeländische Polizei sucht ihn deswegen immer noch. Neuseeland und Australien pflegen enge Beziehungen, und der Informationsfluss zwischen den Behörden der beiden

Länder funktioniert tadellos. Die australischen Behörden jagen den Namen Heinrich Kieber nach der Meldung auch durch ihre Datenbanken, und sie werden ebenfalls fündig: Heirat mit Joanne Marie im Jahr 1992, Kieber verließ das Land 1994, seine Frau lebt weiterhin in Australien, die Scheidung fand erst 1998 statt; Ungereimtheiten beim Zoll wegen der Einfuhr eines Geländewagens; Kieber meldete ein teures Auto bei der Polizei als gestohlen.

Mit so einem Lebenslauf hat Heinrich Kieber keine Chance auf das beantragte Visum.

Vielleicht ist Kieber aber auch schon vorher abgelehnt worden: Der Vierzigjährige ist – auch wenn man seinen zweifelhaften Lebenslauf außer Betracht lässt – kein attraktiver Immigrant. Kieber kann keine besonderen beruflichen Qualifikationen vorweisen, weshalb seine Chancen, eine Arbeitserlaubnis zu erhalten, gegen null tendieren, er ist zu jung für ein Rentnervisum und zu wenig vermögend, um als Investor in Australien willkommen geheißen zu werden.

Doch Heinrich Kieber will sein Visum. Und dafür ist er bereit, seine Freunde, seine Heimat und seinen geliebten Monarchen zu verraten. Kieber behauptet 2010 im Interview mit dem *Stern*, dass es ihm »um Gerechtigkeit« gegangen sei.[176] Er habe nur eines gewollt: »meine verdammten Folterer auf die Klagebank bringen«. Gemeint sind Helmut R. und Mariano M., die Kieber 1997 eine Woche lang auf der Hazienda in Argentinien festhielten und ihm sein ergaunertes Geld abpressen wollten. Der Fürst habe ihm »sein Ehrenwort« gegeben, dass die Täter aus Argentinien vor Gericht gestellt würden. »Aber da ist nie was passiert.« Deshalb habe sich Kieber mit der Weitergabe der Daten an den BND und an andere »gerächt an Hans-Adam, seiner Marionettenregierung und der Justiz. Um Geld ging es mir nie.«

Wenn es nur um Rache ging und nicht um Geld, hätte Kieber freilich seine Kopien der Daten deutschen und ausländischen Medien und Behörden zur Verfügung stellen können, so wie er es dem Fürsten ursprünglich angedroht hatte.

Trieb Kieber vielleicht die Angst um, dass die liechtensteinischen Behörden ihn wieder zur Verhaftung ausschreiben könnten, wenn er die Geheimnisse der LGT Treuhand der Öffentlichkeit verriete? Wollte er deshalb von den Geheimdienstlern mit neuen Identitäten ausgestattet werden? Oder war Heinrich Kieber doch scharf auf die Belohnungen, die ihm für den Datenverrat winkten? Auf der Website der US-amerikanischen Steuerbehörde Internal Revenue Service (IRS) kann er nachlesen, dass sogenannte Whistleblower mit bis zu dreißig Prozent Erfolgsbeteiligung rechnen können für Steuernachzahlungen, die aufgrund zur Verfügung gestellter Informationen eingetrieben werden können.

All das mag eine Rolle gespielt haben, wirklich scharf jedoch ist er auf Australien: In sein Land der Träume zurückzukehren ist sein Ziel, wie er wenig später den australischen Steuerbehörden schreibt: Sowohl die Engländer wie auch die Deutschen bittet er, »mich der entsprechenden australischen Behörde vorzustellen / einen Kontakt herzustellen«.[177] Hätte Kieber das beantragte australische Visum erhalten, wäre die Geschichte wahrscheinlich anders verlaufen.

Der Bundesnachrichtendienst reagiert schnell auf die Mail von Kieber: »Nach zwei Tagen schon erhielt ich eine Antwort. Darin wurde unter anderem eine sichere Kontaktmöglichkeit aufgezeichnet.«[178] Dem Geheimdienst gegenüber gibt er als Motiv an, Unrecht zu empfinden angesichts dessen, dass die Reichen ihr Geld vermehrten, ohne ihre Steuern zu bezahlen.

Am 11. Mai 2006 treffen sich BND-Agenten und Kieber zum ersten Mal. Die Zusammenkunft findet unter strengster Geheimhaltung im französischen Straßburg statt. Nach Recherchen von *Focus* ist Kiebers Gesprächspartner Heiner Wegesin[179], frisch ernannter Leiter der Abteilung Internationaler Terrorismus und Organisierte Kriminalität beim BND. Abgeschirmt wird das konspirative Treffen von einem Dutzend Beamten des zentralen Observationskommandos. Kieber identifiziert sich und präsentiert seinem Gegenüber den blütenweißen Auszug aus dem liechtensteinischen Strafregister.

Rund sechs Wochen nach der konspirativen Unterredung übergibt Kieber erste Arbeitsproben, die anschließend von der Steuerfahndung Wuppertal auf ihren Gehalt hin überprüft werden. Die Fahnder sind von der Qualität des angebotenen Materials begeistert und wollen mehr.

Während Erbprinz Alois am 15. August, dem liechtensteinischen Staatsfeiertag, der Bevölkerung in seiner jährlichen Ansprache in Erinnerung ruft, dass »wir morgen den hundertsten Geburtstag meines Großvaters, des Fürsten Franz Josef II., feiern«, bereiten BND-Agenten in Straßburg das Gipfeltreffen der deutschen Steuerfahnder mit Kieber vor, das am 16. und 17. August stattfindet. »Sie baten mich um eine CD mit zirka zehn Prozent aller Mandate aus Deutschland. Basierend auf der Steuerprüfung dieser zehn Prozent, kam eine konservative Kalkulation auf Einnahmen – inklusive Strafsteuern und Bußen – von rund 50 Millionen Euro. Es war für sie wie ein Sechser im Lotto! Die konservative Hochrechnung auf alle Mandate ergab 500 Millionen Euro. Wie jeder etwas logisch denkende Mensch nachvollziehen kann, war die Idee, dem Informanten etwas davon zu geben, nicht daneben. Nicht dass ich mich für die Annahme der Millionenbelohnung (wie viele waren es noch mal genau?!) schämen würde; die allermeisten Deutschen gönnen mir dies sicher.«[180]

Sechs Millionen Euro im Austausch gegen den vollständigen Satz an Daten, darunter mehrere Hundert deutsche Kunden der LGT Treuhand, so lautet schließlich Kiebers Angebot – plus Kontakt zu den australischen Behörden. Die Verhandlungen geraten ob der Forderungen Kiebers ins Stocken.

Im Herbst 2006 erscheint *Gierige Bestie*, die Erzählung des Kriminalpsychologen Thomas Müller über den frustrierten

Mitarbeiter einer namentlich nicht genannten Institution, den er davon abhalten kann, ein großes Unrecht zu begehen. Und Liechtensteins Regierung lädt Otto Schily, bis 2005 deutscher Innenminister, und Wolfgang Gerhardt, den ehemaligen Vorsitzenden der FDP-Bundestagsfraktion, ein, um beim »Liechtenstein Dialog« mitzudiskutieren – nach Angaben der Veranstalter ein exklusiver Event, »auf rund hundert ausgewählte Teilnehmende aus der ganzen Welt beschränkt«. Ziel der seit 2004 jeweils im Oktober durchgeführten Veranstaltung ist: das ramponierte Image Liechtensteins im Ausland zu polieren.

Im Jahr darauf wird der Stargast beim »Liechtenstein Dialog« Guido Westerwelle sein. Generell haben deutsche Politiker Liechtenstein gegenüber wenig Berührungsängste – solange die Kasse stimmt. Am alljährlich im November in Vaduz durchgeführten Wirtschaftsforum treten deutsche Politiker gegen Bezahlung von fünfstelligen Honoraren auf: 2004 der vormalige und künftige Minister Wolfgang Schäuble, 2005 Ex-Außenminister Joschka Fischer und 2006 Ex-Wirtschaftsminister Wolfgang Clement.

Während Liechtensteins Politiker zu Hause ihre deutschen Kollegen hofieren und Thomas Müller sich über den erfolgreichen Verkaufsstart seines Buches freut, trifft sich Kieber – wieder abgesichert und eingefädelt von BND-Agenten[181] – außerhalb Australiens, an einem unbekannten Ort, mit drei hohen Vertretern des Australian Taxation Office (ATO). Aus der Ferne eingeflogen sind Jan Farrell, stellvertretende Direktorin für internationale Angelegenheiten beim ATO, Michael Monaghan, stellvertretender Leiter Schwere Steuervergehen, und Michael O'Neill, Leiter des behördenübergreifenden Projekts »Wickenby«. Das Projekt mit dem Codenamen »Wickenby« wurde ins Leben gerufen, um der grassierenden Steuerflucht in Australien Einhalt zu gebieten. Im Rahmen des 430-Millionen-Dollar-Projekts arbeiten verschiedene australische Behörden zusammen, um schweren Steuersündern auf die Schliche zu kommen. Ins Bewusstsein der australischen Bevölkerung gelangte Wickenby, als am frühen Morgen des 9. Juni 2005 annähernd 300 Polizisten und Steuerfahnder zu 48 Hausdurchsuchungen in verschiedenen australischen Städten ausrückten, um Beweise bei Personen zu sichern, die der schweren Steuerhinterziehung verdächtigt wurden und dabei eine einfache, aber effiziente Methode anwandten: So ließen sich Geschäftsleute überhöhte Rechnungen von ausländischen – in der Regel von ihnen selbst beherrschten – Strohfirmen ausstellen. Damit sie in Australien unauffällig an ihre ins Ausland verschobenen Fluchtgelder gelangten, waren sie von ihrem Steuerberatungsunternehmen Strachans mit Sitz auf der Kanalinsel Jersey mit Visa-Debitkarten der Schweizer Cornèr Bank ausgestattet worden. Mit den auf Namen unbeteiligter Dritter ausgestellten Karten konnten sie an jedem Geldautomaten in Australien auf ihr unversteuertes Auslandsvermögen zugreifen.

Als eigentlicher Start von Projekt Wickenby gilt jedoch der 14. Februar 2004, als ein Team der Australian Crime Commission die Präsidentensuite der *Sheraton Towers Southgate* in Melbourne stürmte und den Laptop von Philip Egglishaw beschlagnahmte, einem Direktor von Strachans, der auf Kundenbesuch in Australien war. Der prominenteste Kunde von Strachans: der australische Schauspieler Paul Hogan, weltweit bekannt als *Crocodile* Dundee.

Dass Wickenby-Chef O'Neill an einem geheimen Ort außerhalb Australiens mit Heinrich Kieber an einem Tisch sitzt, verdankt er – den Nachforschungen der *Australian Financial Review* zufolge – seinen Kollegen der Australian Security Intelligence Organisation (ASIO), dem australischen Geheimdienst. Die BND-Agenten haben – den Forderungen Kiebers folgend – ihre ASIO-Kollegen informiert, dass ein nervöser Mann mit vielen Bankdaten im Gepäck und Informationen über das System Liechtenstein im Kopf nur darauf warte, sein wertvolles Wissen mit den australischen Behörden zu teilen.

Das vom BND abgesicherte Geheimtreffen Kiebers, das von Wickenby-Chef Michael O'Neill moderiert wird, beginnt am Vormittag des 23. Oktober 2006. Wieder einmal kommt ihm dabei seine Begnadigung durch den Fürsten zupass: »Herr Kieber zeigte mir einen Strafregisterauszug von Liechtenstein. Der besagte, dass er keine Einträge hat.«[182] Neben O'Neills Kollegin Jan Farrell aus der Abteilung International und seinem Kollegen Michael Monaghan nehmen zwei weitere nicht identifizierte Personen am Treffen teil sowie eine dritte, die sich Kieber gegenüber als Dan vorstellt.[183] Dass der Name Dan überhaupt im Interview-Transkript auftaucht, ist auf ein Versehen des zensierenden ATO zurückzuführen, das beträchtliche Teile des Transkripts geschwärzt hat, bevor dieses in einem australischen Steuerbetrugsprozess als Beweisstück vorgelegt wurde. Das Dokument ist im Besitz des Autors.

Welche Behörde, welches Land die drei nicht identifizierten Personen vertreten, bleibt das Geheimnis von Kieber, BND und ATO. Der Name Dan, der an einer Stelle durch die Zensur schlüpfte, könnte darauf hindeuten, dass die drei Dunkelmänner aus einem englischsprachigen Land stammen – genauer: den Vereinigten Staaten. Als Kieber über Liechtenstein und die LGT Treuhand im Zusammenhang mit den USA spricht, erwacht das Interesse der drei Unidentifizierten, und sie schalten sich in das Gespräch ein: »Warum hüten sie [die Liechtensteiner] sich vor den Amerikanern?«[184]

Auf wessen Einladung sind die drei nicht identifizierten Personen zu dem Geheimtreffen angereist? Haben die BND-Agenten sie dazugeholt, weil sie beabsichtigen, die Dienste ihrer ausländischen Schwesterbehörde in Anspruch zu nehmen, um Kieber mit einer neuen Identität auszustatten? Sind es Vertreter der US-Steuerbehörden, die sich vorab informieren wollen, was sie von Kieber erwarten könnten? Oder hat ATO befreundete Commonwealth-Behörden mit an den Tisch geholt?

Aller Geheimniskrämerei zum Trotz muss das Interview formal korrekt abgewickelt werden.

Dafür verantwortlich ist der Chef des Projekts Wickenby, Michael O'Neill:

»Okay, Henry, ich werde das Aufzeichnungsgerät einschalten. Darf ich Sie bitten, sich zu identifizieren, indem Sie uns Ihren vollen Namen nennen.«

»Mein Name ist Heinrich Kieber, K-i-e-b-e-r.«

O'Neill fragt nach Kiebers Geburtsdatum und Beruf, anschließend bittet er die weiteren anwesenden Personen, sich vorzustellen, um sich nachher wieder Kieber zu widmen:

»Ich möchte von Ihnen wissen, ob Sie sich freiwillig an die Steuerbehörde gewendet haben.«

»Ja, ich habe mich freiwillig an die Steuerbehörde gewendet.«

»Dann möchte ich von Ihnen wissen, ob Sie bedroht wurden oder ob Ihnen Versprechungen oder Anreize in Bezug auf Ihre heutige Aussage in Aussicht gestellt wurden.«

»Nein, mir wurde nichts versprochen oder so.« Aber Kieber weiß: Wenn er erst die australischen Steuerbeamten mit Mustern seiner erstklassigen Ware angefixt hat, werden sie zu vielem bereit sein, um auch die restlichen Unterlagen sichten zu dürfen. Die deutschen Beamten fressen ihm bereits aus der Hand.

O'Neill fragt nach: »Auch keine Drohungen?«

»Nein, keine Drohungen.«

»Danke sehr. Henry, können Sie bestätigen, dass es für Sie in Ordnung ist, dass wir das auf Band aufzeichnen?«

»Das ist für mich in Ordnung …«

»Danke sehr.«

»… dass Sie das aufnehmen.«

»Sie haben uns soeben ein Dokument übergeben. Es trägt den Titel ›AUSTRALIA and Mr. Heinrich KIEBER‹ und ist mit ›streng vertraulich‹ überschrieben.«

Sechs Seiten lang ist der an O'Neill, Monaghan und Farrell adressierte »Brief, der – zusammen mit dem, was wir an unserer Sitzung besprechen werden – einen Gesamtüberblick über unsere Angelegenheit geben wird«. Kieber erläutert darin, wie er zu seiner Stelle bei der LGT Treuhand gekommen sei und wie er unter der Arbeit gelitten habe: »Es war nie ein Vergnügen für mich (und andere), all diese Dokumente lesen zu müssen, die Belege lieferten für alle möglichen Arten von Verbrechen, die begangen worden sind. Zum Beispiel: Geldwäsche, schwere Steuerverbrechen, Bestechung, Förderung von Korruption und so weiter.« Er könne auch belegen, dass zwischen Liechtensteins Sonntagsreden und den tatsächlichen Verhältnissen bei den Banken und Treuhändern ein großer Widerspruch herrsche.

Für lange Zeit habe er darüber nachgedacht, was er unternehmen solle. Schließlich, im Mai 2005, »entschied ich mich« – hier hat der Zensor geschwärzt – »zu kontaktieren«. Gemeint ist die britische Steuerbehörde Revenue & Customs. »Ich musste (muss) sehr vorsichtig sein. Es ist nicht einfach, ein Whistleblower zu sein.«

Whistleblower. Der Ausdruck gefällt Kieber, denn er nimmt seinem egoistischen Verhalten den bitteren Beigeschmack. Vielmehr macht er aus ihm einen gewissenhaften Mitbürger, der nicht länger gewillt ist, tatenlos zuzusehen, wie Kunden aus aller Welt mit der Unterstützung von verschwiegenen Treuhändern in Liechtenstein die Allgemeinheit betrügen.

Dann zieht er den Australiern den Speck durch den Mund: »Wenn wir uns die Daten Ihres Landes ansehen. Die zentralen Daten enthalten: etwa 60 Namen von Personen (australische Bürger oder in Australien lebende Ausländer), die wirtschaftlich berechtigt sind an 110 (einhundertzehn) Millionen australischen Dollar auf Offshore-Bankkonten, samt Hinweisen auf noch viel mehr Millionen bei anderen Banken und in anderen Offshore-Ländern.«

Würden ihm die Australier eine Kompensation anbieten, würde er die nicht ausschlagen: »Sobald ATO im Besitz der Originalunterlagen ist und befähigt, sie zu nutzen, könnte sie eine substanzielle Summe an Steuern, Bußen und Strafen eintreiben«, fasst Kieber auf der sechsten Seite seines Briefes zusammen. »Aus diesem Grund wäre eine finanzielle Vergütung für einen Informanten/Zeugen zweifelsohne angemessen und willkommen.«

So klar sich Kieber in seinem Brief ausdrückt, so schwierig gestaltet sich das Interview. Kieber fällt es schwer, den Faden zu behalten, auch bei der an sich einfachen Frage nach der Eigentümerin der LGT: »Also, ich habe hier ein Dokument, das zeigt, dass das Fürstenhaus der wirtschaftlich Berechtigte ist, in dem steht, dass die LGT Group im Besitz der Fürst von Liechtenstein-Stiftung ist und dass diese im Besitz der Familie ist. Und die LGT Group ist – der CEO, der neue ist Max. Das ist der zweite Sohn des regierenden Fürsten Hans-Adam II. Und der ehemalige CEO war der Bruder des regierenden Fürsten. Der Bruder hieß Prinz Philipp. Wie auch immer, ich habe hier eine Liste von ihnen. Eine Liste, die ich den Australiern und den Amerikanern geben werde, wo ich eine Liste gemacht habe. Ich habe eine Liste irgendwo. Ich gebe sie Ihnen nachher. Und, nein, die Firma ist keine Publikumsgesellschaft.«[185]

Auch hier scheint der Zensor nicht genau aufgepasst zu haben, bevor die ungekürzte Fassung des Transkripts dem Gericht zur Verfügung gestellt wurde: Kieber werde die Liste »den Australiern und den Amerikanern« geben, lässt sich hier nachlesen. In einer dem Gericht ebenfalls vorgelegten Zusammenfassung des Interviews mit Kieber ist bei just dieser Passage das Wort Amerikaner vom Zensor abgedeckt worden, genauso wie Hinweise auf die liechtensteinische Botschaft in Washington.

Während des ganzen Tages erklärt Kieber seinen aufmerksamen Zuhörern aus Australien und – aller Wahrscheinlichkeit nach – den USA, wie das System Liechtenstein funktioniert: was eine Stiftung von einem Treuunternehmen von einer Anstalt unterscheidet, wer die größten Akteure auf dem Markt sind und wie Geld unbemerkt verschoben wird.

Am nächsten Morgen, um 9.40 Uhr setzt Michael O'Neill – unterstützt von seinen Kollegen Farrell und Monaghan – die Befragung von Kieber fort. Die drei namenlosen Personen nehmen nicht mehr an der Sitzung teil. Denn an diesem Tag wird Kieber die ATO-Beamten durch konkrete Fälle mit Bezug zu Australien führen.

Nach einem erschöpfenden Vormittag bittet O'Neill Kieber zu erklären, wie die LGT arbeitet: »Wie sieht der Prozess aus, von dem Moment an, in dem der Kunde reinkommt, was passiert?«

»Also, ich soll es jetzt erklären? Genau, ja. Nun, Sie stellen die Fragen. Sie stellen eine einfache Frage und ich – und wenn ich den Faden verliere, dann sagen Sie Stopp, sonst sitzen wir nämlich noch in zwei Monaten hier.«[186]

»Gut, mache ich.«

»Weil, wissen Sie, mein Gehirn funktioniert ein bisschen anders.«

Am Mittwochabend schließlich sind sie fertig – fix und fertig. Drei Tage lang haben die australischen Beamten Kieber mit Fragen zur LGT und deren Beziehungen zu Australien gelöchert. Er hat sie durch bankinterne Prozesse geführt und ihnen erklärt, wie die verschiedenen Dokumente zu lesen seien – und ihnen CDs mit Warenmustern übergeben. Das Wortprotokoll des dreitägigen Interviews der ATO-Delegation mit Kieber ist 325 Seiten lang. Darin ist auch festgehalten, wie die Zusammenarbeit zwischen Datenhändler und Steuerbehörde gefestigt werden soll.

»Je nach Ergebnis der Analyse der Dokumente«, so Michael O'Neill, »die wir im Interview durchgehen, möchten wir, dass Sie nach Australien kommen, damit wir …«

An dieser Stelle unterbricht Kieber sein Gegenüber: »Mit Vergnügen.«

»… damit das Material, das Sie uns gegeben haben, formellen Charakter erhält.«

»Ja, das mache ich.«

»Bis dahin, haben wir Ihnen gesagt, werden wir das Material nicht direkt dazu – werden wir keinem Steuerzahler etwas über diese Informationen erzählen. Wir werden interne Untersuchungen durchführen, aber keine Untersuchungen, bei denen Steuerzahler involviert werden.«

»Das ist sehr gut, genau.«[187]

Um den Jahreswechsel 2006/2007 herum lässt die LGT ihren rund 1500 Angestellten einen Fragebogen zukommen, der für miese Stimmung sorgt. Die Mitarbeiter sollen ihrem Arbeitgeber intime Fragen beantworten: ob sie an ansteckenden Krankheiten leiden würden, die andere Mitarbeiter gefährden könnten, ob sie alkoholabhängig seien oder andere Betäubungsmittel konsumierten, schon mal wegen Trunkenheit am Steuer verurteilt worden seien, Schulden hätten, die sie nicht stemmen könnten, oder in laufende Betrugs- oder Diebstahlverfahren involviert seien – oder in kriminelle Zusammenhänge mit Datendiebstahl. Die Empörung beim Personal ist groß, die Angst aufzumucken noch viel größer.

Die Hintergründe zu dem arbeitsrechtlich äußerst fragwürdigen Fragenkatalog liefert die Geschäftsleitung gleich mit: Der sei Bestandteil eines neuen unternehmensinternen Sicherheitskonzepts, das mit dem berühmten österreichischen Profiler Thomas Müller umgesetzt werde. Künftig müssten alle Mitarbeiter – insbesondere diejenigen an neuralgischen Positionen – damit rechnen, zum Interview mit Thomas Müller gebeten zu werden. Dass sie das neue unangenehme Sicherheitskonzept einem treulosen ehemaligen Mitarbeiter zu verdanken haben, erfahren die Angestellten nicht.

Der Fragebogen werde streng vertraulich behandelt, so heißt es. Außerdem – die LGT hat dazugelernt – werde er, so verspricht das Finanzunternehmen, nicht elektronisch eingelesen, sondern lediglich als Papierkopie im Personaldossier des jeweiligen Mitarbeiters abgelegt.

Auf der anderen Seite des Globus plagen Elton Martin, Kiebers alten Freund aus Australien, ganz andere Probleme. Ihm graut es vor dem bevorstehenden Weihnachtsfest: Seine Frau hat sich scheiden lassen und lebt mit einem anderen Mann zusammen. Seine Kinder sieht er viel zu selten, sein Catering-Unternehmen existiert nicht mehr, er hält sich mit Gelegenheitsjobs und Kochkursen über Wasser. Und jetzt ist seine Exfrau auch noch an Krebs erkrankt. Als er an diesem Tag in der Woche vor Weihnachten seinen Briefkasten leert, traut er seinen Augen nicht: »Da lag eine Notiz drin: ›Hi, it's Henry.‹ Das Jahr 2006 war schrecklich gewesen für mich. Ich wusste nicht mehr, wo oben und wo unten war. Wie ich Henrys Namen auf dem Papier las, dachte ich: Mein Gott! Wenn es eine Person gibt, die ich gerne sehen möchte, dann ist es Henry. Denn er kann sich noch an meine Welt erinnern, als sie noch in Ordnung war. Er war damals, in den 1990er Jahren, so was wie ein Teil unserer Familie gewesen. Ich habe ihm sofort eine E-Mail geschickt, und Henry hat mich besucht. Er war schockiert, als er hörte, wie schlecht es mir ging und was mir alles widerfahren war, in den zehn Jahren, seitdem wir uns das letzte Mal gesehen hatten – das war in dem Jahr gewesen, als meine Frau schwanger war. Das Kind verloren wir kurz nach der Geburt. Für mich war Heinrich in dem Moment, wie er Ende 2006 vor mir stand, meine Familie. Wir verbrachten gemeinsam Weihnachten bei Freunden in Mosman, das liegt zwischen Manly und Sydney. So sind wir wieder zusammengekommen.«

Kieber hat sich ein Zimmer gemietet, ganz in der Nähe des Bahnhofs Turramurra, einem Vorort im Nordwesten Sydneys, sagt Martin: »Wir sind dann, wenn ich mich richtig erinnere, an einem Tag hingefahren, haben seine Sachen geholt, und er hat für ein paar Tage bei mir gewohnt.« Heinrich erzählt Martin ohne Umschweife, dass er gekommen sei, um zu bleiben: »Henry drückte sich dahingehend sehr deutlich aus. Er wollte ein Haus finden mit einem langgestreckten Pool für seinen täglichen Kilometer, wollte ein einfaches Leben führen und, wenn er Glück hätte, eine Frau finden und Kinder haben.«

Gemeinsam gehen die beiden alten Freunde ins Kino: Kieber möchte den neuen James Bond sehen, *Casino Royale*. Dass er selbst so etwas wie ein Agent ist, der auf höchster Ebene mit Geheimdiensten zusammenarbeitet, verrät er seinem Freund Elton Martin nicht. Auch nicht, dass sein Besuch einen sehr konkreten Hintergrund hat und er mit den Steuerbehörden weitere Details seines Datendeals verhandelt. Unter anderem überreicht er einer australischen Behörde einen achtseitigen Brief, den er mit »Sydney, Dezember 2006« datiert. Auf der dem Autor vorliegenden Kopie sind der Empfänger des Schreibens und die ersten fünf Seiten des Briefs komplett geschwärzt. Auf den lesbaren Seiten fasst Kieber seine Arbeit und seine Beobachtungen bei der LGT zusammen – in denselben Worten wie im Brief, den er den ATO-Beamten während des Geheimtreffens übergab. Auf das Treffen weist er in diesem Schreiben nochmals hin: »Im Oktober 2006 fand eine sehr erfolgreiche und angenehme Woche mit mehreren Meetings mit Michael Monaghan, Michael O'Neill und Jan Farrell statt.« Und fügt hinzu: »ATO plant zu Beginn des Jahres 2007 einen Workshop mit verschiedenen anderen Ländern.«

Wem teilt Kieber das mit? Der Steuerbehörde? Wohl kaum, die ist bereits bestens informiert. Viel wahrscheinlicher ist, dass sich Kieber in Absprache und mit der Unterstützung des ATO an das Department of Immigration wendet und darin seinen innigen Wunsch äußert, in Australien leben zu dürfen, und dass die Behörde seinen Antrag nochmals überprüfen möge angesichts des immensen finanziellen Segens, den Kieber dem australischen Staat mit Hilfe seiner Daten ermögliche. Jedenfalls bedankt sich Kieber beim Adressaten »für Ihre Zeit, Ihre Bemühungen und Ihre wohlwollende Prüfung«.

Wer Kieber kennt, weiß, dass er sich bei seinen Lügengeschichten, wo immer möglich, an der Wahrheit entlanghangelt und nur die entscheidenden Details verdreht. So verstärkt ein Gespräch, das Heinrich Kieber mit seinem Freund Elton Martin führt, den Eindruck, dass sich sein Acht-Seiten-Brief an das Department of Immigration richtete: »Henry sagte sinngemäß, dass die Einwanderungsbehörde bei seinem Visa-Antrag gesehen hätte, dass er aus Liechtenstein stamme und bei einer Bank gearbeitet habe. Daraufhin sei das Amt an ihn herangetreten und habe angefragt, ob er bereit wäre, die zuständigen Stellen bei ihren Fragen im Zusammenhang mit den im Rahmen des Projekts Wickenby auf einem Laptop beschlagnahmten Daten zu unterstützen. Mir hat Henry mit keiner Silbe erwähnt, dass er selbst ATO Daten geliefert hat.«

Nach dem Jahreswechsel verschwindet Kieber für einige Wochen nach Europa, kehrt aber Ende Januar, Anfang Februar 2007 wieder nach Australien zurück. Bezahlt wird der Trip Kiebers von den australischen Steuerbehörden, wie Michael O'Neill 2011 vor einem australischen Gericht zugibt.

Zurück in Sydney, fragt Kieber seinen Freund Elton Martin, ob der ihm für 200 Dollar die Woche ein Zimmer vermiete. »Das war die Zeit, als ich langsam wieder etwas Boden unter den Füßen bekam, mein Leben sich langsam, aber sicher wieder stabilisierte. Henry wohnte für sechs oder acht Wochen bei mir.« Danach mietete ATO für ihn ein Apartment. Während Kieber und Martin sich die Wohnung teilen, haben sie den gleichen Arbeitsweg: Jeden Morgen nehmen sie die Fähre von Manly ins Zentrum von Sydney – Martin auf dem Weg zu seinen Kochkursen und Kieber zu seinen Seminaren mit den Steuerbehörden.

Kieber kommt und geht in der Zeit, als er bei Martin lebt: »Seminare hat er meines Wissens auch in Neuseeland abgehalten, in Kanada und in den USA.« Und wenn er nicht gerade in der Welt herumjettet, findet er die Zeit, seiner alten Landlady Margaret Thompson, der er immer noch 700 Dollar schuldet, einen Besuch abzustatten: »Es klopfte an meiner Türe, und ich war ziemlich überrascht, Henry zu sehen. Er stand da mit seinem Fahrrad und hatte einen Helm auf dem Kopf. ›Erinnerst du dich noch an mich?‹, fragte er. Ich antwortete: ›Nein, ich möchte mich nicht an dich erinnern, du schuldest mir noch Geld.‹ Dann schloss ich die Tür, und er entfernte sich. Seither habe ich ihn nicht mehr gesehen.«

Am 30. Mai 2007 ist zwischen Heinrich Kieber und den australischen Behörden alles so weit geregelt, dass Kieber in der ATO-Dienststelle an der Market Street 100 in Sydney eine Kopie seiner gestohlenen Daten übergeben kann. In einer schriftlichen Erklärung versichert er die Echtheit der Daten, bestätigt, dass er bereit sei, seine in der Erklärung gemachten Aussagen gegebenenfalls vor Gericht zu bezeugen, und beschreibt die Festplatte (»noontec model number PH02B marked ›MAIN BUFilesCopy03‹«), die er den Behörden zusammen mit der eidesstattlichen Erklärung übergibt: »Ich bestätige, dass die elektronischen Dokumente, die sich im ›Australien‹-Ordner befinden, unverfälschte Kopien der Originale sind.«

Australien ist eingetütet. Dreizehn Tage später auch Deutschland. Die Abklärungen der involvierten deutschen Behörden haben sich hingezogen. Insbesondere eine Frage hat den BND umgetrieben: Darf der Auslandsgeheimdienst die Informationen, die er von Kieber erwerben wird, auch wirklich an die Inlandsbehörden weitergeben? Seit Weihnachten ist das Kanzleramt informiert, und Bundesfinanzminister Peer Steinbrück hat den Ankauf gebilligt: »Ich war beim Ankauf der ersten Daten auch aktiv beteiligt«, erklärt Steinbrück. »Natürlich war mir bewusst, dass dabei zwei Rechtsgüter gegeneinander aufgewogen werden: Hehlerei gegen die Interessen des deutschen Fiskus. Ich habe mich für das Zweite entschieden, denn ich kann nicht Legitimation für ein Wirtschaftssystem organisieren, wenn eine Mehrheit der Deutschen das Gefühl hat, dass sie als ehrliche Steuerzahler die Dummen sind.«[188]

Der Finanzminister gibt dem Bundesnachrichtendienst eine Deckungszusage in Höhe von fünf Millionen Euro für das Projekt Datenankauf. 4,6 Millionen Euro erhält Kieber schließlich als Informantenhonorar – auf die er, Ironie der Geschichte, pauschal zehn Prozent Steuern entrichten muss. Es bleiben ihm also rund 4,2 Millionen aus dem Geschäft mit dem BND, das Recherchen des *Spiegel* zufolge am 12. Juni 2007 mit der Übergabe der Daten abgeschlossen wurde.

Richtig reich werden Heinrich Kieber jedoch die USA machen. Dazu müssen weder Kieber noch die US-Behörden irgendwelche politisch-juristischen Verrenkungen vornehmen. Im Dezember 2006 verabschiedete der US-amerikanische Kongress das Gesetz zur Errichtung eines »Whistleblower«-Büros innerhalb des Internal Revenue Service (IRS), der US-amerikanischen Steuerbehörde. Das Gesetz regelt die Zusammenarbeit des IRS mit Whistleblowern und stellt klar, unter welchen Bedingungen sie Anspruch auf eine Belohnung haben. Das anzuwendende IRS-Formular 211, in dem die Steuerhinterziehung angezeigt und gleichzeitig der Antrag auf Ausrichtung einer Belohnung gestellt wird, kann Kieber online ausfüllen, ausdrucken, unterschreiben und per Post an das Whistleblower Office an der Constitution Avenue 1111 in 20224 Washington schicken.

Analysiert werden die von Kieber vorgelegten Dokumente durch die Criminal Investigation Division (CI) des IRS. Auch die Amerikaner sind angetan von der Qualität der Daten. Insgesamt hat ihr Informant über 12 000 Seiten Dokumente, die amerikanische Steuerzahler betreffen, im Angebot – und er kann die CI-Abteilung bei der Analyse derselben unterstützen.

Im Oktober 2007 verschickt Kieber Postkarten aus San Francisco. Einer der Empfänger ist sein Freund Günther Walch, den er seit seiner Schulzeit kennt und der zusammen mit ihm bei Swissair arbeitete. In der Stadt an der amerikanischen Westküste betreibt die Criminal Investigation Division eine Dienststelle – bequem von Australien aus mit dem Flugzeug zu erreichen. Gemäß IRS-Whistleblower-Handbuch[189] sind gemeldete Fälle zur weiteren Bearbeitung an das Criminal-Investigation-Büro zu leiten, das sich »im Gebiet befindet, in dem der mutmaßliche Übertreter des Steuergesetzes seinen Wohnsitz hat«. Ein Name, welcher den Behörden aufgrund des Reichtums der ihm zugeschriebenen Stiftung auf Kiebers LGT-Listen ins Auge springt, ist der in Australien geborene US-Bürger Peter Lowy, der in Kalifornien lebt. Sein Vater, der Australier Frank Lowy, ist Gründer der Westfield Group, die Einkaufszentren in Australien, Neuseeland, Großbritannien und den USA betreibt. Peter Lowy leitet das US-Geschäft der Westfield-Gruppe. Finanziell spielen die Lowys in der gleichen Liga wie der Fürst von Liechtenstein: Das Wirtschaftsmagazin *Forbes* schätzt das Vermögen der australischen Familie auf über vier Milliarden Dollar.[190]

Die von Kieber präsentierten Dokumente aus dem Innern der LGT geben den CI-Beamten Anlass zu vermuten, dass Peter Lowy und seine Brüder wirtschaftlich berechtigt waren an der Stiftung Luperla, die die LGT Treuhand 1997 gründete und deren Vermögen bis 2001 auf 68 Millionen Dollar angewachsen war.[191] Nach einer Überweisung der 68 Millionen Dollar von der LGT auf Konten der Bank J. Safra in Genf verliert sich die Spur des Geldes.

Der IRS arbeitet schnell. Im letzten Quartal 2007 kontaktiert die Steuerbehörde die Familie Lowy mit Fragen zur Firma Beverly Park. Beverly Park ist eine im als Steuerparadies verschrienen US-Bundesstaat Delaware registrierte Firma mit einer komplexen Eigentümerstruktur, die dem US-Senator

Carl Levin zufolge zum Frank Lowy Family Trust führt.[192] Geschäftsführer von Beverly Park ist seit der Gründung 1997 Peter Lowy. Gemäß den Statuten der Luperla werde diejenige Firma die Begünstigten der Stiftung benennen, die zuletzt im Besitz von Beverly Park war. »Dieses ausgeklügelte Arrangement ermöglichte es den Lowys, ohne eine Miene zu verziehen, abzustreiten, Begünstigte der Stiftung zu sein«, so Carl Levin: 2001 erwirbt Beverly Park das Stammkapital der Firma Lonas auf den British Virgin Islands. Als einziger Direktor wird Lowys Anwalt installiert. Er ist damit berechtigt, der LGT Treuhand die Begünstigten von Luperla zu nennen – nachdem derselbe Anwalt im Auftrag der Beverly Park der LGT die Mitteilung gemacht hat, dass Lonas das letzte Unternehmen ist, an dem Beverly Park beteiligt war.

Die Nachforschungen lösen bei der Familie Lowy Hektik aus. Woher wissen die amerikanischen Steuerfahnder von Beverly Park und Luperla? Infrage kommt nur ein Leck. Lowys Anwälte melden sich umgehend bei der LGT und wollen wissen, wo die undichte Stelle sei. In Vaduz wird in Abrede gestellt, dass irgendwelche geheimen Informationen aus den Tiefen der LGT in Umlauf sein könnten.

Schon im Sommer 2007 hatte das australische ATO mit einer Untersuchung der Luperla-Stiftung begonnen. Allein der Fall Lowy könnte, so die Rechnung Kiebers, in den USA zu Steuernachzahlungen und Bußgeldern im siebenstelligen Bereich führen – und er partizipiert daran prozentual. So praktisch und verführerisch das IRS-Whistleblower-Programm auf den ersten Blick erscheint, ausbezahlt werden die Belohnungen erst dann, wenn die einzelnen Fälle jeweils rechtskräftig abgeschlossen und die Außenstände beim Steuersünder eingetrieben sind. Dazu kommt: Es liegt im Ermessen des IRS, die Höhe der Belohnung– zwischen 15 und 30 Prozent – festzulegen. Gegen die vorgeschlagene Höhe der Prämie des IRS kann der Whistleblower Einspruch beim US-Steuergerichtshof erheben. Insgesamt kann die amerikanische Steuerbehörde dank Kiebers Informationen in 147 Fällen[193] gegen US-Bürger wegen mutmaßlicher Steuerhinterziehung vorgehen. Das heißt, 147 Mal kann es zu Differenzen bezüglich der Höhe der Belohnung kommen – und es kann noch Jahre dauern, bis das Geld tatsächlich fließt.

Aber man weiß ja nie: Deshalb eröffnet Kieber 2007 auf seinen Namen bei der Bank of America das Konto mit der Nummer 2335741271. Am 15. August betrug der Saldo noch bescheidene 2.310 US-Dollar. Um seine finanziellen Ansprüche gegenüber dem Staat geltend zu machen und sich nicht im Dickicht der Paragrafen zu verlieren, sichert sich Kieber Unterstützung. Er engagiert den Anwalt Jack A. Blum, der sich bei der Washingtoner Kanzlei Baker & Hostetler schwerpunktmäßig mit Finanzdelikten beschäftigt.

Während Heinrich Kieber kreuz und quer in der Welt herumjettet, hält er telefonisch Kontakt mit seinem guten Freund Sandro Bertini in Liechtenstein: »Einmal hieß es, er sei in San Francisco und arbeite bei einer Bank. Dann meldete er sich aus Bali – zumindest behauptete er, er sei dort. Er mache Urlaub.« Auch Michael Konzett hört von ihm: »Das war vielleicht zwei, drei Monate, bevor der Skandal aufflog. Da rief er an und sagte, er sei in Dubai und arbeite als Englischlehrer für eine amerikanische Firma. Deren arabische Mitarbeiter müsse er auf ein Grundlevel bringen, und er erzählte lebhaft, was er da alles erlebe und wie die Ovomaltine schmecke.«

Anfang Februar 2008 ist die Chefetage der LGT in heller Aufregung. Die britischen Steuerbehörden haben sie wissen lassen, dass Großbritannien im Besitz von Daten britischer LGT-Kunden ist. Zwei Tage später sitzt LGT Group-CEO Max von Liechtenstein, zweitältester Sohn von Fürst Hans-Adam, zusammen mit seinen Geschäftsleitungskollegen im Flieger nach London, um mit Dave Hartnett, Commissioner von HM Revenue & Customs, zu sondieren, was noch zu retten ist.

Wenn überhaupt irgendetwas zu retten ist. Denn was ihnen die britischen Steuerfahnder erzählen, zieht den Bankern aus Liechtenstein den Boden unter den Füßen weg: Nicht nur Großbritannien, auch andere europäische Länder seien im Besitz der LGT-Datenbank.

Obwohl sie Dave Hartnett ein vorläufiges Stillhalteabkommen abringen können, ist der LGT-Delegation schlagartig klar: Da rollt etwas ganz gewaltig Großes auf das kleine Fürstentum zu.

10. DAS ENDE DES BANKGEHEIMNISSES NACH DEM 14. FEBRUAR 2008

Während im feinen Kölner Quartier Marienburg die Polizei alle Mühe hat, die Medienmeute zu bändigen, die vor der Villa von Post-Chef Klaus Zumwinkel um die beste Kameraposition kämpft, präsentiert Liechtensteins Regierungschef Otmar Hasler zusammen mit dem stellvertretenden Regierungschef Klaus Tschütscher den Journalisten zu Hause in Liechtenstein das Projekt Futuro – ihre »Vision für den Finanzplatz Liechtenstein«.

Nachdem die beiden Regierungsmitglieder den Medien Futuro vorgestellt haben, wartet ein weiterer Pflichttermin auf die beiden: Fürst Hans-Adam feiert an diesem Donnerstag seinen 63. Geburtstag und hat, wie jedes Jahr, Vertreter des öffentlichen Lebens in Liechtenstein zum Empfang geladen. Dass die deutschen Medien seit dem Vormittag flächendeckend über die vermuteten Millionen von Post-Chef Zumwinkel in einer liechtensteinischen Stiftung berichten, hat auch die aus Politikern, Richtern, Klerikern und Mitgliedern der Fürstenfamilie bestehende Runde auf Schloss Vaduz erreicht. Dennoch ist die Stimmung erstaunlich heiter. Dass an diesem Vormittag des 14. Februar 2008 um sieben Uhr das Ende des so lukrativen Geschäftsmodells Liechtensteins eingeläutet wurde, hat sich den Untertanen noch nicht erschlossen.

Nur Regierungschef Otmar Hasler wirkt merkwürdig zerknittert, als ihm Fürst Hans-Adam mit ungetrübtem Lächeln zuprostet.

Eine kurze Weile noch hofft man in Liechtenstein, die Affäre um den Post-Chef sei nur ein lästiger Einzelfall. Während in Deutschland Zumwinkels liechtensteinisches Steuersparmodell sämtliche Medien dominiert, hält das der Mehrheitspartei nahestehende *Liechtensteiner Volksblatt* ihre Leser am Morgen des 15. Februar mit positiven Meldungen zur Finanzplatz-Vision »Futuro« bei Laune und titelt auf der Frontseite vierspaltig: »Damit der Reichtum bleibt«.

Im »Futuro«-Schlussbericht[194] erklärt die Regierung, dass Liechtenstein »dank der eingeleiteten Reformen im Nachgang zur Finanzplatzkrise« (Stichwort: BND-*Spiegel*-Affäre) heute wieder »aus einer Position der Stärke agiert«, aber einer Vision bedürfe, welche nachhaltiges Wachstum langfristig sicherstelle. Alleinstellungsmerkmal des Finanzplatzes Liechtenstein soll bei der Zusammenarbeit mit anderen Ländern Anonymität und Diskretion sein: »Der weitgehende Schutz von Privatsphäre und Eigentum wird insbesondere auch den von Liechtenstein anerkannten verselbständigten Vermögen – etwa in Form einer Stiftung – eingeräumt.«

Bereits am Freitagmittag vermeldet *Focus Online*, dass Zumwinkel nur die Spitze des Eisbergs sei: »600 bis 700 Verdächtige in Steueraffäre«. Das *Handelsblatt* weiß, dass »in den nächsten Tagen in ganz Deutschland Razzien anlaufen«, und die *Süddeutsche Zeitung* titelt: »BND half Ermittlern auf die Spur«. In den deutschen Medien werden jubilierende Fahnder zitiert, die erklären, sie hätten in Liechtenstein eine ganze »Bank geknackt«. Klaus Zumwinkel tritt von seinem Posten als Vorstandsvorsitzender der Deutschen Post zurück.

Die LGT versucht eilig, mit einem Communiqué Druck herauszunehmen und ihre Kunden zu beruhigen: Laut einer Pressemitteilung der LGT Group hätten »sich Hinweise ergeben«, dass 2002 gestohlene Kundendaten »unrechtmäßig weitergegeben wurden. Gemäß damaliger Faktenlage betrachtete die LGT Treuhand AG den Fall als abgeschlossen. Kunden, die nur mit der LGT Bank eine Beziehung unterhalten, sind von diesem Datendiebstahl nicht betroffen.« Liegt der Fokus in den ersten beiden Tagen der Berichterstattung noch auf Zumwinkel, verschiebt sich der übers Wochenende in Richtung Liechtenstein: »Beck wirft Liechtenstein Raubrittertum vor« *(Spiegel)*, das Fürstentum lebe »zu einem guten Teil vom internationalen Steuerhinterziehungsgeschäft« (FAZ). Liechtenstein sei ein Sumpf, den man trockenlegen müsse.

Obschon die höchsten Stellen in Liechtenstein seit fünf Jahren wissen, dass geheime Kundendaten auf Wanderschaft sind, hat sich die Regierung nicht auf den Ernstfall vorbereitet. Liechtensteins wichtigster Wirtschaftszweig schlittert unvorbereitet in die Krise, muss übers Wochenende einen Krisenstab und die Kommunikation auf die Beine stellen. Nicht einmal, als die LGT Treuhand AG, wie sie in ihrem Communiqué schreibt, »ab Sommer 2007 vereinzelte Hinweise auf eine illegale Weitergabe« von Daten erhalten hat, ist Alarm ausgelöst und eine Eventualplanung vorgenommen worden. Und selbst der Hinweis der britischen Steuerbehörden vor wenigen Tagen, wonach LGT-Daten bereits bei verschiedensten Staaten zirkulierten, löst keine Reaktion aus. Wollten die LGT und ihr Besitzer die dräuende Katastrophe einfach nicht wahrhaben?

Es dauert fünf Tage, bis Liechtenstein seine Stimme wiederfindet. Am Dienstag, dem 19. Februar »schlägt Liechtenstein zurück« *(Volksblatt)*: Vor den versammelten deutschsprachigen Medien treten in Vaduz auf: Erbprinz Alois, als bevollmächtigter Stellvertreter seines Vaters Fürst Hans-Adam, und Regierungschef-Stellvertreter Klaus Tschütscher.

Der Erbprinz gießt erst einmal ordentlich Öl ins Feuer: Deutschland dürfe sich nicht wundern, dass die Steuerzahler Reißaus nähmen, schließlich habe »eine internationale Studie das deutsche Steuersystem als das schlechteste weltweit eingestuft, noch nach Haiti. Deutschland sollte seine Steuergelder besser dafür einsetzen, um sein Steuersystem in den Griff zu bekommen«, anstatt »Hehlerei im großen Stil« zu betreiben. »Bei uns können fiskalische Interessen nicht über rechtsstaatliche Prinzipien gestellt werden.« Dass die gepriesenen rechtsstaatlichen Prinzipien Liechtensteins bei der Verurteilung Kiebers im Jahr 2004 in den Hintergrund zu treten hatten, erwähnt der Erbprinz wohlweislich nicht.

Die Frage, ob der deutsche Staat mit dem Erwerb der gestohlenen Daten Hehlerei begangen habe, ist bei deutschen Juristen und Politikern umstritten – wobei die Befürworter des Ankaufs deutlich in der Mehrheit sind. Ein betroffenes Ehepaar legt gegen eine durchgeführte Wohnungsdurchsuchung Verfassungsbeschwerde ein, da die Verwertung der von Kieber gestohlenen Daten gegen deutsches Recht verstoße. Das Bundesverfassungsgericht schafft im November 2010 mit der Ablehnung der Beschwerde endgültig Klarheit: Die Daten dürfen verwendet werden, auch wenn eine Privatperson sie sich ursprünglich widerrechtlich angeeignet habe.

Das *Wall Street Journal* lüftet am 19. Februar als Erstes die Identität des BND-Spitzels. In Liechtenstein will man nicht wahrhaben, dass der Verräter einer der Ihren sein soll. Erst recht nicht, dass es ausgerechnet dem weithin bekannten, an Sprech-Durchfall leidenden Zappelphilipp Heinrich Kieber gelungen sein soll, eine Datenbank mit dem kompletten Kundenstamm der fürstlichen Treuhandfirma zu stehlen. Im Nu schießen Verschwörungstheorien ins Kraut: Kieber sei vom BND als Maulwurf in die Firma eingeschleust worden, er habe das nicht allein stemmen können, ein pädophiles Kadermitglied der LGT sei vom BND erpresst worden, Kieber werde als Sündenbock geopfert, damit der wahre Verräter bei der LGT nicht auffliege …

Einig ist man sich in Liechtenstein hingegen darin, dass es kaum ein Zufall sein kann, dass die deutschen Behörden dem Fürsten mit der Verhaftung Zumwinkels den Geburtstag verhagelten. Diese Sichtweise wird mit der Aussage des Fürsten gegenüber Radio Liechtenstein sogar Staatsdoktrin: Es habe sich um einen »gezielten und sorgfältigst vorbereiteten Angriff«[195] gehandelt. Dass Regierungschef Otmar Hasler am 20. Februar zu einem seit langem geplanten Besuch bei Kanzlerin Angela Merkel in Berlin weilt, macht die Sache nicht besser. Die »Medienkampagne« diene nur dazu, so die vorherrschende Meinung im bedrängten Fürstentum, den Druck auf den Besucher aus Liechtenstein zu erhöhen.

In der aufgeheizten Stimmung versucht Regierungschef Hasler in Berlin den versammelten Hauptstadtmedien zu vermitteln, dass Liechtenstein seit der BND-*Spiegel*-Affäre vor acht Jahren sehr wohl Lehren gezogen habe und etwa ein Zinsbesteuerungsabkommen mit der EU und Rechtshilfeabkommen mit den USA abgeschlossen sowie das Rechtshilfegesetz revidiert habe. Des Weiteren stehe Liechtenstein – unabhängig von der LGT-Affäre – kurz vor dem Abschluss eines Betrugsabkommens mit der EU, und mit den USA verhandle Liechtenstein über ein Steuerinformationsabkommen. Aber, fügt Hasler an, das Instrument der diskreten liechtensteinischen Stiftung stehe nicht zur Diskussion.

Die liechtensteinische Hoffnung, dass die Empörungswelle rasch wieder abebbe, ist vergebens. Erstklassige Quellen in deutschen Behörden versorgen die Medien tagtäglich mit pikanten Details über Heinrich Kiebers Deal mit dem BND. Am 24. Februar verkündet endlich auch die LGT »zur Täterschaft und zum Hergang im Einzelnen« und zum Volumen der gestohlenen Daten: »Sie betreffen ungefähr 1400 Kundenbeziehungen. Davon ist der größte Teil, gegen 600 Kunden, in Deutschland wohnhaft. Bei der in den Medien kursierenden Zahl von 4527 Datensätzen handelt es sich exakt um die Anzahl der Begünstigten aller Stiftungen.«

Nachdem sein Name in den Medien genannt worden ist, fühlt Heinrich Kieber sich offenbar verfolgt. Jedenfalls halten die australischen Behörden fest, er habe letztmals am 23. Februar Australien verlassen. Ob Heinrich Kieber tatsächlich das Land verlassen hat oder ob er sich lediglich am Flughafen bei der Passkontrolle mit seinem liechtensteinischen Reisepass »offiziell« aus Australien abmeldete, um kurz darauf wieder mit neuen Papieren und neuem Namen einzureisen, ist offen.

Wie *Spiegel* und *Focus* übereinstimmend berichten, meldet sich Kieber wenige Tage nach der Durchsuchung bei Klaus Zumwinkel beim BND und beklagt, dass er enttarnt worden sei und um sein Leben fürchte[196]. Er wolle abermals eine neue Identität, schreibt der *Spiegel. Focus* zufolge sei Kieber aus Australien nach Europa zurückgekehrt und habe Nachforderungen gestellt und »verängstigt eine neue Identität verlangt«. War es also so, dass Kieber bis dahin unter seinem richtigen Namen in Australien leben wollte, dass er erst in diesem Stadium eine neue Identität verlangt – wie dies der *Focus*-Bericht nahelegt –, um wieder in der Anonymität untertauchen zu können?

Bundesfinanzminister Steinbrück hält derweil den Druck auf Liechtenstein aufrecht, droht dem Fürstentum mit Sanktionen und kündigt an, die angekauften LGT-Daten auf Wunsch anderen Ländern kostenlos zur Verfügung zu stellen, damit auch diese ihre Steuersünder verfolgen könnten. Das Angebot wird von den Regierungen der betroffenen Länder dankbar aufgenommen. Lediglich Dänemark schert aus und bezeichnet die Verwendung gestohlener Bankdaten als »undänisch« – später greift es doch noch zu und nimmt die Liechtenstein-Beziehungen fünfzig dänischer LGT-Kunden unter die Lupe.[197]

Ebenfalls befinden sich fünfzig Norweger unter den LGT-Treuhand-Kunden und rund hundert Schweden[198]; Italien ermittelt laut der Nachrichtenagentur Ansa gegen 390 Kunden, die Slowakei erbittet eine Kopie der LGT-Daten, in Spanien umfasst die Liste der vermuteten Steuersünder 200 Namen. Frankreichs Behörden vermuten, dass in Liechtenstein rund eine Milliarde Euro an den Behörden vorbeigeschleust wurden. Kanada und Indien ermitteln – Australien, die USA und Großbritannien sowieso. In Deutschland beginnen im Sommer 2008 die ersten Gerichtsprozesse gegen ehemalige Kunden der LGT.

Die LGT-Affäre ist omnipräsent – zum Glück für die Liechtensteinische Landesbank, die, wie erwähnt, ebenfalls mit einem Erpressungsfall zu kämpfen hat. Hier nochmals die Ergebnisse des bizarren Falles kurz zusammengefasst: Drei Tage vor der Durchsuchung der Zumwinkel-Villa hatte die Bank eine linkische Pressemitteilung veröffentlicht, in der sie sich als »Opfer von Erpressungshandlungen« outete, »die Vorfälle bedauert« und bekundet, alles daranzusetzen, »in Zusammenarbeit mit den Behörden ihre Kunden zu schützen«. Gemeint ist der Fall des ehemaligen Mitarbeiters Roland L., der die Landesbank im Jahr 2003 – zeitgleich mit Kieber – damit erpresste, über 2300 illegal entwendete Kontodaten den deutschen Behörden übergeben zu wollen. Der ehemalige LLB-Mitarbeiter Roland L. wurde zwar kurz darauf zu einer mehrjährigen Haftstrafe verurteilt – die gestohlenen Kontodokumente hatte er aber, gegenteiligen Beteuerungen zum Trotz, noch und ließ das einen Mitgefangenen wissen. In Freiheit lebende Komplizen des Mitgefangenen nahmen die Bankauszüge an sich und kontaktierten betroffene Kunden der LLB. Als die sich empört bei der Bank meldeten, wurde die Landesbank-Einsatzgruppe reaktiviert. Ihr Verdacht fiel rasch auf den inhaftierten Roland L. Konfrontiert mit den Vorwürfen, erpresste er die LLB erneut: Die »Besuche« bei deutschen Kunden werde er gegen Zahlung von 30 Millionen Euro einstellen lassen – obwohl er in die laufenden Erpressungen von LLB-Kunden nicht involviert war. Für diese zweite Erpressung der Bank wurde Roland L. 2006 vom Kriminalgericht in Liechtenstein zu sechs weiteren Jahren Haft verurteilt. Rechtskräftig wird das Urteil erst 2008.

Nachdem die Bank aufgescheucht worden ist, melden sich die Komplizen aus Deutschland bei der Einsatzgruppe der LLB. Die Bank willigt ein, 13 Millionen Euro für die entwendeten 2325 Kopien zu zahlen. Sie hätten, so wird es die Bank gebetsmühlenartig wiederholen, »keine andere Wahl gehabt, um unsere Kunden zu schützen«. Bis 2007 zahlt die Bank elf Millionen Euro und glaubt, den größten Teil der kopierten Kundendaten gesichert zu haben. Die letzte Zahlung soll 2009 stattfinden. Aber dazu kommt es nicht mehr, denn nicht nur bei den Landesbank-Verantwortlichen herrscht eine beachtliche Naivität, sondern auch bei dem Haupttäter, einem gerichtsnotorischen zwölffachen Bankräuber. Der wurde zwar mehrfach verurteilt, ein Großteil der Beute aus den Überfällen blieb aber verschollen. Im November 2007 will er in einer Rostocker Filiale der Commerzbank 1,3 Millionen Euro auf ein Konto einzahlen, zwecks Überweisung nach Thailand, wohin er anschließend verreist. Die Bank schöpft Verdacht und alarmiert die Staatsanwaltschaft. Die hofft, endlich an das Geld aus den Banküberfällen zu kommen. Der Bankräuber und Bankerpresser kehrt nach der missglückten Überweisung nach Deutschland zurück, um die Millionen persönlich abzuholen – wo er prompt festgenommen wird und die Behörden auf geheimnisvollen E-Mail-Verkehr mit der Liechtensteinischen Landesbank stoßen. Der Haupttäter und seine Komplizen müssen sich ab April 2008 in Rostock vor Gericht verantworten.

Im Mai 2008 scheint sich das Blatt für die Landesbank zum Guten zu wenden: Jemand schickt ihnen die noch fehlenden Kontobelege zu. Ob und wie viel die LLB dafür zahlte, ist nicht bekannt. Die Freude der Liechtensteinischen Landesbank darüber, dass es ihr gelungen ist, die zirkulierenden Kontoauszüge deutscher Kunden wieder einzusammeln, währt jedoch nicht lange. Am Freitag den 1. August übergibt die Verteidigung des Haupttäters dem Rostocker Gericht, in der Hoffnung auf Strafmilderung, eine Tüte voller LLB-Kontodaten. Insgesamt über 600 Seiten mit je zwei bis vier Namen von Kontoinhabern. Auf den Landesbank-Papieren werden etwa drei Milliarden Euro ausgewiesen, der größte Teil davon Schwarzgeld.

Damit hat Deutschland eine »neue Steueraffäre riesigen Ausmaßes« *(Spiegel)*, und Liechtenstein steht zum wiederholten Mal als »steuerpolitischer Schurkenstaat am internationalen Pranger, der Menschen aus anderen Ländern hilft, ihren Staat zu betrügen« *(Süddeutsche Zeitung)*.

Auch in den USA leidet Liechtensteins Ruf massiv: Hier findet am 17. Juli 2008 vor vollbesetzten Rängen des ständigen Untersuchungsausschusses des US-Senats eine Anhörung zum Thema »Banken in Steuerparadiesen und die Befolgung der US-Steuergesetze« statt. Anhand der Schweizer Großbank UBS und der Liechtensteiner LGT will das Senatskomitee aufzeigen, wie Banken in Steuerparadiesen US-Bürger bei der Steuerflucht unterstützen. »Steuerparadiese betreiben einen Wirtschaftskrieg gegen die Vereinigten Staaten. Der Verlierer ist der ehrliche, hart arbeitende US-Steuerzahler«[199], eröffnet Senator Carl Levin publikumswirksam die Anhörung. »Sowohl LGT wie UBS operieren im Dunkeln. Die Beweise, die wir erhalten haben, bringen etwas Licht in das Gebaren der Banken, die Praktiken anwenden, die es US-Bürgern ermöglichen, Steuern zu hinterziehen.« Insgesamt haben die US-Steuerverwaltung und das Senatskomitee Zugriff auf über 12 000 LGT-Dokumente, die es den Behörden erlauben, die Geschäfte der LGT-Treuhand-Kunden bis ins Detail nachzuzeichnen. Anhand von sieben Fallstudien zeigt der US-Senat, mit welch ausgefeilten Methoden die LGT US-Bürgern auf der Steuerflucht zur Hand ging. Einer der präsentierten Musterfälle betrifft den bereits erwähnten Peter Lowy und dessen Stiftung Luperla.

Heinrich Kieber wird vor dem US-Senat als Zeuge gehört. Allerdings werde der Zeuge nicht persönlich erscheinen, da er in einem Zeugenschutzprogramm lebe, teilt der Ausschussvorsitzende Carl Levin mit. Aus Sicherheitsgründen sei seine Stellungnahme vorab auf Videoband aufgezeichnet worden und sein Gesicht in der Einspielung nicht erkennbar. Noch einmal erzählt Kieber seine Geschichte, bei welch obskurem Arbeitgeber er tätig gewesen sei und wie sehr er doch darunter gelitten habe: »Die anspruchsvollste Aufgabe war es, die gescannten Dokumente sauber zu verschlagworten. Um die Dokumente zu indexieren, mussten wir jedes einzelne auf dem Bildschirm lesen. Da wurde mir das fragwürdige Geschäft bewusst, in das die LGT oft involviert war, und welch dubiose Kunden sie hat.« Mehrfach habe er, lässt Kieber den Untersuchungsausschuss wissen, seine Vorgesetzten auf die zweifelhaften Geschäftspraktiken aufmerksam gemacht, worauf man ihn abgebürstet habe, er solle sich nicht in Sachen einmischen, die ihn nichts angingen.

Im Anschluss an die liechtensteinische LGT knöpft sich der Senatsausschuss die Schweizer Großbank UBS vor und geißelt deren illegale Geschäftsmethoden auf amerikanischem Boden. Auch hier ist es ein ehemaliger Angestellter, der ausgepackt hat und den Amerikanern einen intimen Einblick in die Praktiken der Schweizer Banker bei der Akquisition von US-Vermögen gewährt. Sein Name: Bradley Birkenfeld.

Birkenfeld verwaltete 2001 das Vermögen des kalifornischen Immobilienhändlers Igor Olenicoff, als er sich bei der UBS bewarb. Die UBS stellte Birkenfeld ein – weil der Olenicoffs Dollarvermögen in Höhe von Hunderten Millionen mit zur Bank bringen wollte. Birkenfelds Geschäftspartner ist ein liechtensteinischer Treuhänder, der, so der Senatsausschuss, beim Verstecken der Olenicoff-Millionen in Firmen an exotischen Standorten mithilft. UBS freut sich über fette Provisionen und Birkenfeld über zugesicherte Jahresboni. Bis 2005 herrscht Einvernehmen. Dann hält die UBS Birkenfeld vor, die gesteckten Ziele nicht erreicht zu haben. Er habe in den vergangenen

Jahren neben Olenicoff keine neuen reichen Kunden zur Bank gelotst. Birkenfeld müsse deshalb mit einer Kürzung seines Bonus rechnen.

Bradley Birkenfeld lässt sich das nicht gefallen, zieht Olenicoffs Vermögen bei der UBS ab, beschwert sich sodann bankintern über die unsauberen Methoden, die die Bank bei ihrem USA-Geschäft anwende, und kündigt schließlich im Herbst 2005. Die UBS streicht Birkenfeld den Bonus, worauf sich die beiden Parteien vor dem Arbeitsgericht wiedertreffen. Um seine Verhandlungsposition zu stärken, schickt Birkenfeld dem Chefjustiziar der UBS einen Brief, in dem er ankündigt, als Whistleblower die betrügerische Praxis der Bank öffentlich anzuprangern, weil niemand innerhalb der Bank seine diesbezüglichen Hinweise zur Kenntnis nehme. Daraufhin gelobt die UBS Besserung, wichtiger aber ist noch: Sie zahlt Birkenfeld den gestrichenen Bonus nach und hofft, die Sache sei damit aus der Welt.

Weit gefehlt: 2007 legt Birkenfeld den US-Behörden interne Weisungen der UBS vor, wie sich Kundenberater in den USA zu verhalten hätten, damit sie sich nicht verdächtig machen bei ihren unsauberen Geschäften mit US-Kunden, berichtet über getarnte Geschäftsreisen und legt Listen mit den Namen der USA-Verantwortlichen innerhalb der Bank vor. Was er jedoch nicht verrät, ist, dass er selbst früher für seinen Klienten Olenicoff riesige Summen vor dem IRS versteckte. Dass Birkenfeld seine undurchsichtige Rolle in der Affäre nicht offenlegt, wird ihn später ins Gefängnis bringen. Denn im selben Jahr 2007 bringt Olenicoff sein Vermögen zurück in die USA, zahlt über 50 Millionen Dollar an Steuern und Strafe – und erzählt den Behörden, wie Birkenfeld ihm beim Betrügen des Fiskus unterstützt habe.

Mit Hilfe von Bradley Birkenfeld und Heinrich Kieber haben die US-Behörden erstmals überhaupt einen detaillierten Einblick in die Praktiken von Finanzunternehmen aus den Offshore-Paradiesen Liechtenstein und der Schweiz erhalten und setzen die beiden Länder nun massiv unter Druck. Vertreter der UBS geloben vor dem Senatsausschuss Besserung und erklären sich bereit, die Verantwortung für ihr Tun zu übernehmen. Die LGT schickt keinen Vertreter zum Hearing in Washington. »Vielleicht«, mutmaßt Senator Carl Levin, »weil solche Praktiken einfach nicht zu verteidigen sind.«[200] Im Vorfeld der Senatsanhörung teilt die LGT mit, dass die Geschäftsmethoden des Unternehmens heute andere seien als die im Bericht des Ausschusses beschriebenen.

Ein halbes Jahr nach dem Hearing zahlt die UBS 780 Millionen Dollar Strafe für die illegalen Praktiken, die sie in den USA angewendet hat. Im Sommer 2009 schließlich kapitulieren die Schweiz und die UBS. Die Schweiz verpflichtet sich im Rahmen eines Staatsvertrags, den USA 4 450 Daten[201] von Kunden der Großbank zu übermitteln, die in den Vereinigten Staaten verdächtigt werden, Steuern hinterzogen zu haben.

Die US-Amerikaner haben das Schweizer Bankgeheimnis durchlöchert.

In Liechtenstein geht es nach dem Sommer 2008 etwas weniger turbulent zu – bis Fürst Hans-Adam sein Ländchen mit Negativmeldungen zurück auf die Titelseiten der deutschen Presse katapultiert. Denn der Fürst hat einen seiner bei Freund und Feind berüchtigten Ausbrüche gehabt. Im September 2008 werden die Details bekannt: Auslöser ist eine unverfängliche Anfrage von Michael Blumenthal, dem Direktor des Jüdischen Museums Berlin, der in einem vom 18. Juni 2008 datierten Brief den Kunstsammler und Fürsten von Liechtenstein um die Leihgabe eines Werkes von Frans Hals für die Realisierung der Sonderausstellung »Raub und Restitution« bittet.[202]

Nein, das komme nicht infrage, antwortet der Fürst barsch eine Woche später. »Wir wollen unsere Kunstwerke nicht dem Risiko einer selektiven Anwendung des Rechtsstaates in der Bundesrepublik Deutschland aussetzen«, lässt er Michael Blumenthal wissen: »Was die deutsch-liechtensteinischen Beziehungen betrifft, warten wir hier auf bessere Zeiten, wobei ich zuversichtlich bin, denn in den vergangenen zweihundert Jahren haben wir immerhin schon drei Deutsche Reiche überlebt, und ich hoffe, wir werden auch ein viertes überleben.«

Es ist zwar nicht das erste Mal, dass das liechtensteinische Staatsoberhaupt Deutschland – peinlich genug – als viertes Reich bezeichnet, aber dass er den unseligen Vergleich ausgerechnet in einem Brief an das Jüdische Museum gebraucht, dessen Direktor als Jugendlicher vor den Nazis aus Deutschland flüchten musste, hat eine neue Qualität. Für den Zentralrat der Juden in Deutschland ist klar: Nur weil sich der Fürst wegen des LGT-Coups der deutschen Behörden ärgere, könne er die Bundesrepublik nicht in eine Reihe mit dem Dritten Reich stellen. Der Fürst verharmlose dadurch die Verbrechen der Nationalsozialisten. Die Empörung ist einhellig.

In Liechtenstein dürfen die Untertanen die Scherben zusammenkehren. Sie versuchen sich, so gut es geht, vom Vergleich zu distanzieren – ohne den Fürsten zu brüskieren. Die Beziehungen zwischen Liechtenstein und Deutschland seien eng und gut, lässt sich die Außenministerin zitieren, und sie würde es bedauern, wenn der Brief »Anlass zur Verstimmung« geben könne. Regierungschef Hasler verspricht gar, »alles zu unternehmen«, damit das Verhältnis der beiden Länder wegen des Schreibens des Fürsten »keine nachhaltige Verschlechterung« erfahre. Der Liechtensteinische Bankenverband lässt ausrichten, dass die Finanzinstitute »in keiner Weise an neuen Misstönen« interessiert seien. Schließlich rudert auch das Fürstenhaus in einer Stellungnahme zurück: Selbstverständlich sei es nicht beabsichtigt gewesen, die grauenhaften Ereignisse des Dritten Reiches zu verharmlosen.

Auch Heinrich Kieber betätigt sich im Sommer 2008 als Briefschreiber. Er meldet sich – ohne einen Absender anzugeben – bei seinem Freund Klaus Niederer:

»Ich wollte dir schon lange schreiben; die besonderen Umstände, in denen ich mich seit Mitte Februar 2008 befinde, haben es aber bisher schwierig gemacht, dies zu tun. Die ganze Welt hat ja nun über den gigantischen Skandal lesen können. 80 Prozent ist Mist und die restlichen 20 Prozent eher belustigend. Wenn es in meiner Macht läge, dann würde ich gerne wieder nach Hause kommen. Ich habe leider nicht mitbekommen, wie der Skandal selber in unserem Land aufgenommen wurde. Ich habe aber die deutsche Presse gelesen und auch die Schweizer. Die Schweizer haben stark auf mich eingedroschen, die Deutschen hingegen mehrheitlich den angeblichen Auslöser gelobt. Schon komisch. Ich bin aber nicht für alles, was geschah, verantwortlich. Vielleicht sehen wir uns in unserem Leben wieder einmal und ich kann dann deine Fragen beantworten, falls du welche hast.«

Kein Wort verliert Kieber darüber, dass er sein dem Freund gegebenes Versprechen gebrochen hat, die Datenkopie, die er in der Hinterhand hatte, nicht einzusetzen.

Im Herbst 2008 wird die Diskussion um den Finanzstandort Liechtenstein vom dramatischen Geschehen auf den Weltmärkten überlagert. Die Finanzkrise, die im Frühjahr 2007 mit der Immobilienkrise auf dem US-Markt begann, kulminiert am 15. September 2008 im Konkurs der US-Bank Lehman Brothers, woraufhin das Weltfinanzsystem zu kollabieren droht. Die Staaten müssen Milliardenbeträge in die Stützung ihrer Banken pumpen.

Für Liechtenstein ist es ein schwacher Trost, dass der Finanzplatz nicht mehr im Fokus ist. Denn die unter der Krise leidenden Länder haben einen enormen Finanzbedarf, um die globalen Folgen des Lehman-Untergangs zu lindern. Die Trockenlegung von Steuerparadiesen, so das Kalkül der Haushälter, könnte dringend benötigte Milliarden in die Kassen spülen. Deutschland, Frankreich und andere OECD-Staaten erhöhen im Oktober 2008 den Druck auf Steueroasen und drohen Liechtenstein erneut mit der Schwarzen Liste. Ende des Monats einigt sich Liechtenstein mit den USA auf ein Abkommen über den Austausch von Steuerinformationen und trägt damit gegenüber den USA das Bankgeheimnis zu Grabe. Daraufhin blockiert Deutschland das bereits ausgehandelte Betrugsabkommen mit der EU[203] und verlangt mit Verweis auf das soeben mit den USA vereinbarte Steuerinformationsabkommen vom Fürstentum weitergehende Zugeständnisse, sprich: das Ende des liechtensteinischen Bankgeheimnisses auch innerhalb Europas.

Galt in Liechtenstein bisher die Doktrin, Informationsaustausch und Transparenz zu bejahen, aber nur bei weitgehender Anonymität »verselbständigter Vermögen«, vollzieht das Fürstentum nun eine spektakuläre Wende um 180 Grad. Am 10. November 2008 prescht die vom Datenskandal gebeutelte LGT vor und verkündet zur Überraschung aller, dass ihr Treuhandunternehmen ab sofort nur noch saubere, versteuerte Vermögen annehmen werde. Man passe sich »den neuen Realitäten an«, lässt sich Prinz Max, CEO der LGT-Gruppe, in einem Communiqué zitieren. Dies geschieht ein halbes Jahr, nachdem sein Bruder, Erbprinz Alois, einem Reporter der BBC ins Mikrofon gesagt hatte, dass es doch wohl die Aufgabe des Kunden und nicht des Treuhänders sei, das Vermögen an dessen Wohnort zu deklarieren. Der Treuhänder sei schließlich nicht dessen Kindermädchen.

Liechtensteins Treuhandbranche ist fassungslos ob des Tempos, das Fürst und Regierung beim Umbau des Finanzplatzes vorlegen. Durch das Steuerinformationsabkommen mit den USA sei eine »Lex LGT« geschaffen worden, wettern verschiedene Branchenvertreter. Die Treuhändervereinigung, welche die rund vierhundert Finanzintermediäre in Liechtenstein vertritt, verlangt von der Regierung, in den Reformprozess angemessen einbezogen zu werden. Regierungschef Otmar Hasler lässt ausrichten, dass er die »Gesamtinteressen des Landes sichern« müsse. Freunde macht sich der Regierungschef mit dem Turbo-Umbau im Treuhandwesen keine. Die Treuhänder verweisen darauf, dass ihre Branche Liechtensteins Haushalt zu einem Drittel speise – mehr als zehn Prozent aller Beschäftigten arbeiteten hier. Zu wichtig sei die Branche, als dass man jetzt über Nacht alles über Bord werfen dürfe.

Aber es hilft alles Jammern nichts. Der Fürst (»Wo es Steuerwüsten gibt, gibt es Steueroasen«) verabschiedet sich am 1. Januar 2009 in einem Interview offiziell vom Geschäftsmodell Liechtenstein: »Der Treuhandsektor wird nicht davon leben können, als einzige Dienstleistung die Steuerhinterziehung oder den Steuerbetrug anzubieten.«

Bundeswirtschaftsminister Peer Steinbrück nutzt die Gunst der globalen Krise und übt zu Beginn des Jahres 2009 mit konkreten Sanktionen gegenüber Steuerparadiesen Druck aus: Er droht mit Beweislastumkehr. Wer mit Banken oder Unternehmen in Steuerparadiesen Geschäfte tätigt, soll künftig unter den Generalverdacht der Steuerhinterziehung gestellt werden und müsste folglich mit Razzien und finanziellen Einbußen rechnen. Der Angriff zielt auf die Schweiz und Liechtenstein – aber auch auf die in Sachen Informationsaustausch ebenso zurückhaltenden EU-Länder Luxemburg und Österreich. Für die liechtensteinische Exportindustrie wären derartige Sanktionen eine Katastrophe, ist Deutschland doch das mit Abstand wichtigste Abnehmerland von hochspezialisierten Maschinen, Anlagen und Präzisionsinstrumenten *made in Liechtenstein*.

Bei den liechtensteinischen Parlamentswahlen, die im Februar 2009 stattfinden, erringt die bisherige Minderheitspartei mit ihrem Spitzenkandidaten Klaus Tschütscher einen Erdrutschsieg. Sie erobert die absolute Mehrheit im Parlament und stellt künftig den Regierungschef. Der bisherige Amtsinhaber Hasler wird für seinen abrupten Richtungswechsel in

Sachen Finanzplatz abgestraft. Sein Nachfolger macht dort weiter, wo Hasler aufhörte: Am 12. März 2009 präsentieren Erbprinz Alois, Noch-Regierungschef Hasler und sein designierter Nachfolger Tschütscher die *Liechtenstein Declaration*, in der sich das verschwiegene Fürstentum dazu bekennt, künftig die OECD-Standards in Sachen Transparenz und Informationsaustausch zu erfüllen. Die Ankündigung Liechtensteins wird international mit Wohlwollen aufgenommen. Lediglich in der Schweiz macht man sich Sorgen, dass die Lockerung des liechtensteinischen Bankgeheimnisses den Druck auf ihr Bankgeheimnis erhöhen könnte. Die Schweizerische Bankiervereinigung betont denn auch eilig, dass sie von der Schweizer Regierung erwarte, als souveräner Staat die eigenen Prinzipen zu verteidigen – sprich: das Bankgeheimnis nicht zu opfern.

Am liechtensteinischen Bankgeheimnis werde im Übrigen auch nicht gerüttelt, betont die liechtensteinische Troika wider besseres Wissen. Das Bankgeheimnis, so die offizielle Argumentation, dürfe nicht auf die Steuerkomponente reduziert werden. Mit einem Exodus vermögender Kunden aus Liechtenstein sei nicht zu rechnen.

Doch für den überwiegenden Teil der internationalen Kundschaft war das Bankgeheimnis nur so lange von Interesse, wie es sie vor dem Zugriff der Steuerbehörden schützte. Die Zahlen sprechen eine klare Sprache: Zwischen Februar 2008, dem Zeitpunkt der Hausdurchsuchung bei Zumwinkel, und Ende 2010 dürften die Treuhänder rund ein Drittel aller Mandate verloren haben[204], schreibt die Wochenzeitung *Wirtschaft Regional.* Allein 2010 stehen 8 000 gelöschten Stiftungen gerade mal 700 Neugründungen gegenüber.[205] Ende 2010 verzeichnete das Handelsregister in Vaduz etwas mehr als 37 000 anonyme Stiftungen. Im Vergleich zu den besten Zeiten vor der Krise eine glatte Halbierung.

Dass der Umbau des Finanzplatzes nicht ohne Einbußen zu haben sein wird, macht die Regierung der liechtensteinischen

Bevölkerung mit der Vorlage des Haushaltsentwurfes für das Jahr 2010 klar: Im Haushalt in der Höhe von einer Milliarde Schweizer Franken drohe ein Loch von 190 Millionen. Derart rote Zahlen schreibt das Fürstentum dann doch nicht. Der Haushalt 2010 schließt mit einem Defizit von *nur* 30 Millionen Franken ab, das Liechtenstein aus seinem Vermögen begleichen muss. Ende 2010 beträgt das Finanzvermögen des Landes 1,83 Milliarden Franken. Pro Kopf der liechtensteinischen Bevölkerung entspricht das 52.000 Franken (rund 42.000 Euro). Nicht eingerechnet sind die Vermögen der Gemeinden Liechtensteins.

Die LGT wiederum hat das Herrschaftswissen ihres Hauptaktionärs clever genutzt. Im Bewusstsein der medialen Aufmerksamkeit, die die *Liechtenstein Declaration* erregen wird, gab die Finanzgruppe des Fürsten zwei Tage zuvor den Verkauf der LGT Treuhand bekannt. In der Berichterstattung über die *Liechtenstein Declaration* geht die Nachricht über den Verkauf der Firma praktisch unter. Die Veräußerung scheint der LGT unumgänglich. In den deutschen Medien wird kaum zwischen der LGT Bank und der LGT Treuhand unterschieden. Man fürchtet um den Ruf der Bank und hat Angst, dass der Skandal um die Tochterfirma das gesamte Unternehmen in den Abgrund reißen könnte. Käufer der LGT Treuhand AG ist die First Advisory Group, das Treuhandbüro von Herbert Batliner, zu dessen Kunden auch Paul Schockemöhle gehörte. Heute trägt das Unternehmen den Namen Fiduco Treuhand AG. Die LGT haftet für Folgeschäden, die aus Prozessen resultieren, die im Zuge der Steueraffäre von Kunden angestrengt wurden. Über den Kaufpreis wird Stillschweigen vereinbart.

In Verbindung mit der *Liechtenstein Declaration* kündigt das Fürstentum sogleich Verhandlungen mit Großbritannien und Deutschland im Hinblick auf Steuerinformationsaustausch und Doppelbesteuerungsabkommen an. Bereits im August 2009 verständigen sich Großbritannien und Liechtenstein über eine Kooperation in Steuersachen. Als Besonderheit vereinbaren die beiden Länder für im Vereinigten Königreich steuerpflichtige Personen Sonderkonditionen, zu denen sie bis 2015 in Liechtenstein gehortetes Schwarzgeld legalisieren können. Seit Oktober 2010 tauschen Liechtenstein und Deutschland Steuerinformationen aus. Das vereinbarte Doppelbesteuerungsabkommen soll 2012 in Kraft treten.

Die OECD fordert von den Ländern auf der Schwarzen Liste, dass diese mit mindestens zwölf anderen Staaten Steuerinformationsabkommen vereinbaren. In der Folge schließt Liechtenstein im Lauf des Jahres 2009 Abkommen mit San Marino, Monaco, Andorra, St. Vincent and the Grenadines, St. Kitts und Nevis, Luxemburg, Antigua und Barbuda ab. Prompt wird der Trick der Steueroasen, sich gegenseitig Abkommen zuzuschanzen, um rasch wieder von der Schwarzen Liste herunterzukommen, zum Thema bei der OECD. Von der Schwarzen Liste kommt Liechtenstein dennoch herunter, denn der Alpenstaat meint es ernst mit der Transparenz. Zwischen 2009 und 2011 schließt das Fürstentum Steuerinformationsabkommen ab: mit Australien, Dänemark, Schweden, Finnland, Norwegen, Island, den Niederlanden, Belgien, Irland sowie mit den Schwergewichten Frankreich, Deutschland, USA und Großbritannien.

Die leidige Geschichte mit den von Heinrich Kieber gestohlenen Kundendaten klebt Liechtenstein und der LGT dennoch wie Pech an den Sohlen: Im Sommer 2009 macht das Thema erneut die Runde durch deutsche Medien: Steuersünder, die in Deutschland aufgrund des Datendiebstahls enttarnt und verurteilt worden sind, verklagen in Liechtenstein die LGT Treuhand auf Schadenersatz. Sie werfen dem Treuhandunternehmen vor, sie nicht zur rechten Zeit über den Datendiebstahl informiert zu haben, weshalb es ihnen nicht möglich gewesen sei, sich rechtzeitig selbst anzuzeigen. In deutschen Ohren klingt dieses Verhalten empörend. Fakt ist jedoch, dass die in

Deutschland verurteilten Steuerbetrüger nach liechtensteinischem Recht mit dem Verstecken ihrer unversteuerten Gelder nichts Illegales getan haben. Vor Gericht in Liechtenstein haben sie dennoch keine Chance. Bis dato sind alle Klagen von den liechtensteinischen Gerichten mit Verweis auf das Urteil in Sachen Schockemöhle, wonach Steuerschulden und Steuerstrafen nicht ersatzfähig seien, abgewiesen worden. Steuern seien nicht als Schaden anzusehen, Strafen wiederum der persönlichen Verantwortung geschuldet. Juristisch mag das korrekt sein, dass Liechtenstein über Jahrzehnte gut und gerne von den Schwarzgeldern ihrer Kunden gelebt hat, ist eine andere Geschichte.

Im Dezember 2009 kommt das große Déjà-vu, und diesmal steht die Schweiz im Mittelpunkt: Hervé Falciani, ehemaliger Mitarbeiter in der IT-Abteilung der HSBC-Bank in Genf, hat bis 2006 Daten von Zehntausenden, wenn nicht gar hunderttausend Kunden mitgehen lassen, setzt sich 2009 nach Frankreich ab und reicht die Daten dem französischen Staat weiter, der daraufhin mehrere Tausend Verfahren gegen Steuersünder einleitet. Und plötzlich zirkulieren weitere Datenträger mit Kontoinformationen in Deutschland: »Deutsche Steuersünder mit Konten in der Schweiz müssen bangen. Ein Händler bietet dem deutschen Fiskus Bankdaten an«,[206] schreibt der Zürcher *Tages-Anzeiger* Ende Januar 2010.

Heinrich Kieber hat es vorgemacht, wie man mit gestohlenen Bankdaten Millionen macht, an wen man sich wenden muss und wie viel sie wert sind. Nun wollen die Schweizer Nachahmer ihre Ernte einfahren. Die Schlagzeilen der kommenden Wochen machen die deutschen Steuersünder nervös: »Zweite Daten-CD in Stuttgart aufgetaucht«,[207] »Bayrische Steuerfahnder prüfen weitere Sünderdaten«,[208] »Wegen Datenklau: Aktie der Credit Suisse stürzt ab«[209]. Hervé Falciani soll auch im deutschen Datenhandel mitmischen, berichtet *Bild*:

»Deutschland diskutiert über eine Daten-CD, mit der 1500 Steuersünder überführt werden können.«[210] 2,5 Millionen Euro soll sie kosten. Aber es sind auch schon Bankdaten zum Nulltarif im Angebot: »Für eine CD mit Daten von 363 potenziellen Steuersündern musste Schleswig-Holstein keinen Cent ausgeben.«[211]

In nackter Panik melden sich deutsche Steuerhinterzieher bei den Behörden, um Selbstanzeige zu erstatten. Bis Mitte des Jahres 2010 nutzen rund 25 000 Deutsche mit Konten in der Schweiz die Möglichkeit zur strafbefreienden Selbstanzeige. Für den Fiskus bedeutet dies Mehreinnahmen in Höhe von zwei Milliarden Euro. Schon die Kieber-CD spülte rund 200 Millionen Euro in die klammen Kassen des Staates und verdreifachte die jeweilige Zahl der Selbstanzeigen in den Jahren 2008 und 2009. Jeweils 5 000 bis 6 000 Steuerflüchtlinge gaben in den beiden Jahren ihre finanziellen Geheimnisse dem deutschen Fiskus preis.[212]

Die Ära der Schweizer Datendealer geht am 27. Oktober 2010 zu Ende. Deutschland und die Schweiz – zuletzt zermürbt in einem Abwehrkampf gegen die USA (UBS), die OECD (Schwarze Liste), Deutschland (Steuer-CDs) und Frankreich (HSBC-Daten) – legen ihren jahrelangen Streit bei und unterzeichnen ein Steuerabkommen, dessen zentraler Punkt der Informationsaustausch bei Verdacht auf Steuerhinterziehung ist, was gleichbedeutend mit dem »Todesstoß für das Bankgeheimnis« *(Cash)* in der Schweiz ist.

11. AUF DER FLUCHT VOR SICH SELBST 2010 BIS 2011

Und wo steckt Heinrich Kieber, der mit dem Verkauf der LGT-Daten an Deutschland die ganze Geschichte lostrat und – wenn auch nicht im Alleingang – Liechtensteins unbezwingbares Bankgeheimnis in atemberaubendem Tempo auf die Müllhalde der Geschichte beförderte? Dessen Nachahmer die Schweiz vor den Forderungen Deutschlands nach der Lockerung des Bankgeheimnisses kapitulieren ließ?

Der wird zusehends mutiger und verschickt Anfang 2010 verspätete Weihnachtsgrüße an Freunde und Familienangehörige: »Es ist schon lange her! Die Welt dreht sich weiter. Ich kann nur hoffen, dass es euch gut geht, ihr gesund seid und das Leben genießen könnt. Ich denke oft an unsere gute Zeit zusammen. Für 2010 wünsche ich euch nur das Beste. Bis zum nächsten Mal – man trifft sich sicher gewiss wieder mal.«

Aufgegeben worden sind die verschiedenen Weihnachtskarten in Washington. Das muss allerdings nichts heißen. Denn hier residiert sein Anwalt, der die Briefe zur Post gebracht haben könnte. Allerdings: Als guter Anwalt hätte er seinem Schützling aus dem Zeugenschutzprogramm untersagen müssen, mit Freunden und Bekannten aus seinem alten Leben Kontakt aufzunehmen. Da sich Heinrich Kieber nicht lenken lässt, kann man davon ausgehen, dass er auf eigene Faust gehandelt hat.

Am 7. Mai 2010 wird der Dokumentarfilm *Heinrich Kieber – Datendieb* in Liechtenstein uraufgeführt. Realisiert wurde er vom liechtensteinischen Filmemacher Sebastian Frommelt gemeinsam mit dem Autor dieses Buches. Die Kinovorstellungen des »filmreifen Lebens des Heinrich Kieber« *(St. Galler Tagblatt)* sind in Liechtenstein auf Wochen hinaus ausverkauft. Der Film avanciert zum erfolgreichsten je in Liechtenstein gezeigten Kinofilm.

Sein Protagonist, Heinrich Kieber, will daraufhin die Deutungshoheit über sein Leben zurückgewinnen. In einem Manuskript legt er seine Sicht der Dinge dar. Als er mit dem Schreiben fertig ist, umfasst *Der Fürst. Der Dieb. Die Daten* stolze 650 Seiten. Es behandelt die Zeit von 1997 (die Argentinien-Erlebnisse) bis Sommer 2008 (die Zeit des US-Senatsausschusses). Das umfangreiche Werk ist selbst für gewogene Leser eine Zumutung und wohl nur für eingefleischte Kieberologen wirklich von Interesse. In typischer Manier schildert Kieber eher Unwichtiges in epischer Ausführlichkeit und blendet all das aus, was ihm zum Nachteil gereichen könnte, darunter auch seine Abenteuer in Australien.

Kieber sucht die Öffentlichkeit und entwickelt sich zusehends zum Alptraum eines jeden Geheimdienstlers: Um die höchstmögliche Aufmerksamkeit für sein Werk, das er im Internet kostenlos publiziert, zu erreichen, meldet er sich im Sommer 2010 beim *Stern*. Dem Magazin bietet er – verbunden mit Bedingungen – ein weltexklusives Interview an. Der *Stern* geht auf die Forderungen Kiebers ein und verpflichtet sich, keine Fragen zu Australien zu stellen, einen deutlichen Hinweis auf das im Internet verfügbare 650-Seiten-Konvolut zu platzieren und Kiebers Freunden in Liechtenstein je ein elektronisches Exemplar des Manuskripts zukommen zu lassen.

Am 5. August erscheint der *Stern* mit Kieber auf dem Titel und dem auf elf Seiten ausgebreiteten Interview mit dem Mann, »der Klaus Zumwinkel und andere Steuerbetrüger verriet und dadurch selbst zum Millionär wurde«. Aus dem einstigen glühenden Monarchie-Verehrer Kieber ist ein Fürstenhasser geworden. Dem Monarchen traut Kieber alles zu: »Wenn die Kugel kommt, kommt sie von Hans-Adam. Aber wir passen natürlich auf. Wir, damit meine ich den BND und mich.« Weiter behauptet Kieber, dass »Hans-Adam und die hohen Finanzherren geradezu krankhaft damit beschäftigt« seien, das Bild eines »bösen, hochkriminellen Kiebers zu kreieren und zu pflegen. Mit immer ausgefeilteren Methoden«.

Das Gegenteil ist der Fall. In Liechtenstein wurde das Thema Heinrich Kieber zwei Jahre lang mit spitzen Fingern angefasst: Schwamm drüber, die Vergangenheit ruhen lassen, nach vorne schauen, lautete die Devise. Bis zum Start des Films *Heinrich Kieber – Datendieb* war die Affäre LGT–Kieber nicht aufgearbeitet worden. Kieber unterstellt mit den »immer ausgefeilteren Methoden« offenbar, dass der Dokumentarfilm Teil eines liechtensteinischen Propagandafeldzuges gegen ihn sei.

Nachdem Kiebers Freunde Post vom *Stern* erhalten haben, meldet sich auch Heinrich Kieber persönlich bei ihnen: »Hoffentlich hat wenigstens dir mein Buch gefallen!« Er könne nicht viel zu dem sagen, was im August – gemeint ist das *Stern*-Interview – geschehen sei. »Nur so viel, dass es gemacht werden musste.« Wie sich der Empfänger des Schreibens vorstellen könne, »ist es unmöglich, mir zu schreiben oder mit mir Kontakt aufzunehmen. Ich weiß daher nicht, was du über mich denkst oder wie viel Stress du hast, wenn die Feinde erfahren oder wissen, dass ich dir schreibe.«

In seinem Übermut versieht Kieber einen der vielen Briefumschläge mit einem Absender: »8014 Sudley Rd, Manassas VA 20109« – eine reale Adresse fünfzig Kilometer westlich der US-Hauptstadt Washington. An der sechsspurigen Sudley Road befindet sich ein Ableger der gemeinnützigen Goodwill Industries. Offenbar hinterlässt Kieber ganz bewusst eine Spur in der Hoffnung, dass der Empfänger seines Briefes mit ihm Kontakt aufnimmt. Eine Aussage, die Kieber im *Stern*-Interview macht, verstärkt den Eindruck, dass man ihn unter der angegebenen Adresse hätte antreffen können: »Langeweile kommt in meinem Leben eigentlich nie auf. Ich nutze die Gelegenheit und mache Freiwilligendienst. Das ist in Deutschland und Europa nicht so populär wie in anderen Ländern. Hier gibt es Menschen, die fahren alte Leute ins Spital oder zum Zahnarzttermin. Es gibt da viele Möglichkeiten.«

Zehn Tage nach dem Interview Kiebers im *Stern*, am liechtensteinischen Staatsfeiertag am 15. August, folgt die Replik von Fürst Hans-Adam in einem Interview mit *VolksblattTV*: Baron Münchhausen sei ein ehrlicher Mensch im Vergleich zum »Gauner« Kieber: »Ich finde es erstaunlich, dass der *Stern* jetzt das Sprachrohr vom Herrn Kieber ist und dass das in Deutschland ziemlich Beachtung findet.« Solche Geschichten schadeten der Reputation des Landes, so der Fürst – in erster Linie, »weil gewisse Medien, besonders in Deutschland, uns immer schon angegriffen haben«. Und er packt bei der Gelegenheit auch einen seiner berüchtigten historischen Vergleiche mit hinein: »Wir haben da mächtige Feinde, die weiter nördlich sitzen. Ich kenne das seit meiner Kindheit. Ich weiß ja auch aus der Geschichte, dass wir auch in der Vergangenheit nicht immer ganz einfache Zeiten hatten, die wir aber erfolgreich überstanden haben.«[213]

Nach diesem dosierten Ausbruch im lokalen Internet-Fernsehen hält sich Fürst Hans-Adam zurück. Wohl auch deshalb, weil seine LGT große Pläne in Deutschland hat, wo die Marke LGT seit Zumwinkel arg angeschlagen ist: Sie will die BHF-Bank übernehmen, die sich im Besitz der Deutschen Bank befindet. Am Tag vor Heiligabend 2010 teilt die LGT mit, dass sie von nun an exklusiv mit der Deutschen Bank über den Kauf der BHF verhandle.

Damit das Geschäft möglichst ohne politische und juristische Störfeuer über die Bühne gehen kann, hat sich die LGT eine Woche vorher mit einer Zahlung von 50 Millionen Euro freigekauft. Mit der Begleichung dieser Geldauflage wurden die von der Staatsanwaltschaft Bochum eingeleiteten Verfahren gegen die LGT Group, LGT Treuhand sowie 45 Angestellte und ehemalige Mitarbeiter der LGT wegen des Verdachts der Beihilfe zur Steuerhinterziehung eingestellt. Das sei, lässt die Bank ausrichten, jedoch nicht als Schuldeingeständnis zu werten. Zu diesem Schritt habe sich die LGT entschieden, um langwierige Rechtsstreitigkeiten zu vermeiden.

In Deutschland lässt man die LGT dennoch auflaufen. Die Bundesanstalt für Finanzdienstleistungsaufsicht (BaFin) äußert über die Zuverlässigkeit des Käufers Bedenken, die nicht auszuräumen gewesen seien. Die *Süddeutsche Zeitung* schreibt, der Verkauf der BHF-Bank an die LGT sei in Deutschland »politisch nicht opportun« gewesen. Am 18. April 2011 beendet die LGT die Verhandlungen über den Kauf der BHF-Bank. Einen Monat später gibt die LGT ihren Rückzug aus Deutschland bekannt.

Heinrich Kieber verfolgt aus der Ferne, was er mit seiner Tat ausgelöst hat. Mit dem Segen der australischen Behörden lebt er, wenn er nicht in gerade seinen Anwalt in Washington besucht oder Weihnachtspost aufgibt, seinen Traum von Down Under.

Am 4. Mai 2011 ist es mit der Ruhe jedoch vorbei. An diesem Mittwoch publiziert die *Australian Financial Review* einen langen Artikel im Zusammenhang mit einem anstehenden Gerichtsprozess, bei dem geklärt werden soll, ob die australischen Steuerbehörden die Daten, die sie von Kieber erhalten haben – und die dieser bei der LGT gestohlen hatte –, bei der Überführung von Steuersündern überhaupt verwerten dürfen. Der Kläger, ein ehemaliger LGT-Kunde mit Wohnsitz in Australien, wirft den australischen Behörden vor, von der zweifelhaften Herkunft der Daten und des ebensolchen Charakters Kiebers gewusst zu haben und dennoch mit ihm einen Deal eingegangen zu sein. Die Daten seien »Früchte des vergifteten Baumes«, müssten also der angelsächsischen Rechtstradition folgend einem Verwertungsverbot unterliegen. Illustriert ist der seitenlange Artikel in der AFR mit einem Porträtfoto Kiebers, darüber in großen Lettern der Titel: »Would you trust this man?«

Todd – so möchte er genannt werden – war, wie er kryptisch anfügt, beruflich im Bereich »nationale Sicherheit« tätig. An diesem 4. Mai 2011 sitzt Todd, wie so oft, in der Filiale von *Crema Espresso* an der Tedder Avenue in der Stadt Gold Coast, Queensland, trinkt seinen Kaffee und liest die aktuelle Ausgabe der AFR: »Ich habe die Geschichte um diesen Typen und Projekt Wickenby schon einige Zeit aus verschiedenen Gründen mit Interesse verfolgt. Ich wusste allerdings nicht, wie der Typ, der die Daten verkauft hat, aussah – bis ich an dem Tag sein Foto in der Zeitung sah.« Das Bild zeigt Heinrich Kieber.

Im *Crema Espresso*, wo Heinrich Kieber seit dem Spätsommer 2010 regelmäßig verkehrt, hatte er sich allerdings als Daniel Wolf vorgestellt – ein österreichischer Financier, der sich nach einem erfolgreichen Berufsleben aus dem Geschäft zurückgezogen habe. Daniel Wolf selbst, meint Todd, muss vorgewarnt worden sein, »eine SMS oder ein Anruf. Jedenfalls: Als er mich die AFR im Café lesen sah, ist er schnurstracks zum Kiosk, um sich ein Exemplar zu kaufen.« Wie es der Zufall will, begegnet Heinrich Kieber alias Daniel Wolf, als er den Zeitungsladen mit der AFR unter dem Arm verlässt, Scotty, dem Wirt des *Crema Espresso*: »Daniel sagte, die Zeit sei gekommen, die Stadt zu verlassen, ließ Grüße an alle, die ihn kennen, ausrichten und verabschiedete sich. Seither habe ich ihn nie wieder gesehen.«

Keine Stunde später bricht Heinrich Kieber mit seinem roten Nissan Navara Pick-up, den Wohnwagen am Haken, vom Broadwater Tourist Park auf und verlässt mit Sack und Pack seine temporäre Heimat Gold Coast. »Ich bin noch am Vormittag zum Campingplatz, wo Daniel, also dieser Kieber, gewohnt hat«, erzählt Todd, »und sagte dem Mann an der Rezeption, dass ich meinen Bekannten Daniel Wolf suche. Einen Wolf habe er nicht in seinem Computer, antwortete der. Und auch der einzige Check-out des Morgens habe nicht Wolf geheißen. Er verwendete also ganz offensichtlich ein weiteres Pseudonym.«

Tatsächlich wäre es erstaunlich, wenn Kieber seine *echte* falsche Identität so leichtfertig in der Öffentlichkeit preisgegeben hätte. Vielmehr muss davon ausgegangen werden, dass er seine *offizielle* neue Identität nur dann einsetzt, wenn er etwa bei einem Grenzübertritt einen Ausweis vorlegen muss, und sich im Alltag nach Gutdünken neue Namen erfindet.

Was immer Kieber seinen Bekannten Todd und Scotty im *Crema Espresso* erzählt hat, wer er sei, für sie steht außer Frage, dass es sich bei Daniel Wolf um Heinrich Kieber handelt. Auch *Crema Espresso*-Stammgast Ian Jackson, ein pensionierter Polizeibeamter, ist sich seiner Sache sicher: »Der einzige Unterschied zum publizierten Foto war, dass er statt der Brille offensichtlich Kontaktlinsen trug. Ansonsten war sein Erscheinungsbild völlig unverändert.« Und auch Wolfs Verhalten entspricht voll und ganz dem von Heinrich Kieber: »Er sprach sehr viel, so viel, dass er oft nervte.«

Die *Australian Financial Review* erhält noch am gleichen Vormittag einen Tipp von einem *Crema Espresso*-Besucher samt einer E-Mail-Adresse von Kieber alias Wolf. Die Zeitung versucht den bereits wieder Abgetauchten per E-Mail zu kontaktieren. In seiner Antwort an die AFR bestreitet Wolf, Heinrich Kieber zu sein – und behauptet, er sei Schweizer und überdies erst vor einigen Wochen in Gold Coast eingetroffen. Dabei betrat Daniel Wolf bereits im August 2010 – als in Deutschland das Exklusivinterview mit ihm im *Stern* erschien – erstmals das *Crema Espresso* in der vornehmen Küstenstadt und kehrte regelmäßig wieder, wie Gäste übereinstimmend bestätigen.

»Mir erzählte er, er komme aus Österreich. Wobei andere Leute, die ihn kannten, meinten, er sei aus der Schweiz«, so

Todd. »Ich bin mir, ehrlich gesagt, auch nicht sicher, ob er nicht auch mir unterschiedliche Versionen seiner Geschichte erzählt hat. Als ich ihn fragte, aus welchem Beruf er sich zurückgezogen habe, lächelte er und sagte nichts. Ich kenne viele Unternehmer, und meine Erfahrung ist, dass jemand, dem eine Firma im Wert von mehreren Millionen Dollar gehört hat, stolz darüber erzählt.« Aber von Kieber kommt nichts, außer dass er sein Unternehmen für 50 Millionen Dollar verkauft habe.

Auch Wirt Scotty gegenüber bleibt Daniel Wolf alias Heinrich Kieber vage: »Er sagte lediglich, dass das Leben es in den letzten Jahren gut mit ihm gemeint habe. Kurz vor Ostern 2011 kam er zu mir und sagte: ›Weil das Leben es mit mir gut gemeint hat, werde ich euch ein besonderes Geschenk machen.‹ Ein paar Tage später stand er dann im Café mit hundert Osterhasen, Schokoladen-Osterhasen von Aldi.« Scotty solle, so Wolfs Auftrag, die Osterhasen an seine guten Gäste verteilen.

Kieber konnte aber auch ausnehmend geizig sein, wie Ex-Polizist Ian Jackson erzählt. Die Geschichte wurde im *Crema Espresso* von einem zum andern weitergereicht: Heinrich Kieber lud eine Bekannte von Jackson zum Essen ein. Er führte sie in die nahe gelegene Filiale der Fastfood-Kette Subway, hatte aber nur zehn Dollar in der Tasche. Zu wenig. Sie musste Kieber den fehlenden Betrag für das Sandwich und die Cola-Dose zustecken.

Todd war schon skeptisch, bevor er diese Geschichte hörte: »Ich schaute ihn mir an, wie er sich kleidete und wie er mit Geld umging. Das sollte ein 50-Millionen-Dollar-Unternehmer sein? Es gab verschiedene Punkte, die einfach keinen Sinn ergaben.«

So auch Heinrich Kiebers Unterkunft: Während der rund zehn Monate, in denen er sich in Gold Coast aufhält, lebt er in einem Wohnwagen. Zuerst auf dem Main Beach Tourist Park, keine 200 Meter vom *Crema Espresso* entfernt. Im ersten

Quartal dieses Jahres zieht er mit seinem Wohnwagen zum wenige Kilometer entfernt gelegenen Broadwater Tourist Park. Wenn Kieber nicht gerade Ausflüge in der Region macht, parkt sein roter Nissan Navara Pick-up neben dem mobilen Heim auf den Campingplatz. Kann das Zufall sein: Das Expeditionsfahrzeug, mit dem er Anfang der 1990er Jahre quer durch den Orient nach Australien gefahren war, war das Vorvorgängermodell seines jetzigen Autos gewesen.

Aber das ist noch nicht alles: Im Jahr 2009, erzählte Kieber alias Wolf dem Ex-Polizisten Ian Jackson im *Crema Espresso*, habe er Helikopter-Flugstunden am Flughafen Bankstown in Sydney gehabt – am selben Flughafen, an dem er in den 1990er Jahren Flugunterricht genommen hatte, bevor er Anfang 1994 Hals über Kopf Australien verließ.

Dass Heinrich Kieber in Gold Coast seine Zeit verbrachte, scheint ebenfalls nicht ganz zufällig zu sein. Jahre bevor er untertauchte, schwärmte er gegenüber seinem Sozialarbeiter Manfred Greiner von der Gegend: »Er war von Gold Coast begeistert und sagte, dass er dort eine Pension eröffnen wollte.«

Wo Heinrich Kieber lebte, bevor er nach Gold Coast kam, ist nicht restlos geklärt. Aber wenn es stimmt, was seine Bekannten aus dem *Crema Espresso* erzählen, dann verhält er sich, dafür dass er seine Enttarnung vermeiden will, bemerkenswert vorhersehbar. Ein weiteres Beispiel: Eine von Kiebers Stationen an der Ostküste des Bundesstaates Queensland war offenbar auch Noosa, eine beliebte Feriengegend rund 200 Kilometer nördlich von Gold Coast. »Er schwärmte von der Noosa-Region«, so Ian Jackson. Die Region Noosa gehört zum Verwaltungsbezirk Sunshine Coast.

Teil des Bezirks Sunshine Coast ist auch Fraser Island, eine beinahe 2000 Quadratkilometer große Sandinsel, die zum Weltnaturerbe gehört. Von Fraser Island erzählt Kieber bereits 1992 in einem Brief, den er einem Freund geschickt hatte, begeistert: »Ein wenig oberhalb von Brisbane liegt die Fraser Island. Es ist die größte Sandinsel der Welt und hat einen über 100 Kilometer langen Sandstrand, auf dem man fahren kann wie auf der Autobahn! Es war toll. Werde dir die Fotos zeigen.«

Offenbar zog es ihn auch nach seiner überhasteten Flucht aus Gold Coast am 4. Mai in Richtung Sunshine Coast. In der Ortschaft Tewantin identifizieren drei Mitarbeiter von *Jacko's Café* anhand von Fotos einen ihrer Gäste als Heinrich Kieber. Sie sind sich sicher, dass es sich bei dem großen Mann mit deutschem Akzent, der in der ersten Augustwoche 2011 zu Gast war, um Kieber handelt.

Etwas mehr als einen Monat nach seiner Entdeckung im *Crema Espresso* und seiner anschließenden Flucht muss Heinrich Kieber in Brisbane einen offiziellen Termin wahrnehmen. Er hat vom australischen Bundesgericht in Queensland eine Vorladung erhalten und muss im Verfahren, das der australische Ex-LGT-Kunde angestrengt hat – Auslöser des Artikels in der AFR –, aussagen. Dass er den australischen Gerichten dafür zur Verfügung steht, hatte er bereits 2007 in einer schriftlichen Erklärung zugesichert, als er dem Australian Taxation Office die vollständigen LGT-Daten auf einer Festplatte übergab. In Australien genießt Heinrich Kieber besondere Privilegien. Zeuge Kieber wird im Zeitraum 14./15. Juni 2011 unter Ausschluss der Öffentlichkeit und unter strengsten Sicherheitsvorkehrungen verhört – dem Gericht zugeschaltet ist er lediglich via Videokonferenz.

Aber nicht nur den Gerichten steht er mit seinem Wissen um die teilweise abenteuerlichen finanziellen Konstruktionen der LGT-Treuhand-Kunden zur Verfügung. Ex-Polizist Ian Jackson und auch Todd erzählt Kieber alias Wolf im *Crema Espresso*, »dass er in Canberra Finanzseminare durchführte«. In der australischen Hauptstadt Canberra hat das Australian Taxation Office sein Hauptquartier.

Heinrich Kiebers großer Plan Australien scheint – trotz der Entdeckung in Gold Coast – in Erfüllung gegangen zu sein. Er könnte sich zufrieden zurücklehnen. Doch was auf den ersten Blick aussieht wie von langer Hand vorbereitet, offenbart sich bei näherem Hinsehen als Ergebnis eines permanenten Krisenmanagements. Mit den Konsequenzen seiner Taten setzt Kieber sich erst dann auseinander, wenn er mit konkreten Folgen konfrontiert wird. Das beste Beispiel hierfür sind seine dreisten Geschichten im Zusammenhang mit dem gestohlenen Jeep: Er braucht ein Auto, also stiehlt er es. Dann stellt er fest: Für ein gestohlenes Auto bekommt er keine echten Dokumente. Also muss er die Papiere stehlen und dilettantisch fälschen. Mit denen kann er zwar nach Australien einreisen, aber er ignoriert, dass er den Wagen rechtzeitig wieder ausführen muss. Als der Zoll bei ihm anklopft, muss er wieder improvisieren.

Dasselbe Muster wiederholt sich bei seinem Datendeal: Als ihm das Visum für sein Traumland Australien verwehrt wird, wendet er sich zuerst an Großbritannien, wie Australien Mitglied im Commonwealth, und sucht dort Hilfe für sein Problem – im Austausch gegen Daten. Erst als sich diese Möglichkeit zerschlägt, wendet er sich an die deutschen Behörden.

Auch jetzt noch, drei Jahre nachdem sein Name in die Schlagzeilen geriet, ist Heinrich Kieber ständig auf der Flucht – wenn auch vornehmlich vor sich selbst. Denn ernsthafte Sorgen, verhaftet zu werden, muss er sich keine machen. Der *Kronzeuge* ist kein Geheimnisträger mehr, die liechtensteinischen Treuhänder, die ihm nach dem Auffliegen der Affäre wohl gerne körperliche Schäden zugefügt hätten, wären sie seiner habhaft geworden, haben sich inzwischen beruhigt. Selbst Hans-Adam II. hat keinerlei Interesse, Heinrich Kieber in Liechtenstein vor Gericht zu sehen – auch wenn dieser sich gerne als das verfolgte Opfer stilisiert. Das Letzte, was der Fürst für seine durch die Affäre gebeutelte LGT brauchen kann, ist ein Medienspektakel, das ein Gerichtsprozess gegen Kieber in Liechtenstein zweifelsohne auslösen würde. Abgesehen davon: Nach Liechtenstein ausgeliefert würde Heinrich Kieber wohl kaum werden, denn in den meisten Ländern gilt er als eine Art Held oder zumindest als jemand, der das Richtige getan hat – aus welchen Gründen auch immer.

Dass Heinrich Kieber immer noch so lebt, als müsste er um sein Leben fürchten, ist vor allem in seiner Persönlichkeit begründet, sagt Universitätsprofessor Reinhard Haller, Facharzt für Psychiatrie und Neurologie, ärztlicher Leiter des Vorarlberger Behandlungszentrums für Suchtkranke und internationaler Experte für Kriminalpsychiatrie. Der Autor bat Reinhard Haller, mit Hilfe von vorliegendem Recherchematerial und des Dokumentarfilms *Heinrich Kieber – Datendieb* Kiebers Persönlichkeit einzuschätzen. Dass er nicht so ticke wie viele andere Menschen, sagt Heinrich Kieber ja von sich selbst: »Mein Gehirn funktioniert anders.«

Professor Haller schickt voraus, dass es sich bei seiner Einschätzung natürlich nur um ein Profiling handeln könne, da der Proband für eine Exploration nicht zur Verfügung stehe. Nach dem Sichten des Materials macht er dennoch eine deutliche Aussage: »Mich hat überrascht, dass die Psychopathologie Kiebers sich so auffällig darstellt. Meistens sind Leute mit einer Persönlichkeitsstörung, wie man sie ihm diagnostizieren muss, nach außen hin viel kontrollierter und seriöser in ihrem Auftreten.«

In einem ausführlichen Gespräch erläutert Reinhard Haller, weshalb er keine Anhaltspunkte für eine psychische Krankheit bei Kieber erkennt. Hingegen diagnostiziert Haller Heinrich Kieber aufgrund der vorgelegten Materialien eine extreme Ausformung von Persönlichkeitszügen: »Heinrich Kieber, so stellt es sich mir dar, hat einen durchgehenden dissozialen Anteil – eine dissoziale Persönlichkeitsstörung.« Das heißt, sozial verbindliche Regeln und Normen hält er nicht ein, er überschreitet sie andauernd. »Dadurch landet man natürlich fast automatisch im kriminellen Spektrum.«

Zur Untermauerung seiner Diagnose verweist Professor Haller auf die in Fachkreisen verwendete Psychopathy Checklist Revised (PCL-R) des berühmten kanadischen Kriminalpsychologen Robert Hare. Der im Englischen verwendete Begriff *psychopathy* entspricht dem im Deutschen verwendeten Wort Dissozialität. »Den Begriff Psychopathie verwenden wir im deutschen Sprachraum ungern, weil er inzwischen zu einem allgemein gebräuchlichen Schimpfwort geworden ist«, so Haller: »Wenn Sie die Checkliste durchlesen, können Sie relativ viel finden, hinter dem Sie bei Kieber einen Haken setzen können.«

Die Dissozialitäts-Checkliste von Hare[214] unterscheidet zwei Dimensionen der Dissozialität: Zur ersten Dimension »ausnützerisch« werden die Punkte aufgelistet: »trickreich sprachgewandter Blender mit oberflächlichem Charme, erheblich übersteigertes Selbstwertgefühl, pathologisches Lügen, betrügerisch-manipulatives Verhalten, Mangel an Gewissensbissen oder Schuldbewusstsein, oberflächliche Gefühle, Gefühlskälte, Mangel an Empathie, mangelnde Bereitschaft und Fähigkeit, Verantwortung für eigenes Handeln zu übernehmen«.

Zur zweiten Dimension »impulsiv« gehören die Eigenschaften: »Stimulationsbedürfnis, ständiges Gefühl der Langeweile, ausnützerischer Lebensstil, unzureichende Verhaltenskontrolle, frühere Verhaltensauffälligkeiten, Fehlen von realistischen, langfristigen Zielen, Impulsivität, Verantwortungslosigkeit, Jugendkriminalität, Verstoß gegen Bewährungsauflagen bei bedingter Haftentlassung«.

Es gibt noch eine andere Sache, die Haller an Heinrich Kieber auffällt: die emotionale Instabilität, in der Fachsprache Hyperthymie genannt, eine ständige Antriebssteigerung mit vielen Ideen, mit Unternehmungslust, verbunden mit einer gewissen Kritiklosigkeit. »Bei ihm ist das ein durchgehender Zustand«, sagt Professor Haller. Wer daran leide, könne als Geschäftsmann, Politiker oder Sportler durchaus erfolgreich sein.

»Für Verkäufer ist es eine nahezu ideale Eigenschaft.« Man werde damit nicht notwendigerweise kriminell, im Gegenteil, es sei für die verschiedensten Arten von Tätigkeiten ein Erfolgsfaktor. Aber eben auch für Kriminelle.

»Alle großen Verbrecher sind natürlich auch große Psychologen. Nicht weil sie es gelernt haben, sondern weil sie einen ausgeprägten Instinkt haben, Menschen und Situationen zu erfassen, Schwächen zu erkennen, rasch zu reagieren und vorausschauend zu denken«, resümiert Haller. Es seien große Menschenkenner, allerdings eben auch extreme Manipulatoren. »Das scheint ein ganz ausgeprägter Charakterzug von ihm zu sein.«

Und dann ist da noch der Hochstapler Heinrich Kieber. »Medizinisch bezeichnet man das als narzisstisch-histrionische Persönlichkeitsstörung, also hoher Selbstwert bei gleichzeitig großer Verletzlichkeit und Kränkbarkeit.« Kiebers Selbstliebe und Ich-Bezogenheit machten ihn erfolgreich, ließen ihn immer größere Coups durchziehen. Und genau das sei die größte Gefahr für ihn: »Solche Leute gehen in einem narzisstischen Höhenrausch immer größere Verbrechen an und stürzen letztlich ab.«

Mit dem Narzissmus geht das Bestreben einher, Macht auszuüben: »Indem er quasi ganz Liechtenstein in Geiselhaft genommen hat, konnte er extreme Macht ausüben.« Auch später, als er auf Augenhöhe mit Behörden und Geheimdiensten verschiedener Staaten verhandelt und vom US-Senat hofiert wird, pumpt sich Kiebers Ego auf, und er übt weiterhin eine enorme Macht auf Liechtenstein aus. Dass die Medien monatelang über ihn berichten, tut ein Übriges. »Für einen Narzissten ist nicht wichtig, ob positiv oder negativ berichtet wird, sondern dass über ihn berichtet wird.«

Reinhard Haller fasst zusammen: »Seine Dissozialität, das Ausnützerisch-Manipulative, Emotional-Instabile, das Narzisstisch-Histrionische in Kombination mit seiner Begabung, sich zu verbalisieren, das macht ihn – ich will jetzt nicht sagen: zum perfekten Verbrecher, aber es entspricht dem Bild, das man in der Kriminalpsychiatrie von Persönlichkeiten im Bereich der ›Weißen-Kragen-Kriminalität‹ hat.«

Aber, möchte man einwenden, Kieber hat ja auch die Fähigkeit zur Reflexion, bereut – zumindest hin und wieder – seine Taten und bittet Freunde um Verzeihung für das, was er angerichtet hat. Natürlich, hält Haller Kieber zugute: »Jeder Mensch hat gute und böse Anteile. Solche Leute sind ja nicht blöd, im Gegenteil, sie sind hochgradig intelligent. Aber sie zeigen keine tiefgehende Reue.« Das Äußern von Reue und das Bitten um Entschuldigung sei im Wesentlichen Teil ihres raffinierten, manipulativen Spiels mit dem Gegenüber.

Ist Heinrich Kieber zufrieden? Hat er erreicht, was er wollte? »Ich bezweifle, dass jemand mit so einer Persönlichkeitsstörung überhaupt glücklich leben kann. So eine Störung lässt sich nicht mit Geld kompensieren«, meint Professor Haller. Wichtig sei Kieber vielmehr die Anerkennung seiner früheren Freunde aus Liechtenstein – was seine zahlreichen Briefe in die Heimat nahelegten wie auch sein 650-Seiten-Werk, das er seinen Freunden via *Stern* zukommen ließ.

Bleibt die Frage: Worauf wohl wird Heinrich Kieber seine überschießende Energie, seine Unruhe, seine Instabilität, seine Impulsivität richten, wenn sein Narzissmus nicht mehr durch die Aufmerksamkeit der internationalen Medien, australischer Gerichte, amerikanischer Senatsabgeordneter und deutscher Geheimdienste befriedigt wird?

DANKSAGUNG

Ohne die Hilfe einer Vielzahl von Personen hätte dieses Buch nicht entstehen können. Ihnen allen gebührt mein Dank.

Mein Dank geht zuallererst an meine Familie. Ohne die Unterstützung von Mette, die sich noch viel intensiver um unsere Söhne und die alltäglichen Arbeiten, die in einer Familie anfallen, kümmern musste, hätte ich es niemals geschafft, das Leben von Heinrich Kieber in der kurzen Frist von knapp vier Monaten auf Papier zu bringen. Aber es waren nicht nur diese letzten vier Monate, in denen ich mich mit Kiebers bemerkenswerter Biografie auseinandergesetzt habe. Schon die dreißig Monate davor war das Thema immer präsent. Danke für euer Verständnis liebe Mette, lieber Liam, lieber Noel.

Ein ganz besonderer Dank geht auch an meinen guten Freund und Kollegen Sebastian Frommelt. Er war es, der an einem Sommertag im Jahr 2008 bei mir im Büro stand und sagte: »Du, hör mal, dieser Kieber, der da mit den LGT-Papieren abgehauen ist, da könnten wir was Kleines machen. Ich weiß ein paar Leute, die ihn gekannt haben. Mit denen machen wir ein paar Interviews aus der Schulter und erhalten der Nachwelt, was Freunde und Bekannte über ihn sagen.« Was wir damals nicht ahnten, war, welch unglaubliche Geschichte darauf wartete, von uns erzählt zu werden. In der Folge realisierten wir gemeinsam den Dokumentarfilm *Heinrich Kieber – Datendieb*. Darauf aufbauend recherchierte ich weiter, und es entstand dieses Buch. Merci Baschi!

Eine inspirierende Zusammenarbeit entstand – bereits im Zuge der Recherchen zum Film – mit Roger Maynard, einem hervorragenden Journalisten und Rechercheur in Sydney, der gemeinsam mit uns wesentliche Teile der Geschichte rund um Heinrich Kieber in Australien zusammentrug.

In Spanien und Argentinien arbeiteten uns Suzanne Wales und Markus Jakob zu, in Frankreich Manuelle Blanc. Remie Blaser, Julia Gehler und Dominik Wolfinger haben uns im Büro unterstützt. Julia Gehler überprüfte Fakten. Mario Frick prüfte den Text in rechtlicher Hinsicht. Für das Lektorat zeichnet Rainer Wieland verantwortlich. Für das Vertragliche war mein Agent Holger Kuntze zuständig.

Verschiedene Personen und Institutionen aus Liechtenstein haben das Projekt finanziell unterstützt und mir dadurch ermöglicht, mich während mehrerer Monate ausschließlich auf das Buchmanuskript zu konzentrieren.

Schließlich bedanke ich mich bei all jenen, die bereit waren, mir Dokumente und Fotos von Heinrich Kieber zur Verfügung zu stellen und ihr Wissen über ihn mit mir zu teilen. Und ich bitte um Entschuldigung dafür, dass ich dem einen oder anderen ziemlich lästig gewesen sein muss, wenn ich das dritte oder vierte Mal um ein Treffen gebeten habe, um Aspekte aus Kiebers Leben zu vertiefen, oder das fünfte oder sechste Mal Kontakt aufnahm, um ein Detail zu verifizieren und um neu gewonnene Erkenntnisse abzugleichen – womit das Spiel wieder von vorn begann.

Sigvard Wohlwend, September 2011
www.facebook.com/sigvard.wohlwend

QUELLENNACHWEIS

1 In: *Der Spiegel.* Auf: http://www.spiegel.de/spiegel/print/d-41147305.html.
2 »Das Fürstentum Liechtenstein von aussen betrachtet – Bericht über eine demoskopische Umfrage in 21 Ländern«. In: Liechtenstein Politische Schriften Band 25. Institut für Demoskopie Allensbach. Vaduz.
3 Vernehmung von Heinrich Kieber durch die Guardia Civil am 31. Oktober 1996.
4 Ebd.
5 Aussage vor dem Bezirksgericht Feldkirch. Aktenzeichen 7 Cg 275/97 d.
6 Schreiben Carmen Pax an Familie R., Januar 1998.
7 Heinrich Kieber in einer schriftlichen Stellungnahme zu Händen des Fürstlichen Landgerichts, Vaduz. Aktenzeichen 10 Vr 101/97.
8 Ebd.
9 Aussage vor dem Bezirksgericht Feldkirch. Aktenzeichen 7 Cg 275/97 d.
10 Adress- und Telefonbuch des Kantons Zürich; Bezirk Dielsdorf; Ausgabe 19.
11 Regierung des Fürstentums Liechtenstein (Hrsg.): Liechtenstein 1988–1989, S. 38.
12 Ebd., S. 37.
13 Ebd., S. 45.
14 Heinrich Kieber in einer schriftlichen Stellungnahme zu Händen des Fürstlichen Landgerichts, Vaduz. Aktenzeichen 10 Vr 101/97.
15 Telefoninterview »Divorce Matters«, Familiengericht Sydney am 4. Mai 2011.
16 Schriftliche Stellungnahme zu Händen des Fürstlichen Landgerichts, Vaduz. Aktenzeichen 10 Vr 101/97.
17 Eidesstattliche Erklärung von Heinrich Kieber vom 9. Juli 1997 zu Händen des Fürstlichen Landgerichts.
18 Ebd.
19 Aussage vor dem Bezirksgericht Feldkirch am 3. Juli 1998, Aktenzeichen 7 Cg 275/97 d.

20 Eidesstattliche Erklärung von Heinrich Kieber vom 9. Juli 1997 zu Händen des Fürstlichen Landgerichts.
21 Urteil des Obersten Gerichtshofs, S. 12, vom 14. Februar 2003, Aktenzeichen 1 Cg 2000.
22 Aussage vor dem Bezirksgericht Feldkirch am 3. Juli 1998, Aktenzeichen 7 Cg 275/97 d.
23 Ebd.
24 Eidesstattliche Erklärung von Heinrich Kieber vom 9. Juli 1997 zu Händen des Fürstlichen Landgerichts.
25 Aussage vor dem Bezirksgericht Feldkirch am 3. Juli 1998, Aktenzeichen 7 Cg 275/97 d.
26 Ebd.
27 Ebd.
28 Ebd.
29 Urkunde Nr. 2918 über Erklärung von Jorge-Alberto Rodriguez Aparacio vom 28. Juni 2000 und Urteil des Fürstlichen Landgerichts vom 23. Oktober 2001, Aktenzeichen 1 Cg 2000.009.
30 Aussage vor dem Bezirksgericht Feldkirch am 3. Juli 1998, Aktenzeichen 7 Cg 275/97 d.
31 Eidesstattliche Erklärung von Heinrich Kieber vom 9. Juli 1997 zu Händen des Fürstlichen Landgerichts.
32 Kontoauszug Hauser Treuhand 1.7.1996–31.12.1996. USD-Konto.
33 Eidesstattliche Erklärung von Heinrich Kieber vom 9. Juli 1997 zu Händen des Fürstlichen Landgerichts.
34 Zeugenaussage Wilhelm Bröll, Filialvorstand der Bawag-Bank Feldkirch vor dem Fürstlichen Landgericht am 3. Juni 1997, Aktenzeichen 10 Vr 101/97.
35 Schreiben Schwester Carmen Pax vom Januar 1998 an Familie R.
36 Ebd.
37 Ebd.
38 Ebd.
39 Aussage vor dem Bezirksgericht Feldkirch am 3. Juli 1998, Aktenzeichen 7 Cg 275/97 d.
40 Eidesstattliche Erklärung von Heinrich Kieber vom 9. Juli 1997 zu Händen des Fürstlichen Landgerichts.
41 Aktenzeichen 2320/96-DC.
42 Eidesstattliche Erklärung von Heinrich Kieber vom 9. Juli 1997 zu Händen des Fürstlichen Landgerichts.
43 Heinrich Kieber: *Der Fürst. Der Dieb. Die Daten.* 2010.
44 Aussage vor dem Bezirksgericht Feldkirch am 3. Juli 1997, Aktenzeichen 7 Cg 275/97 d.
45 AN-1997 17:14, Badrutt's Palace. Das exakte Sendedatum ist auf der vorliegenden Kopie nicht feststellbar.
46 Aussage vor dem Bezirksgericht Feldkirch am 3. Juli 1997, Aktenzeichen 7 Cg 275/97 d.

47 Bericht Krankenhaus Vaduz vom 10. April 1997.
48 Aussage bei der Liechtensteinischen Landespolizei am 11. April 1997.
49 Heinrich Kieber: *Der Fürst. Der Dieb. Die Daten.* 2010, S. 15.
50 Aussage bei der Liechtensteinischen Landespolizei am 11. April 1997.
51 Ebd.
52 Aussage vor dem Fürstlichen Landgericht in Vaduz am 11. August 1997, Aktenzeichen 9 Vr 101/97.
53 Aussage bei der Liechtensteinischen Landespolizei am 11. April 1997.
54 Aussage vor dem Bezirksgericht Feldkirch am 3. Juli 1998, Aktenzeichen 7 Cg 275/97 d.
55 Aussage bei der Liechtensteinischen Landespolizei am 11. April 1997.
56 Aussage vor dem Bezirksgericht Feldkirch am 3. Juli 1998, Aktenzeichen 7 Cg 275/97 d.
57 Ebd.
58 Ebd.
59 Aussage bei der Liechtensteinischen Landespolizei am 11. April 1997.
60 Ebd.
61 Aussage vor dem Bezirksgericht Feldkirch am 3. Juli 1998, Aktenzeichen 7 Cg 275/97 d.
62 Aussage bei der Liechtensteinischen Landespolizei am 11. April 1997.
63 Ebd.
64 Aussage vor dem Fürstlichen Landgericht Vaduz am 3. Juni 1997, Aktenzeichen 10 Vr 101/97.
65 Ebd.
66 Aussage vor dem Bezirksgericht Feldkirch am 3. Juli 1997, Aktenzeichen 7 Cg 275/97 d.
67 Aussage vor dem Amtsgericht Biberach am 10. Juli 1997, Aktenzeichen 1 Ars 262/97.
68 Aussage vor dem Fürstlichen Landgericht Vaduz am 3. Juni 1997, Aktenzeichen 10 Vr 101/97.
69 Ebd.
70 Aussage vor dem Fürstlichen Landgericht Vaduz am 11. August 1997, Aktenzeichen 9 Vr 101/97.
71 Aussage vor dem Amtsgericht Biberach am 10. Juli 1997, Aktenzeichen 1 Ars 262/97.
72 Aussage bei der Liechtensteinischen Landespolizei am 11. April 1997.
73 Aussage vor dem Bezirksgericht Feldkirch am 3. Juli 1998, Aktenzeichen 7 Cg 275/97 d.
74 Ebd.
75 Ebd.
76 Aussage bei der Liechtensteinischen Landespolizei am 11. April 1997.
77 Aussage vor dem Bezirksgericht Feldkirch am 3. Juli 1998, Aktenzeichen 7 Cg 275/97 d.
78 Aussage bei der Liechtensteinischen Landespolizei am 11. April 1997.
79 Ebd.

80 Ebd.
81 Ebd.
82 Aussage vor dem Bezirksgericht Feldkirch am 3. Juli 1998, Aktenzeichen 7 Cg 275/97 d.
83 Aussage bei der Liechtensteinischen Landespolizei am 11. April 1997.
84 Aussage vor dem Bezirksgericht Feldkirch am 3. Juli 1998, Aktenzeichen 7 Cg 275/97 d.
85 Ebd.
86 Aussage vor dem Fürstlichen Landgericht Vaduz am 3. Juni 1997, Aktenzeichen 10 Vr 101/97.
87 Aktennotiz vom 9. April 1997.
88 Ebd.
89 Heinrich Kieber: *Der Fürst. Der Dieb. Die Daten.* 2010, S. 91.
90 Ebd., S. 107.
91 Ebd., S. 110.
92 Ebd., S. 99.
93 Bankstatistik 1997, Amt für Volkswirtschaft, Vaduz.
94 Landtag des Fürstentum Liechtensteins: »Landtagsprotokolle des Liechtensteiner Landtags«. Auf: http://www.landtag.li/protokolle/default.aspx?mode=lp&prim=1998&value=6&tag=18&id=404&backurl=?mode=lp%26prim=1998%26value=6%26tag=18.
95 »Die 300 Reichsten 2010«. In: *Bilanz.* Auf: http://www.bilanz.ch/reichste.
96 In: *Liechtensteiner Vaterland.* Auf: http://www.vaterland.li/page/epaper/pdf_blaettern_gross_frameset.cfm?seite=05_lv_99_1997-12-15.
97 In: *Der Spiegel.* Auf: http://www.spiegel.de/spiegel/print/d-8843064.html.
98 Ebd.
99 Heinrich Kieber: *Der Fürst. Der Dieb. Die Daten.* 2010, S. 121.
100 Ebd., S. 122.
101 Ebd.
102 »LGT: Illegal weitergegebenes Datenmaterial beschränkt sich auf die 2002 gestohlenen Kundendaten der LGT Treuhand«, Pressemitteilung vom 24. Februar 2008.
103 Heinrich Kieber: *Der Fürst. Der Dieb. Die Daten.* 2010, S. 135.
104 Ebd., S. 137.
105 In: *Der Spiegel.* Auf: http://www.spiegel.de/spiegel/print/d-15045816.html.
106 *Blick*, 25. Mai 2000.
107 Ebd.
108 Heinrich Kieber: *Der Fürst. Der Dieb. Die Daten.* 2010, S. 139.
109 Ebd., S. 140.
110 In: *Der Spiegel.* Auf: http://www.spiegel.de/spiegel/print/d-15680635.html.

111 In: *Berliner Zeitung.* Auf: http://www.berlinonline.de/berliner-zeitung/archiv/.bin/dump.fcgi/2000/0201/politik/0012/index.html.
112 In: Steuerrevue. Auf: http://www.steuerrevue.ch/pdf/2000/z-2000-02-29a.pdf.
113 Landtagsprotokolle 2000, S. 1250.
114 In: *RP Online.* Auf: http://www.rp-online.de/politik/Razzia-in-Liechtensteins-Finanzmilieu_aid_248421.html.
115 In: *Focus Magazin.* Auf: http://www.focus.de/politik/deutschland/geldwaesche-diskreter-rueckzug_aid_184391.html.
116 *Liechtensteiner Vaterland,* 12. Dezember 2002, S. 5.
117 Heinrich Kieber: *Der Fürst. Der Dieb. Die Daten.* 2010, S. 125.
118 HP Gassner / Pio Schurti: »Dokumentation zur Liechtensteins Teilnahme an der Weltausstellung Expo 2000 in Hannover«. Vaduz 2001. S. 44,
119 Heinrich Kieber: *Der Fürst. Der Dieb. Die Daten.* 2010, S. 148.
120 Ebd., S. 149.
121 Ebd., S. 151.
122 Ebd., S. 152.
123 Ebd., S. 150.
124 Ebd., S. 152.
125 Ebd., S. 194.
126 *Stern,* 32/2010, 5. August 2010, S. 59.
127 Heinrich Kieber: *Der Fürst. Der Dieb. Die Daten.* 2010, S. 340.
128 Ebd., S. 156.
129 Ebd., S. 168.
130 Ebd., S. 169.
131 Ebd., S. 172.
132 Ebd., S. 178.
133 Ebd., S. 180.
134 Ebd., S. 182.
135 Ebd., S. 184.
136 In: *Liechtensteiner Vaterland.* Auf: http://www.vaterland.li/page/epaper/pdf_blaettern_gross_frameset.cfm?seite=12_lv_00_2002-01-19.
137 Landtagsprotokoll 2003, S. 794.
138 Landesverwaltung Fürstentum Liechtenstein. Auf: http://www.llv.li/pdf-llv-as-kapitel_3_jb_2011.
139 Heinrich Kieber: *Der Fürst. Der Dieb. Die Daten.* 2010, S. 206.
140 In: *Viviano.* Auf: http://www.viviano.de/ak/News-Lifestyle/workplace-violence-7722.shtml.
141 Heinrich Kieber: *Der Fürst. Der Dieb. Die Daten.* 2010, S. 191.
142 Ebd., S. 269.
143 Ebd., S. 297.
144 Ebd., S. 297.
145 Ebd., S. 33.
146 Ebd., S. 190.

147 Ebd.
148 In: *NZZ am Sonntag.* Auf: http://www.nzz.ch/nachrichten/panorama/uebergabe_im_hotel_schweizerhof_1.765671.html.
149 Liechtensteinische Landesbank AG. Auf: http://gb2002.llb.li/.
150 Heinrich Kieber: *Der Fürst. Der Dieb. Die Daten.* 2010, S. 356.
151 Ebd., S. 370.
152 Thomas Müller: *Gierige Bestie – Erfolg. Demütigung. Rache.* Reinbek 2008, S. 42.
153 Ebd., S. 43.
154 Ebd., S. 34.
155 Ebd., S. 125.
156 Radio Liechtenstein, Neujahrsinterview mit Fürst Hans-Adam II., 1. Januar 2009.
157 In: *news aktuell schweiz.* Auf: http://www.presseportal.ch/de/pm/100006150/100479056/dr_dr_batliner_dr_gasser.
158 Öffentliche mündliche Verhandlung vor dem Liechtensteiner Landgericht, 22. Februar 2011, Aktenzeichen 08 CG.2010.245.
159 Thomas Müller in der Sendung »Aeschbacher« des Schweizer Fernsehens, 14. April 2005.
160 Öffentliche mündliche Verhandlung vor dem Liechtensteiner Landgericht, 22. Februar 2011, Aktenzeichen 08 CG.2010.245.
161 E-Mail-Schreiben von Thomas Müller an den Autor, 2. Juli 2009.
162 Heinrich Kieber: *Der Fürst. Der Dieb. Die Daten.* 2010, S. 483.
163 Ebd., S. 503.
164 Radio Liechtenstein, Neujahrsinterview mit Fürst Hans-Adam II. 1. Januar 2009.
165 Ebd.
166 Landesverwaltung Fürstentum Liechtenstein. Auf: http://www.llv.li/pdf-llv-as-kapitel_4_jb_2011; http://www.llv.li/pdf-llv-avw-statistik-direktexporte_2005.
167 Landesverwaltung Fürstentum Liechtenstein. Auf: http://www.llv.li/pdf-llv-avw-statistik-bankstatistik_2005.
168 In: *Liechtensteiner Vaterland.* Auf: http://www.vaterland.li/page/epaper/pdf_blaettern_gross_frameset.cfm?seite=01_lv_01_2006-05-11.
169 Regierung des Fürstentums Liechtenstein (Hrsg.): Liechtenstein 1999–2008.
170 Landesverwaltung Fürstentum Liechtenstein. Auf: http://www.llv.li/amtsstellen/llv-as-publikationsarchiv/llv-as-publikationen-in_verkehr_gesetzte_fahrzeuge_jaehrlich.htm.
171 Heinrich Kieber ist im Bild von 24:01 min. bis 24:05 min. Auf: http://www.videoportal.sf.tv/video?id=3d062dc0-ded0-4dec-bb63-4c862ea4a493.
172 In: *Der Spiegel.* Auf: http://www.spiegel.de/spiegel/print/d-55946114.html.

173 Thomas Müller: *Gierige Bestie – Erfolg. Demütigung. Rache.* Reinbek 2008, S. 190.
174 Ebd.
175 Ebd.
176 »Der Albtraum der Millionäre«, *Stern* Nr. 32/2010, S. 60.
177 Federal Court of Australia, Denlay vs. Commissioner of Taxation, S. 209.
178 Heinrich Kieber: *Der Fürst. Der Dieb. Die Daten.* 2010, S. 605.
179 In: *Focus Magazin.* Auf: http://www.focus.de/finanzen/steuern/steuerfahndung/steuer-skandal-die-spur-des-denunzianten_aid_262655.html.
180 Heinrich Kieber: *Der Fürst. Der Dieb. Die Daten.* 2010, S. 609.
181 »Would you trust this man?«, *Australian Financial Review*, 4. Mai 2011.
182 »ATO admits to whistleblower aid«, *Australian Financial Review*, 9. Juni 2011.
183 Federal Court of Australia, Denlay vs. Commissioner of Taxation, S. 225.
184 Ebd., S. 252.
185 Ebd., S. 255.
186 Ebd., S. 408.
187 Ebd., S. 315.
188 »Dass ich mit einer Nazi-Binde gezeigt wurde, war zu viel«, *Migros Magazin*, Nr. 48/2010.
189 IRS. Auf: http://www.irs.gov/irm/part25/irm_25-002-001.html.
190 In: *Forbes.* Auf: http://www.forbes.com/profile/frank-lowy.
191 United States Senate Committee on Homeland Security and Government Affairs. Auf: http://hsgac.senate.gov/public/_files/OPENINGLEVINCarlJuly2508.pdf.
192 Ebd.
193 Ebd.
194 Landesverwaltung Fürstentum Liechtenstein. Auf: http://www.llv.li/pdf-llv-rfl-abschlussbericht-projekt_futuro.pdf.
195 In: *Liechtensteiner Vaterland.* Auf: http://www.vaterland.li/page/epaper/pdf_blaettern_gross_frameset.cfm?seite=01_lv_01_2008-03-18.
196 In: *Der Spiegel.* Auf: http://www.spiegel.de/wirtschaft/0,1518,540240,00.html; In: *Focus.* Auf: http://www.focus.de/politik/deutschland/steueraffaere_aid_264331.html.
197 In: *Information.* Auf: http://www.information.dk/224181.
198 »Avslørte 195 skandinavier«, *Aftenposten*, 7. August 2010.
199 Auf: http://gswlaw.com/irsblog/tag/liechtenstein/.
200 United States Senate Committee on Homeland Security and Government Affairs. Auf: http://hsgac.senate.gov/public/_files/OPENINGLEVINCarlJuly2508.pdf.

201 In: *Frankfurter Allgemeine Zeitung.* Auf: http://www.faz.net/artikel/C31151/suche-nach-steuersuendern-ubs-legt-4450-amerikanische-bankkonten-offen-30018127.html.

202 »Deutsche Juden fordern Entschuldigung«, *Tages-Anzeiger*, 11. September 2008, S. 3.

203 »Schatzsucher wittern Morgenluft«, *Wirtschaft Regional*, 20. Dezember 2008, S. 3; »Wie die spanische Inquisition«, *Wirtschaft Regional*, 24. Januar 2009, S. 3.

204 »Stifter gehen stiften«, *Wirtschaft Regional*, 25. Juni 2011, S. 1.

205 Landesverwaltung Fürstentum Liechtenstein. Auf: http://www.llv.li/amtsstellen/llv-gboera-oera/llv-gboera-oera-amtsgeschaefte-statistik.htm.

206 »Offenbar erneut Daten aus Schweizer Bank entwendet«, *Tages-Anzeiger*, 30. Januar 2010, S. 51.

207 In: *Tages-Anzeiger*, 6. Februar 2010, S. 51.

208 In: *Der Spiegel.* Auf: http://www.spiegel.de/wirtschaft/soziales/0,1518,676311,00.html.

209 In: *Tages-Anzeiger*, 5. Februar 2010, S. 1.

210 In: *Bild.* Auf: http://www.bild.de/politik/2010/bundesregierung/von-daten-dieb-herve-falciani-11317054.bild.html.

211 »Jetzt kommt das deutsche Finanzamt gratis an eine CD mit Steuerdaten«, *Tages-Anzeiger*, 13. Februar 2010, S. 49.

212 In: *Die Welt.* Auf: http://www.welt.de/wirtschaft/article8579565/Selbstanzeigen-von-Steuersuendern-verzehnfacht.html.

213 http://www.youtube.com/watch?v=caLsfEDquvM.

214 http://de.wikipedia.org/wiki/Psychopathie.